STUDY ON
THE CHANNEL FEE
IN MODERN
CIRCULATION SYSTEM

现代流通体系中的通道费研究

李陈华　庄尚文　梁　佳　著

商务印书馆
The Commercial Press

国家社科基金项目(16BJY119)优秀结项成果

江苏高校优势学科建设工程资助项目

江苏省重点学科资助项目

摘　要

　　在商品流通实践中,不管是国外发达国家,还是发展中国家,通道费普遍存在。流通企业尤其是大型零售商收取通道费,引起了此起彼伏的零供冲突,更是引起了理论界和政府部门的广泛关注。零售商收取通道费的动因是什么? 收取通道费的形式有哪些? 收取通道费对生产商、零售商、消费者有何经济影响? 如何对零售商收取的通道费进行规制? 国内外对这些问题的研究主要是在产业组织理论框架下去探讨,从市场势力、信号传递/筛选、货架稀缺、产品质量、促销补偿、风险规避、双边市场等多个角度构建了一系列模型,得出的结论却并未达成一致。这就给制定相应的规制政策造成了一定的困惑。因此,系统深入地研究通道费理论模型,进行融合创新,形成相对一致的分析框架,并结合国内外政策实践中的通道费规制比较分析,有助于更全面地认识通道费本质及其经济影响,为后续政策选择提供理论基础与重要参考。

　　本研究结合渠道控制权冲突及协调、公平竞争与流通政策优化、新时代流通服务业高质量发展的背景(第一章),在回顾国内外关于工商关系冲突、渠道利益协调、渠道控制权转移,尤其是通道费起因及其经济影响研究的文献基础上(第二章),首先,总结归纳了通道费在实践中的兴起历程、表现形式、经济起因及其解释框架(第三章);其次,分别将需求不确定性和议价权力、货架业绩、货架业绩补偿、电商渠道引入既有模型并拓展分析(对应第四、五、六、七章),进一步探讨了通道费的成因及其福利影响;再次,应用马克思主义流通理论,从零售服务的流通运行角度,进一步解释了零售商收取通道费的经济本质(第八章);最后,进一步总结梳理国内外关于通道费的政策规制经验(第九章),提出未来研究展望(第十章)。

本研究的主要观点:(1)通道费是流通渠道控制权向零售商转移的体现,具有一定的合理性。零售商收取通道费是需求不确定条件下承担风险、促销成本的补偿,但零售商也不能滥用市场相对优势地位,收取名目繁多的通道费,严重挤压供应商利润空间。(2)渠道效率方面,由于在通道费合约下,双方议定的批发价格始终能保持在渠道最优的水平,议价权力通过通道费这一转移支付来实现,此时的渠道不仅能实现个体最优,而且可以同时实现总体最优,在这个意义上通道费提升了渠道效率。(3)通道费既是实现议价权力的利润分割机制,又是更换在售产品的利润补偿机制,更是一种产品质量的筛选机制。在这一质量筛选机制下,通道费的福利效应是不确定的,因此相关的规制策略应保持谨慎。(4)电商渠道正逐渐得到消费者的认可,随着电商的市场份额进一步增加,实体零售商所能够收取的通道费将逐渐减少,电商收取的通道费采取了新的表现形式,对渠道利润和消费者福利产生了深刻的影响。(5)在现代零售模式下,通道费既是生产商对商人资本纯粹流通费用的补偿,也是零售商提供的零售服务的价值实现方式。(6)通道费作为渠道合约的一项重要内容,与其他条件(如批发价格、零售价格、生产商广告、零售商促销、销量返点等)存在互补或替代关系,但并非所有行业、所有企业或所有产品都收取/支付通道费,费用数额和类别也各不相同,充分体现了收费差异性。因此,通道费需要选择性的政策规制,一方面需要对收费形式本身进行选择性规制,另一方面需要对不同行业、企业、产品及业态(电商与实体店)进行选择性规制。

　　本研究可能的创新之处:(1)充分运用新产业组织理论,从需求、成本、在售产品质量、货架业绩补偿等多角度构建了分析模型,较为全面地揭示了通道费的起因及其经济影响,为通道费的选择性规制提供了理论依据;(2)结合电子商务渠道的兴起以及通道费的新变形,构建模型揭示了电子商务渠道对传统实体零售企业的竞争效应及其对消费者福利的影响,进一步丰富了通道费的模型研究;(3)研究方法注重理论阐释、模型分析与数值模拟相结合,更加全面且直观地展现了通道费的经济效应;(4)从马克思主义流通理论层面,结合现代零售组织的新特征,进一步解释了通道费的经济本质。

　　本研究的不足之处:对通道费的经验分析相对缺乏,主要是由于通道费的收取较为私密,上市零售企业一般不披露收费情况,难以获取详细的案例资料以及大的样本数据,故无法进行深入的案例研究以及计量经济检验,这留待未来条件允许时进一步展开研究。

目　录

第一章　导　论

第一节　研究背景

本研究的对象是通道费,这是商业经济学中关于流通渠道组织运行理论的一个相对较窄的领域。尽管如此,通道费生动地反映了商品流通实践中渠道控制权争夺与渠道主体间的利益关系冲突,鲜明地体现了流通渠道控制权向零售商转移的客观事实,在某种程度上实现了零售商议价权力的资本化。深入研究通道费,相当于细致地"解剖麻雀",有助于更全面地认识流通渠道利益关系,有助于制定更为合理的流通政策去构建和谐的流通秩序,这对于当前建设现代流通体系从而"加快构建以国内大循环为主体、国内国际双循环相互促进的新发展格局"[1]具有重要的现实意义。从实践来看,围绕通道费的零供矛盾、冲突已经引起商业主管部门的关注。从完善社会主义市场经济体制的层面看,维护公平竞争,防止滥用市场相对优势地位,也需要从理论上全

---

[1]　刘鹤.加快构建以国内大循环为主体、国内国际双循环相互促进的新发展格局[N].人民日报,2020-11-25(006).

面认识通道费的经济和福利影响。从新时代的经济发展要求看，流通服务业高质量发展也要求零售活动回归商业本质，加强对零售商采取联营商业模式收取通道费的政策规制。因此，本文的研究背景如下。

一、渠道控制权争夺

改革开放以来，商品化、市场化的发展，使得商品流通渠道问题进入了学术界的研究视野。学者们运用马克思主义流通理论、商业经济理论、市场营销理论围绕流通渠道的概念和作用、如何增加和疏通流通渠道进行了数年的讨论。关于流通渠道概念主要有这样一些观点，即"所有制说""通道说""过程说""形式说""实体运动说"等。[1]纪宝成等（1991）批判了这些观点，提出了更为科学合理的"环节说"，即商品流通渠道是商品所有者组成的、直接推动商品在其形态变换中由生产领域进入消费领域的组织序列。[2]

随着社会分工深化、供需态势转换，流通渠道控制权发生转移，渠道控制权运用的结果导致了渠道利益关系冲突，影响到商品流通效率。晏维龙（2004）认为，"商品流通渠道的分层结构因社会分工深化而产生，并且这种分层结构在一定的环境条件下有助于降低流通费用，提高流通效率，但是不同的渠道控制权归属

---

[1] 庄尚文.流通渠道及其主导权研究：评述与展望[J].世界经济与政治论坛，2008(5)：98—102.

[2] 纪宝成等.商品流通论——体制与运行[M].北京：中国人民大学出版社，1991，167 页.

会产生不同的渠道利益分配格局"[1]。从概念上看,渠道控制权属于渠道权力范畴,可以认为是"一个渠道成员对处于同一渠道系统内不同层次上的另一个渠道成员的营销决策变量施加影响和控制的能力"[2]。

中华人民共和国成立以来,我国的流通渠道控制权归属大致经历了三个阶段:在计划经济时期,受国有商业体制的影响,流通渠道控制权归属批发商,这属于制度强制型主导模式。在转轨经济时期,市场的发育壮大、市场体系的不断扩张,生产商通过自建销售机构完成产品的分销,逐渐主导流通渠道,这实际上属于市场诱发型主导。在买方市场时期,大量生产和多样化消费的矛盾进一步加深,这就需要流通组织创新服务方式,流通地位得到强化,而零售商专业化于"交易的生产",具有比较优势,因而零售商逐渐主导流通渠道。

渠道控制权的运用,既可以是生产商对流通商实施纵向约束,例如收取特许费以及转售价格维持,也可以是流通商对生产商或供应商收取通道费、占压货款等。渠道控制权争夺导致的冲突,在商业实践中集中体现为零售商—供应商的矛盾冲突。有学者认为,中国工商关系已经进入商业主导的阶段,主要表现为商业滥用市场势力对上游制造业形成纵向渠道约束。[3]从实践来看,零供冲突日益凸显(见表 1-1)。渠道控制权争夺产生的冲突

[1] 晏维龙.生产商主导还是流通商主导——关于流通渠道控制的产业组织分析[J].财贸经济,2004(5):11—17.

[2] 张闯、夏春玉.渠道权力:依赖、结构与策略[J].经济管理,2005(2):64—70.

[3] 周勤、朱有为.中国制造业和商业关系演化:总量分析[J].中国工业经济,2005(8):50—55.

要求采取一定的政策进行协调。

表 1-1 流通渠道冲突的典型事件

年份	典型事件	事件内容及原因
2010	卡夫食品与联华的冲突	联华将卡夫食品下架,因关于通道费、扣点等合约需要重新签订,但未协商一致。
2015	蓝月亮与大润发的冲突	蓝月亮退出大润发超市,因商超渠道费用上涨。
2015	威露士与华润万家的冲突	实体零售与电商渠道相比,存在更多的费用开支,包括无形费用、进场费、堆头费、扣点等。随着电商不断冲击,传统渠道将费用向供应商转嫁。
2019	增值税税率下降后供应商与零售商的定价之争	税率下降后,大部分零售商对商品的零售价或者含税供货价进行调低,厂家的不含税供货价开始上涨;但是,零售商不同意经销商提高不含税供货价。结果是经销商的利润受到上下游的挤压,利润率下降了近 3 个百分点。
2020	神州与京东的冲突	神州提起诉讼,起诉京东拖欠货款 3.363 亿元。京东的解释是其暂缓支付未结算的货款是因为神州违反双方签署的产品购销协议相关条款。

资料来源:根据网上有关信息整理。

二、公平竞争政策诉求

在市场经济发展过程中,"产品的实现成为一种社会过程,是一个宏观问题,是商品经济发展的根本问题"。[1]中国建立社会主义市场经济体制,以商品流通代替计划体制下的产品调拨,商品价值实现主要体现为生产出来的商品能否卖出去,商品在流通中能否实现生产者、经营者、消费者的各自利益。社会经济发展过程中各方面所出现的问题都会表现在流通领域,流通领域的问题反过来又影响社会经济的各个方面。其中,建立公平竞争的市场环境是流通实现的基础性要素。公平竞争使得价格机制能够

---

[1] 纪宝成等.商品流通论——体制与运行[M].北京:中国人民大学出版社,1991,14 页.

充分地调节资源配置,促进优胜劣汰和经济发展。当前,中共中央、国务院《关于新时代加快完善社会主义市场经济体制的意见》进一步指出,"完善竞争政策框架,建立健全竞争政策实施机制,强化竞争政策基础地位。强化公平竞争审查的刚性约束,修订完善公平竞争审查实施细则,建立公平竞争审查抽查、考核、公示制度,建立健全第三方审查和评估机制"[1]。

回顾过往,为了维护公平竞争,在法律层面,1993 年出台的《反不正当竞争法》主要规定了不正当竞争行为及其表现形式,用于调整竞争关系;2008 年出台的《反垄断法》是我国市场经济发展到一定阶段的产物。其立法通过预防和制止垄断行为,保护市场公平竞争,促进了经济运行效率的提升。工商竞争是市场诸多竞争关系中比较重要的一种。[2]《反垄断法》规制市场主体的垄断行为涉及横向竞争和纵向竞争关系,主要包括三种:垄断协议、滥用市场支配地位和经营者集中[3]。尽管如此,我国现有的《反不正当竞争法》《反垄断法》中对于纵向竞争中渠道主体滥用优势地位的规定并不明确,尤其是对通道费的规制,因此,目前对通道费还无法完全从竞争法的角度来判定其是否违法。

从政策实践来看,为了维护流通领域的公平竞争,我国出台了一系列流通政策。如《城市商业网点建设管理暂行规定》(1991)、《全国连锁经营发展规划》(1995)、《外商投资商业领域管理办法》

[1] 中共中央、国务院.关于新时代加快完善社会主义市场经济体制的意见[E].2020.http://www.gov.cn/zhengce/2020-05/18/content_5512696.htm.

[2] 朱如梦、樊秀峰.零售商与制造商合作双赢的经济学分析[J].商业经济与管理,2004(4):19—22.

[3] 王平、赵亚平.跨国零售滥用市场优势地位的规制评述[J].北京工商大学学报(社会科学版),2008(6):6—10.

(2004)等。为了规范零供交易行为,构建公平竞争的市场交易秩序,协调渠道利益关系,由商务部牵头的五部门联合颁布了《零售商供应商公平交易管理办法》(商务部 2006 年第 17 号令),自 2006 年 11 月 15 日起施行。在答记者问时,五部门领导明确指出了不合理收费是零售商与供应商交易关系存在的主要问题。2013 年,国务院办公厅印发《降低流通费用提高流通效率综合工作方案》(国办发〔2013〕5 号)明确对零售商供应商监管提出要求,要切实降低流通费用,提高流通效率。

为了更好地推进改革,就必须适应商品流通的需要,更好地维护公平竞争,优化流通渠道设计,提高商品流通的效率,降低流通总成本,增加消费者总价值。[1]流通政策的优化关键是要促进工商之间长期稳定的合作关系的构建,协调渠道利益关系,维持产业链供应链稳定,更好地维护市场秩序,从而畅通国民经济大循环,助力"构建以国内大循环为主体、国内国际双循环相互促进的新发展格局"[2]。

三、新时代流通业高质量发展

流通服务业在经济生产、分配、交换和消费中日益扮演更加重要的角色。流通服务业的发展可以缓解制造业产能过剩[3],

---

[1] 曹家为.我国流通组织和流通渠道的设计与选择[J].中国流通经济,2003,17(5):13—17;王晓东.商品流通渠道的整合与优化[J].经济理论与经济管理,2003(7):41—44.

[2] 刘鹤.加快构建以国内大循环为主体、国内国际双循环相互促进的新发展格局[N].人民日报,2020-11-25(006).

[3] 宋则、常东亮、王水平、王雪峰、丁宁.我国商贸流通服务业战略问题前沿报告[J].商业时代,2012(15):4—6;叶冉.我国流通服务业与制造业的产业关联与融合[J].商业经济研究,2015(33):4—6.

还可以优化区域分工、促使节能降耗、改变经济发展方式。[1]党的十九大报告指出,"支持传统产业优化升级,加快发展现代服务业,瞄准国际标准提高水平"[2]。2020 年 9 月 9 日,习近平总书记主持召开中央财经委员会第八次会议,强调"要统筹推进现代流通体系建设,为构建新发展格局提供有力支撑"。可见,流通服务业的高质量发展成为新时代构建现代化经济体系的必然要求。

企业是产业发展的主体,企业规模、创新发展决定了产业发展的质量。实践中,影响流通业高质量发展的因素包括制度、技术等。其中,流通业组织结构反映了流通领域企业竞争的状况。从零售服务业来看,一方面,我国实体零售店出现大量关门现象,实体零售亟待创新发展。在买方市场的条件下,受网络零售竞争、实体租金与劳动力成本上升、同质化经营等多重因素的影响,中国实体零售出现大量的关门现象。相关数据表明,中国购物中心数量是美国的 3 倍多,实体零售店严重过剩,转型升级需求迫切。实体零售并非没有进一步发展的空间。随着消费结构升级,消费者更加注重购物体验,对零售服务产生更高的要求。

表 1-2　2015—2018 年我国零售业市场集中度增长幅度(%)

市场集中度	2015—2016	2016—2017	2017—2018
CR4	16.91	28.55	20.86
CR8	9.54	27.32	21.79
CR100	5.70	14.49	16.18

资料来源:作者计算。

---

[1]　庞增荣、刘小群.我国商贸流通服务业对经济发展方式转变的助推作用[J].商业经济研究,2017(13):11—12.

[2]　习近平.决胜全面建成小康社会,夺取新时代中国特色社会主义伟大胜利——在中国共产党第十九次全国代表大会上的报告[N].人民日报,2017-10-28(1-5).

另一方面,我国零售业的市场集中度逐渐提升,尤其是网络零售巨头市场份额逐年增长。天猫、京东等电商平台市场份额稳居前列。从表1-2中可以看出,2015—2018年我国零售业市场集中度的增长趋势明显,尤其是2016—2017年百强企业的增速突飞猛进,同时也反映了我国零售业市场逐渐集中的趋势,市场走向集中也就意味着我国的大型零售企业有垄断的趋势,市场的垄断竞争局面越来越明显。

零售业高质量发展有助于通过引导生产促进经济供给侧的结构调整。与此同时,零售业本身的服务产出也是经济供给侧的重要组成部分。国务院办公厅《关于推动实体零售创新转型的意见》进一步指出,"推动实体零售由销售商品向引导生产和创新生活方式转变,由粗放式发展向注重质量效益转变,由分散独立的竞争主体向融合协同新生态转变,进一步降低流通成本、提高流通效率,更好适应经济社会发展的新要求"[1]。与此同时,网络零售由于消费升级与信息不对称等因素,也需要结合新零售趋势进行创新。零售业高质量发展内在地要求对零售企业竞争行为及其经济影响进行研究,从而为政策制定提供依据。

第二节　研究内容与研究方法

一、研究内容

1. 通道费的经济起因。本部分对应第二章、第三章,主要是

---

[1] 国务院办公厅.关于推动实体零售创新转型的意见[E]. 2016. http://www.gov.cn/zhengce/content/2016-11/11/content_5131161.htm.

基于文献阅读、公开资料,进一步梳理和总结通道费在国外的兴起历程、行业分布,国内的兴起表现及其导致的零供冲突,阐明通道费现象在商品流通实践中是普遍存在的。零售商收取通道费的经济起因主要包括流通渠道控制权向大型零售企业转移、百货大卖场采用联营商业模式背离了零售本质职能以及经济规制政策的不完善。

2. 通道费的经济影响。本部分对应第四、五、六、七章,主要是运用新产业组织理论,借鉴文献中的理论模型分析范式,分别引入需求不确定性、零售货架业绩、货架业绩补偿、电商渠道竞争等因素,相继构建了四个通道费模型:(1)第一个模型融合了现有通道费研究中所谓效率学派和市场势力学派的分析思路,并且得到了一个有别于传统产业组织理论的观点:在分散化渠道中,若由零售商决定采购量且双方通过纳什议价决定批发价格,那么一体化渠道并不能作为渠道最优效率标准,分散化渠道总利润也可能更高。并且,在有通道费的情况下,分散化渠道总利润始终高于一体化水平。(2)第二个模型从货架业绩角度融合了市场势力与在售产品质量,得出通道费既是实现议价权力的利润分割机制,又是更换在售产品的利润补偿机制,更是一种产品质量的筛选机制。通道费的福利效应取决于其市场筛选机制的发挥,如果通道费可以筛选掉低于现有产品质量的产品,消费者剩余和社会总剩余将提高。(3)第三个模型从货架业绩补偿角度进一步融合促销成本和议价权力,在统一的模型框架中解释渠道内促销责任的最优安排,通道费的作用,以及揭示了由此导致的消费者福利变化。通道费作为一种补偿促销成本的机制,其实也是补偿零售货架业绩,在实现了更高渠道利润的同时,也提升了消费者福利。(4)第四个模型融合了电商渠道竞争和消费者对渠道的选择偏好,分析了电商情景下通道费的变形及其对渠道利润分配的影响。

3. 通道费的经济本质。本部分对应第八章,主要是运用马克思主义流通理论,更深层次地去思考和认识通道费的经济本质。首先是简要回顾了商业劳动创造价值与否的争论,结合现代零售实践中零售企业提供丰富多样的零售服务,阐述零售服务成为独立化的经济范畴的合理性,并描述了零售服务作为一种特殊商品的流通运行特征,进一步论述了通道费的经济本质具有双重性,既包含了零售商纯粹流通费用的补偿,也包含了零售服务的价值实现。

4. 通道费的政策规制。本部分对应第九章,主要是从稀缺货架供求关系平衡、渠道利润增加、产品质量提升等方面梳理了通道费的合理性,从对供应商的利润挤压、消费者福利损失、零售商路径依赖和政府税收等方面总结了通道费的危害,比较了美国、法国、德国、日本等国家的通道费政策经验,以及中国的政策尝试,提出应对通道费进行选择性规制的建议。

二、研究方法

本研究遵循"理论假说→数理建模→模型扩展→经验命题→数值模拟→政策比较与应用"的思路,较为系统全面地解释通道费现象,分析通道费的经济影响,经验性地描述中国通道费现状,为中国的通道费规制政策制定提出相应的建议。首先,全面考察通道费产生和演化的历史,明确研究的主要问题;其次,整理、消化和吸收现有的通道费研究文献,发展新的理论模型和假说,并引入需求不确定性和议价权力、货架业绩、货架业绩补偿等因素对模型加以扩展,并结合电商情景下通道费的变形,进一步构建模型进行分析,提出一系列理论命题;再次,运用数值模拟和算例分析,直观展示通道费的经济影响,得出结论;最后,根据分析结果,借鉴国际经验,为政府相关部门选择性地规制通道费提供对策建议。

(1)以文献研究法作为基本支撑。本研究搜集整理国内外关于通道费、渠道控制权、纵向约束等文献,在充分借鉴其方法、范式与结论的基础上,基于商业经济学、产业组织理论模型进行进一步相对综合的研究。

(2)历史与逻辑相结合的方法。基于通道费的经济学和营销学逻辑考察通道费产生的历史和演化:从固定费用演变到包括非固定费用,从仅对新产品演变到包括成熟产品,从单一形式演变到多种形式,从实体店演变到电商平台。

(3)数理模型分析法。基于博弈论和供应链优化方法,构建有关通道费的渠道成员博弈模型,并纳入零售商多维特征及电商平台等变量,从理论上分析通道费的成因及后果。

(4)比较分析法。包括通道费合约与其他合约的比较分析,模型扩展在各个变量上的比较静态分析,并通过数值模拟和算例分析,直观展示通道费的经济影响,以及通道费规制政策的国际比较分析。

第三节　主要观点与可能的创新之处

一、主要观点

(1)通道费作为渠道合约的一项重要内容,与其他条件(如批发价格、零售价格、生产商广告、零售商促销、销量返点等)存在互补或替代关系,但并非所有行业、所有企业或所有产品都收取/支付通道费,费用数额和类别也各不相同,充分体现了收费差异性。因此,通道费需要选择性的政策规制,一方面需要对收费形式本身进行选择性规制,另一方面需要对不同行业、企业、产品及业态(电商与实体店)进行选择性规制。

(2)当前通道费超出了最初学术界给出的"一次性固定预付款"定义,收取形式越来越多,收费主体、对象和金额的差异性越来越多,新出现的电商通道费同时涉及渠道内竞争和渠道间竞争,前者是后者的基础,后者是前者的深化。因此,对通道费现象不能搞"一刀切",需要选择性的规制政策。

(3)通道费是流通渠道控制权向零售商转移的体现,具有一定的合理性。零售商收取通道费是需求不确定条件下承担风险、促销成本的补偿,但零售商也不能滥用市场相对优势地位,收取名目繁多的通道费,严重挤压供应商利润空间;渠道效率方面,由于在通道费合约下,双方议定的批发价格能始终保持在渠道最优的水平,议价权力通过通道费这一转移支付来实现,此时的渠道不仅能实现个体最优,而且可以同时实现总体最优,在这个意义上通道费提升了渠道效率。

(4)通道费既是实现议价权力的利润分割机制,又是更换在售产品的利润补偿机制,更是一种产品质量的筛选机制。在这一质量筛选机制下,通道费的福利效应是不确定的,因此相关的规制策略应保持谨慎。零售商承担促销服务成本并促进了供应商产品在货架上的销售业绩,其向供应商收取通道费是对货架业绩提升的一种补偿。

（5）电商渠道正逐渐得到消费者的认可,随着电商的市场份额进一步增加,实体零售商所能够收取的通道费将逐渐减少,电商收取的通道费采取了新的表现形式,对渠道利润和消费者福利产生了深刻的影响;在现代零售模式下,通道费既是生产商对商人资本纯粹流通费用的补偿,也是零售商提供的零售服务的价值实现方式。

二、可能的创新之处

（1）通道费的理论模型和经验分析本身就包括价格、产品数量和产品种类等与消费者福利相关的变量,分析结论具有明确的政策含义。本研究充分运用新产业组织理论,从需求、成本、产品质量等多角度,构建理论、经验和政策内在一致的系统性分析框架,较为全面地揭示了通道费的起因及其经济影响,为通道费的选择性规制提供了理论依据。

（2）结合电子商务渠道的兴起以及通道费的新变形,构建模型揭示了电子商务渠道对传统实体零售企业的竞争效应及其对消费者福利的影响,进一步丰富了通道费的模型研究。

（3）研究方法注重理论阐释、模型分析与数值模拟相结合,更加直观地展现了通道费的经济效应;从马克思主义流通理论层面,结合现代零售组织的新特征,进一步解释了通道费的经济本质。

第二章　相关文献回顾

通道费自 20 世纪 80 年代在美国产生以来,就因其数额庞大,且有违纵向约束的传统经济理论,得到了学术界的重视。早在 21 世纪初,就有学者把学术界有关通道费的观点总结为效率学派与市场势力学派,顾名思义,前者支持通道费,后者反对通道费。[1]通道费进入中国后,产生了一些变异,名目更加繁多,进而引发了十分激烈的零供冲突,并由此成为国内学术界的关注热点。尤其是在 2003 年"家乐福炒货"事件和 2006 年《零售商供应商公平交易管理办法》公布之后,有关通道费的研究层出不穷,浩如烟海。在研究视角上,已有文献多围绕通道费的起因、通道费的经济影响和通道费的规制策略等方面展开,这里也按此进行进一步的文献梳理和回顾。

第一节　关于通道费的起因

有关通道费起因的研究聚焦于通道费是来自零售商市场势

---

[1]　Bloom, P. N., G. Gundlach, and J. Cannon. 2000. "Slotting Allowances and Fees: School of Thought and the Views of Practicing Managers." *Journal of Marketing*, 64(2):92-108.

力,甚至市场势力的"滥用",还是由于其在市场经济中发挥着某些其他作用而得以存在。根据已有国内外研究,有关通道费的起因可以归纳为市场势力说、信号发送/信息甄别说、货架稀缺说、谋求一体化利润说、平台收费说以及避税说等[1]。

一、市场势力说

这类研究通过现象观察总结或逻辑、模型推演,将通道费的产生原因归为零售商市场势力的存在或滥用。吴小丁(2004)认为,通道费源于零售商在交易过程中的优势地位,而零售商优势地位的形成是"现代商品流通发展的趋势使然",因此通道费是"零售业高度集中下的规律性现象",而当下通道费的普遍使用则是大型零售商的"优势地位滥用",它将对公平交易的市场原则和有效竞争带来显而易见的危害。[2]

在吴小丁的基础上,一批学者将通道费归因于零售商的市场势力或优势地位,但大多没有将其理解为优势地位的"滥用",因为"优势地位滥用"是一个法律概念,而非经济学概念。学者们多引入"纳什谈判"的概念,通过将市场势力、谈判力量等抽象为"议价权力",进而考察通道费随议价权力的变化。李玉峰等(2010)在网络效应对销售的促进作用的视角下,比较了涉及通道费的不同渠道策略下的制造商利润,对通道费的合理性和相应福利效应进行了阐述。他们认为,通道费是零售商发挥市场力量的体现,

[1]　王庚.零售商通道费的形成机理和福利效应——兼论国内零售业盈利模式转型[D].中国人民大学,2016.

[2]　吴小丁.大型零售店"进场费"与"优势地位滥用"规制[J].吉林大学社会科学学报,2004(5):119—125.

但零售商并没有滥用这种市场力量。从通道费和零售商谈判能力来看,随着零售商谈判能力增强,通道费将降低。在福利效果上,收取通道费并不会影响市场价格、销量和消费者剩余,因此政府无须限制零售商的收费行为。[1]

李伟和李凯(2014)基于合作博弈,在双寡头垄断的市场结构下考察了零售商的价格决策和服务水平,以及零售商买方势力对通道费产生的影响。他们发现,零售商买方势力是通道费产生的必要不充分条件。在福利效应上,通道费只起到了转移利润和调节零供之间利润分配的作用,不会影响零售价格和消费者剩余。[2]李凯等(2016)分别构建了连续垄断和双边双寡头的博弈模型,在纳什谈判的框架下分别就伯特兰德(Bertrand)竞争和库诺特(Cournot)竞争考察了通道费产生。结果仍显示,买方抗衡力量是通道费产生的必要不充分条件,而市场结构和竞争形式等会影响通道费的产生。在双边双寡头的市场结构且为差异化伯特兰德竞争时才会出现制造商向零售商支付通道费的均衡结果,而在连续垄断、双边双寡头且为古诺竞争时无论零售商买方抗衡实力大小都不会产生通道费。[3]

另外,谢弗(Shaffer, 1991b)、朱(Chu, 1992)、拉里维埃尔和帕德马纳班(Lariviere and Padmanabham, 1997)等早期通道费经典文献,在假定零售商拥有完全议价权力的情形下讨论了通道

---

[1] 李玉峰、郑栋伟、陈宏民.基于谈判能力与网络效应的零售业通道费研究[J].广东商学院学报,2010, 25(6):40—45.

[2] 李伟、李凯.零售商买方势力一定会导致通道费吗?——基于纵向市场结构的合作博弈分析[J].产经评论,2014, 5(6):92—103.

[3] 李凯、李伟、马亮.买方抗衡势力条件下的特许费、通道费研究[J].产经评论,2016, 7(1):35—49.

费的作用机制。[1]在逻辑上,这类成果也可以归入市场势力说,因为如果抛开零售商拥有完全议价权力的假定,通道费未必会产生。但由于这些文献的侧重点不在于考察通道费的形成机理,故不在此展开论述。

二、信息传递/甄别说

这类成果考察的是新产品通道费的产生机理。他们认为零售商在新产品市场前景上缺少信息,无法识别不同市场前景的产品,因此需要某种机制将优质产品区分出来,而通道费正发挥了这一作用。凯利(Kelly, 1991)首次论述了通道费作为信号发送机制的原理,即高质量产品的生产商可以通过支付通道费把自己区分出来,因为低质量产品的生产商由于其市场前景不佳而难以承受这笔费用。除此之外,凯利还论述了通道费作为风险分担机制的作用。他认为,市场力量总会使能够最有效地降低风险的行为人承担风险,而生产商比零售商在产品的市场前景上更具决定作用,因此通过通道费帮助零售商分担风险是有效率的。[2]

拉里维埃尔和帕德马纳班(Lariviere and Padmanabham, 1997)模型化了凯利有关通道费作为信号发送机制的思想。他们

---

　[1]　Shaffer, Greg. 1991b. "Slotting Allowances and Retail Price Maintenance: A Comparison of Facilitating Practices." *RAND Journal of Economics*, 22(1):120-135; Chu, Wujin. 1992. "Demand Signaling and Screening in Channels of Distribution." *Marketing Science*, 11(4):327-347; Lariviere, Martin, and V. Padmanabhan. 1997. "Slotting Allowances and New Product Introductions." *Marketing Science*, 16(2):112-128.

　[2]　Kelly, K. 1991. "The Antitrust Analysis of Grocery Slotting Allowances: the Precompetitive Case." *Journal of Public Policy and Marketing*, 17(2):187-198.

假定生产商拥有完全的谈判力量,用需求函数截距项的不同来代表产品质量的差异,并考虑了零售商机会成本的大小对生产商合约结构的影响。结论是,当零售商的机会成本较低时,生产商通过批发价合约就可以将自己区分出来;而当零售商的机会成本较高时,为满足其参与约束,生产商需通过批发价和通道费的组合来实现分离均衡。[1]德塞(Desai,2000)在拉里维埃尔和帕德马纳班(1997)的基础上考虑了广告投入对需求函数的影响,进而得出了当零售商的机会成本较高且广告效应较低时,生产商才会使用通道费以实现分离均衡的结论。对于通道费的福利效应,上述研究都得出了作为信号发送机制的通道费通过消除信息不对称提升了市场运行效率和社会福利水平的结论,这些理论成果由此成为传统"效率理论"的主要组成部分。[2]

与凯利等的信号发送机制不同,朱(Chu,1992)分析了不对称信息下通道费作为信息甄别机制的作用。朱假定零售商拥有完全的谈判力量,因此零售商只需提出一个等于高质量产品生产商总利润的通道费,就可以筛选出高质量的产品,因为此时低质量产品生产商的利润为负。这里的通道费作为零售商运用市场势力的手段,既消除了信息不对称,又使零售商获得了全部渠道利润。朱还比较了生产商通过广告投入发送信号和零售商通过通道费进行筛选之间的福利差异,结论是只要供应商的广告效应

---

　　[1]　Lariviere, Martin, and V. Padmanabhan. 1997. "Slotting Allowances and New Product Introductions." *Marketing Science*, 16(2):112-128.

　　[2]　Desai, P. S. 2000. "Multiple Messages to Retain Retailers: Signaling New Product Demand." *Marketing Science*, 19(4):381-389.

不"足够大",则通道费下的福利水平更高。[1]

王永培和袁平红(2011)借鉴拉里维埃尔和帕德马纳班(1997)的信号传递模型,进一步解释了通道费的形成机理,认为收取通道费与零售商滥用市场势力没有直接关系,而是一种发送信号和分担风险的手段。基于此,他们认为政府应重视发挥通道费的信号传递功能,使其有效发挥优化商品流通渠道、合理配置货架空间的作用。[2]

三、货架稀缺说

货架稀缺说的基本逻辑是,零售商拥有的货架空间是有限的,且远少于投放到市场上的产品种类,因此有限的货架资源如何配置需要解决,而通道费正是实现货架资源有效配置的手段和结果。沙利文(Sullivan,1997)首次从货架稀缺的角度对通道费进行了考察。与已有研究多采用的博弈论模型不同,他通过一个一般均衡模型考察了通道费的产生机制。在该模型中,大量零售商在既定的通道费下决定自己的货架空间,大量的生产商在既定的通道费下决定自己的品类供给量,而品类总量的出清条件决定了均衡时的通道费大小。因此,此时的通道费类似于完全竞争市场中的价格机制,它实现了货架资源的有效配置。[3]

沙利文将通道费理解为稀缺货架价格的思想启发了国内学

[1] Chu, Wujin. 1992. "Demand Signaling and Screening in Channels of Distribution." *Marketing Science*, 11(4):327-347.

[2] 王永培、袁平红.大型零售商收取通道费合理吗?——来自信号传递模型的解释[J].商业经济与管理,2011(7):5—12.

[3] Sullivan, Mary W. 1997. "Slotting Allowances and the Market for New Products." *Journal of Law & Economics*, 40(2):461-493.

者。邱力生和黄茜（2007）认为，通道费的产生，既是对零售商运营成本的补偿，又是制造商对比自建渠道成本支出后的理性选择，更是货架稀缺的环境下市场调节的必然结果。他们还通过一个博弈模型证明了，制造商支付、零售商收取通道费是一个纳什均衡。[1]胡学庆（2008）从对合理合法的通道费界定入手，从各个角度分析了通道费存在的合理性和必然性。他认为，通道费存在的根本原因是市场供求关系，即货架稀缺性使零售商占据主导地位；通道费收取数额的决定性因素是零供双方的市场力量的博弈；通道费出现的经济原因是提高新产品开发水平和效率；收取通道费是我国国内零售商在实现规模化经营过程中所做出的必然选择。[2]

与沙利文不同，马克斯和谢弗（Marx and Shaffer，2010）提出了一个相反的观点。他们认为，不是货架稀缺性导致了通道费，而是零售商为了获得通道费，故意限制了货架空间。他们从谈判流程的角度研究了这个问题，发现当货架数量少于产品数量时，如果通过通道费把货架事先出租出去，就可以引起生产商在货架空间上的竞争，这增加了零售商的谈判砝码，使货架竞拍的赢家至少支付如果输家获得货架时零售商的所得。而在没有通道费时，零售商的收益直接取决于其谈判力量，如果生产商可以提出"要么接受要么离开"（take it or leave it）的合约，则零售商的利润为零。因此，通道费和稀缺货架的组合使用提高了零售商的谈判

---

[1] 邱力生、黄茜.试析通道费对国民经济运行安全的影响[J].财贸经济，2007(7)：121—126.

[2] 胡学庆."通道费"的界定、合理性及利弊分析[J].上海经济研究，2008(8)：50—56.

地位,使零售商在谈判力量较低时能获得较高的收益。在福利效应上,由于稀缺的货架空间降低了产品多样性,消费者福利和社会总福利水平都降低了。[1]

四、联合利润说

根据纵向控制的基本原理,无论是企业间的纵向一体化还是横向一体化,都会增加行业总利润。由于合谋是非法的而合并是有成本的,因此企业总有动机通过合约设计来达到该利润水平,在某些市场结构下通道费便会由此产生。英尼斯和汉密尔顿(Innes and Hamilton,2006,2009)发现,当上游有一个主导生产商和一批完全竞争的边缘生产商,下游有两个差异化的零售商时,由于完全竞争的边缘生产商的批发价恒等于边际成本而非最优调拨价格,因此此时的行业利润没有达到一体化水平。如果零售商可以向边缘生产商收取通道费,就可以改变边缘生产商的零利润条件,从而诱使边缘生产商的批发价格达到最优水平,一体化利润由此实现。在通道费的福利效应上,该模型表明消费者剩余因通道费消除了横向竞争而降低,企业剩余因通道费实现了一体化利润而提高,社会总福利的损益则是不确定的。[2]

董烨然(2012)通过数值例子和一般化博弈模型,对上游有一个供应商、下游有一个大超市和多个小超市的市场结构进行了研

[1] Marx, L. M., and G. Shaffer. 2010. "Slotting Allowances and Scarce Shelf Space." *Journal of Economics & Management Strategy*,19(3):575-603.

[2] Innes, R., and S. Hamilton. 2006. "Naked Slotting Fees for Vertical Control of Multi-product Retail Markets." *International Journal of Industrial Organization*, 24(2):303-318; Innes, R., and S. Hamilton. 2009. "Vertical Restraints and Horizontal Control." *RAND Journal of Economics*, 40(1):120-143.

究,发现当大零售商使用包含通道费在内的"三部收费"合约时,渠道成员可以实现纵向一体化利润。和不使用通道费的情形相比,零售商利润和消费者剩余提高了,生产者利润也不会减少。因此,通道费可以视为大型零售商发掘市场效率的一种机制设计。

英尼斯和汉密尔顿,以及董烨然的研究都是在较为特殊的市场环境下,发现通道费将产生,且能够帮助实现一体化利润。这类研究成果并不十分丰富,原因是相关研究陷入了,在传统的需求设定下,通道费在何种市场结构下会产生的困境。李陈华(2014)意识到了这一点,他考虑了需求不确定性和相应退换货问题对零供行为的影响,以及通道费的起因。具体地,他将零售商议价势力变量引入报童模型,分析了零售商议价权力对消费者、零售商、生产者和渠道效率的影响。结果显示,在包含议价权力的报童模型中,当零售商议价权力降低时,在某个区间上,供应商的收益大于零售商的损失。因此,零售商有动机"让渡"一部分议价权力,即主动少分割一部分交易收益,从而将蛋糕做大,并要求支付一笔费用作为补偿,通道费就此产生。在福利效应上,通道费提高了渠道总利润,但由于降低了采购量,损害了消费者福利。[1]

五、平台收费说

所谓"平台收费说",是指将通道费的收取主体——超市,视为双边市场,进而基于经典的双边市场模型,考察零售商对上下游的"非对称定价",并把对供应商的收费理解为"通道费"。基于双边市场的通道费研究十分丰富,但本质上大同小异,这里选取

---

[1] 李陈华.零售商议价势力及其福利效应[J].财贸研究,2014(1):61—69.

有代表性的成果阐述如下。

岳中刚(2009)首次借鉴阿姆斯特朗(Armstrong，2003)、罗切特和梯若尔等(Rochet and Tirole et al.，2003)开创的双边市场理论分析了通道费问题。基于双边市场分析框架和 hotelling 模型，他通过构建平台商竞争模型分析了通道费形成机制，发现随着竞争强度的提高，平台商将向消费者一边收取低价、免费甚至亏损销售商品，一边向供应商收取费用，并在实践中体现为通道费的形式。通道费并不是买方势力的滥用，而是零售商平衡双边用户需求、内部化用户间所产生网络外部性的一种市场治理方式。而《零售商制造商公平交易管理方法》对零售商交易行为的规制可能是对市场自发调节机制的破坏。[1]石奇和孔群喜(2009)、曲创和臧旭恒(2010)同样基于双边市场框架，在将通道费视为供应商"平台接入费"的视角下研究大型零售商的通道费定价策略。结果显示，由于交叉网络外部性的存在，平台商的利润最大化总要求以低零售加价来获得消费者数量，然后以高通道费来获得利润，而一些大型供应商之所以少缴甚至不缴通道费，是因为如果这类供应商不进驻，损失的不是这一家厂商带来的利润，而是基于交叉网络外部性带来消费者数量的减少和其他供应商的退出。因此供应商市场份额或重要性的不同带来了在通道费上的差异。[2]于

---

[1]　岳中刚.纵向压榨抑或市场治理——基于通道费规制失效的分析[J].财经问题研究，2009(10)：52—57；Armstrong, M. 2003. "Competition in Two-sided Markets." *RAND Journal of Economics*，37(3)：668-691；Rochet, C., and J. Tirole. 2003. "Platform Competition in Two-sided Markets." *Journal of the European Economic Association*，4(1)：990-1029.

[2]　石奇、孔群喜.接入定价、渠道竞争与规制失败[J].经济研究，2009(9)：116—127；曲创、臧旭恒.供应商规模、产品差异与通道费定价策略[J].财经问题研究，2010(12)：36—39.

霞(2013)进一步考察了大型零售商非对称定价的原因,认为供应商和消费者间的交叉网络外部性,以及供应商和消费者不同的转换成本、用户黏性和差异化程度决定了其定价策略是非对称定价,即对供应商收取通道费,对消费者却采用免费和优惠的定价模式。[1]因此,通道费具有存在的合理性,但对过度收取通道费的行为需要予以制止。

与以上研究不同,孔群喜和石奇(2010)着重考察了大型零售商的"弱自然垄断"特征。他们在大型零售商的弱自然垄断特征视角下,基于双边市场分析框架对大型零售商的通道费定价原则进行了研究,并分析了存在弱自然垄断特征的大型零售商社会福利最大化情形下的拉姆齐价格结构。结果显示,零售商针对供应商和消费者制定的非对称价格结构是零售商产品用户需求的联合性和交叉网络的外部性共同作用的结果;对于大型零售商通道费的规制破坏了零售商平台对通道费的自发调节机制,而零售商之间的竞争有利于引导通道费水平向社会福利最大化的水平逼近。[2]

另外,张奎霞和郑成武(2017)分析了"多业态市场情绪"下零售通道费的形成机理,认为一些通道费是零售商转变为平台服务商的必然结果,另一些通道费是零售商为供应商提供各类促销服务的合理报酬,而通道费的高低由零售商较之供应商的博弈力量所决定。[3]

---

[1] 于霞.大型超市的非对称定价研究——基于双边市场视角[J].价格月刊,2013(11):72—75.

[2] 孔群喜、石奇.通道费的市场规则:基于弱自然垄断行业特征的解释[J].商业经济与管理,2010(6):5—11.

[3] 张奎霞、郑成武.多业态市场情绪下我国零售通道费的形成机理分析[J].商业经济研究,2017(6):14—16.

第二节　关于通道费的效应

通道费的经济影响是相关理论研究的核心,因为通道费是否是一种合意的市场行为,并不取决于其动因如何,而是取决于这种行为的福利效果。对此,学者们从通道费对横向竞争的影响、对纵向效率的影响、对零售服务的影响、对产品多样性的影响、对生产商投资的影响、对创新的影响等方面展开了研究,以期揭示通道费的经济后果。在研究方法上,由于福利判断依赖于规范的经济学模型,这类研究多采用博弈模型展开。

一、对横向竞争的影响

谢弗(Shaffer, 1991b)开创性地论述了零售商通过通道费弱化竞争程度的原理。他指出,零售商收取通道费会使完全竞争的生产商被迫抬高批发价格。因此,零售商的通道费行为等于向竞争对手承诺,它将会因为面临的高边际成本(高进价)而制订高价格,这个高价承诺会激励竞争对手提高价格,零售商面临的竞争条件由此得到放松。在这个过程中,零售商由于既获得了宽松的竞争环境,又得到了一笔通道费,其状况一定变好,而消费者福利和社会总福利水平则因为价格的上涨而降低。显然,此时的通道费具有典型的"反竞争效应",该研究由此成为传统"市场势力理论"的代表性成果。[1]

---

[1] Shaffer, Greg. 1991b. "Slotting Allowances and Retail Price Maintenance: A Comparison of Facilitating Practices." *RAND Journal of Economics*, 22(1):120-135.

　　谢弗（1991b）的研究将通道费视为两部收费中的固定费（fixed fees），也有学者将通道费视为三步收费中的"预付费"（upfront payments）。马克斯和谢弗（Marx and Shaffer，2007a，2007b）在三部收费（预付费＋固定费＋批发价）的框架下研究了大零售商是如何通过通道费把小零售商排挤出市场的。他们发现，大零售商在提出合约时只需承诺支付一笔等于双边垄断下一体化利润的固定费，并在事前索取一笔不高于该一体化利润和生产商单独和另一方交易时一体化利润的差值的预付费（通道费），就可以保证生产商只接受自己的合约。原因在于，生产商不会单独接受另一方的合约，因为生产商和小零售商单独交易创造的总利润更少；生产商也不会同时接受两个零售商的合约，因为大零售商已经承诺交出双边垄断下的全部利润流，生产商如果此时同时接受双方合约，引入零售商之间的竞争，会使大零售商事后利润为负，从而使大零售商在收取通道费后放弃交易。因此，在这种合约结构下，小零售商一定被挤出市场，消费者福利和社会总福利由此受到损害。[1]米克洛斯-塔尔、雷伊和弗奇（Miklos-Thal，Rey and Verge，2011）进一步研究了马克斯和谢弗（2007）所发现的下游排他效应。他们发现，如果零售商可以提出"或有合约"（contingent contracts），即在合约中分别约定排他经营和共同代理时的支付，就可以避免三部收费下下游排他的出现。该论断一个暗含的假定是显性的排他条款是允许被写入合同的，而这

---

　　[1] Marx, L. M., and G. Shaffer. 2007a. "Rent Shifting and the Order of Negotiations." *International Journal of Industrial Organization*, 25（5）：1109-1125；Marx, L. M., and G. Shaffer. 2007b. "Upfront Payments and Exclusion in Downstream Markets." *RAND Journal of Economics*, 38（3）：823-843.

一点并非总是成立。[1]

国内这方面做出实质性突破的是汪浩(2006)的研究。他突破了通常将零售市场设定为对称的寡头企业的假设,认为零售市场具有两极化的特征,并构建了非对称的双重寡头市场模型对线性通道费进行研究。结果显示,收取通道费是大型零售商发挥市场力量的手段,有利于其市场份额的扩大和利润的提升,同时挤占了小零售商的市场份额和利润空间。线性通道费本质上是大零售商获得更低进价的工具,产生了排他的效果,损害了小零售商和通过零售商购物的消费者的利益。[2]

更多研究考察的是通道费在上游(供应商层面)造成的排他效应。谢弗(2005)在一个较特殊的市场环境中考察了上游主导性生产商是如何通过通道费排除竞争对手的。在这个模型中,上游有一个主导生产商和一批完全竞争的边缘生产商,下游有两个完全竞争的零售商,这两个零售商由于货架空间的限制只能选择销售一种产品。在没有通道费的情况下,显然两个零售商会选择不同的产品以避免完全的同质化。但是,主导生产商可能通过向零售商支付通道费以诱使下游零售商都选择其产品,从而将边缘生产商排挤出去,而这将降低产品多样性程度并提高价格水平。[3]凯普瑞斯和冯·施利彭巴赫(Caprice and von Schlippenbach,2013)在研究中进一步引入了生产商决策的时序问题,即考察拥有先动一步优势的

[1] Miklos-Thal, J., P. Rey, and T. Verge. 2011. "Buyer Power and Intra-brand Coordination." *Journal of the European Economic Association*, 19(4):721-741.

[2] 汪浩.通道费与零售商市场力量[J].经济评论,2006(1):29—34.

[3] Shaffer, Greg. 2005. "Slotting Allowances and Optimal Product Variety." *B. E. Journals in Economic Analysis & Policy*, 5(3):1-26.

生产商是如何通过通道费挤占后动生产商的利润的。他们发现,当零售商的谈判能力较高时,先动一步的生产商会通过支付通道费并提高批发价来降低后动生产商的利润贡献,从而降低后动生产商所能分得的渠道利润并提高自身利润。通道费的这种机制因此被作者称为"利润转移机制"(rent-shifting mechanism)。[1]

国内研究方面,李伟和彭迅一(2015)从中小型供应商角度出发,分析当前零售商的盈利模式对中小供应商带来的危害和中小供应商的应对策略,指出大型超市收取不合理的通道费增加了中小企业的负担,挤压了其利润空间;也使中小供应商由于无力支付陈列费,让中小供应商和大型供应商的竞争差距拉大。对此,中小供应商可采取通过占领细分市场提升自身的可替代性,建立中小供应商联盟提高谈判能力等应对策略。[2]王庚(2016)以线性通道费为研究对象,建立了考虑产品异质性的渠道博弈模型,指出通道费提高了零售商自身利润的同时降低了上游供应商的利润,尤其是二线产品供应商利润。通道费还提高了终端价格,导致消费者剩余和社会总剩余均有所下降,带来消极的福利效应。他还通过考察食品类商品零售价格指数等宏观数据,在准实验思想下检验了通道费的提价效应。[3]

以上研究在结论上有相通之处,即当考虑通道费对横向竞争的影响时,它要么抑制了零售端竞争或产生排他效果,要么抑制

[1] Caprice, S., and V. von Schlippenbach. 2013. "One-stop Shopping as a Cause of Slotting Fees: A Rent-shifting Mechanism." *Journal of Economic and Management Strategy*, 22 (3):468-487.

[2] 李伟、彭迅一.中小供应商应对大型超市滥用优势地位的对策[J].商业经济研究,2015(31):31—32.

[3] 王庚.零售商通道费福利效应研究[J].当代财经,2016(5):68—75.

了生产端的竞争或产生排他效果。可见在考虑横向竞争的角度上,通道费的福利效果或是消极的。

二、对纵向效率的影响

上文回顾的通道费对横向竞争影响的研究,实际上已经涉及通道费的"纵向效率"问题,即通道费是否降低了渠道利润,提高了终端价格,降低了产品多样性等。而这里将阐述的研究成果,多将上游、下游视为一个整体,考察通道费对供应商利润和对消费者剩余的影响,而没有着重探讨通道费导致的上下游内部的分化。这一研究思路的优势是,能够从较宏观的角度考察通道费的经济后果,而不只是专注于某一群体的利益得失。然而,由于"纵向效率"是一个大而化之的概念,这方面的研究也呈现出角度零散、范式庞杂的问题,相互之间的连贯性、可比性较低。

一些学者基于现象的归纳总结和逻辑推演考察通道费的影响。刘向东和沈健(2008)在对通道费进行分类的基础上,对各类通道费对供应商、竞争者、消费者的福利效应进行研究。结果显示,收取一次性通道费是正常的商业经营模式,有其合理性;而对新商品的"销售保底费"至少会损害供应商或不收取通道费的零售商竞争者的利益;对成熟商品非线性收费中的"终端促销费"应被认为是有效率的,因为降低促销通道费虽可能增加消费者福利,但至少损害了供应商、竞争者及其他业态的利益;累进的线性通道费会影响不同规模零售商的市场地位;一般的线性通道费的福利效果则需视情况而定。[1]吴志艳等(2015)以上海为中心进

[1] 刘向东、沈健.我国通道费的经济学分析与规制政策评述[J].商业经济与管理,2008(2):16—23.

行问卷调研,发现从市场效率角度看,在我国通道费的收取不具有产品筛选的功能,交纳通道费并进场销售的产品未必会获得成功;通道费不具有成本共担的功能,但收取行为使得新产品被市场所接受的风险由零售商转移到供应商;通道费收取促进了我国货架资源的有效使用以及新产品供求的合理匹配;通道费促进零售商品价格下降。从市场势力角度来看,通道费不是零售商行使市场势力的结果,国内通道费也没有明显的歧视现象。从总体看,中国通道费具有促进市场效率的效能。[1]

更多学者基于数理模型考察通道费的影响。张赞和郁义鸿(2006)基于 SCP 分析框架,对三种典型市场结构下的通道费及其福利效果进行了分析。他们发现,通道费的福利效应取决于市场结构:在双边垄断情况下,通道费带来生产商和零售商的联合利润增加,零售价格下降,社会福利提升;在上游完全竞争、下游完全垄断的情况下,通道费不会改变社会福利;当零售商具有买方垄断势力而不具有卖方垄断势力的情况下,通道费带来批发和零售价格的同时上升,零售商利润增加,消费者剩余减少。[2]陈浩和李凯(2011)建立了一个综合考虑一次性通道费和线性通道费的博弈模型,在零供序贯博弈的视角下考察通道费的福利效果。结果显示,通道费将对产业链效率、消费者剩余、社会福利产生促进作用,通道费下的产业链均衡结果优于双重加价情形,因为收取通道费可以使产业链效率达到纵向一体化时的最优水平,零供

---

[1] 吴志艳、魏农建、谢佩洪.通道费在中国是显示市场势力还是促进市场效率?[J].上海对外经贸大学学报,2015,22(6):54—62.

[2] 张赞、郁义鸿.零售商垄断势力、通道费与经济规制[J].财贸经济,2006(3):60—65+97.

双方的利润分配则由零售商供应商谈判力量决定。[1]浦徐进等(2012)着眼"农超对接"供应链,建立博弈模型比较在独立决策、收取通道费和收入分享三种情形下超市和农产品生产基地的收入变化,结果显示,高额通道费降低了农产品生产基地的收入,迫使许多生鲜农产品退出超市;通道费不高情形下的收入分享合作有利于超市和农产品生产基地的收入得到改善,并定量确定了这种收入分享比例的可行域。[2]杨汝梁和孙元欣(2014)通过博弈模型分析了新产品引入时的通道费,他们将产品分为低需求和高需求两种,发现在信息对称的情况下,高需求产品的通道费高于低需求产品,且无论是高需求产品还是低需求产品,该产品和原有产品竞争越激烈,则通道费就会越高,此时的通道费有利于产品销售,并使零售商获得了高额利润;在信息不对称的情况下,对两种产品征收的通道费数量都下降了,并且对高需求产品收取的通道费数量下降得更多,出现对高需求的产品征收低通道费,而对低需求的产品征收高通道费的情形,此时的通道费起到了信息甄别的作用,提升了渠道效率。[3]曹芳(2016)基于产品终端价格是固定还是浮动,分类考察了通道费收取对供应商、零售商和消费者福利的影响。结果显示,当产品终端价格固定时,通道费降低了零售商供应商利润,但对消费者没有影响。当产品零售终端价格浮动时,通道费的福利效应随产品需求弹性大小而改变,产

[1] 陈浩、李凯.产业组织视角下零售商通道费行为[J].东北大学学报(自然科学版),2011,32(6):895—899.

[2] 浦徐进、朱秋鹰、蒋力."农超对接"供应链的纵向合作研究——通道费、收入分享和 Pareto 改进[J].西北农林科技大学学报(社会科学版),2012,12(6):50—54.

[3] 杨汝梁、孙元欣.零售商差异收取新产品通道费问题研究[J].商业研究,2014(8):171—176.

品需求弹性小时零供双方利润增加,消费者福利降低;产品需求弹性大时零售商利润增加,供应商利润降低,消费者则无影响。[1]左文进(2017)利用双边市场框架对通道费的定价进行模型分析,发现通道费对消费者的福利水平影响不大,不一定会对社会总福利产生负面影响。通道费有其内在的合理性:零售商确实通过收取通道费压榨了供应商的利润,但这种压榨可以理解为矫正市场本身交叉网络外部性的手段。[2]

在数理模型的研究中,还有学者将供应商租用优质货架(端头、堆头)的费用理解为通道费,并考察了其福利效果。汪浩(2010)首次研究了优质货架费的福利效应。在汪浩的模型中,每个零售商都有一个优质货架和一个普通货架,优质货架费则来源于供应商对优质货架的竞拍。由于货架本身的不对称摆放必然导致这种货架费,该模型实际上研究的是不对称货架的福利效应。在优质货架只会导致消费者的转移而不会增加消费者总量的假定下,汪浩得出了货架费会损害消费者福利和社会总福利的结论。[3]郑栋伟等(2012)改变了汪浩有关优质货架的假定,认为优质货架使产品获得更大的市场规模和更强的对其他产品的替代性,并最终发现,这种优质货架费,以及与之相伴的优质货架增加了消费者剩余和整体福利。但若零售商讨价还价能力强导致通道费过高,制造商就不愿意使用优质货架,此

---

[1] 曹芳.博弈论视角下零售商通道费福利效果研究[J].商业经济研究,2016(1):34—35.

[2] 左文进.双边市场框架下通道费的形成和定价策略[J].商业经济研究,2017(10):24—26.

[3] 汪浩.零售经济学引论[M].北京:北京大学出版社,2010.

时政府就要通过鼓励零售市场竞争和供应商联合等方式对此进行干预。[1]

还有学者尝试围绕通道费问题进行实证研究。陶金国和胡文佳(2012)从零售商品牌价值的视角专门研究了线性通道费对生产商利润的影响,发现存在线性通道费情况下,生产商经由零售商品牌所形成的渠道来销售产品,其利润大于不存在通道费下生产商的利润,即适度的线性通道费不仅不会减少生产商利润,还会增加其利润。在此基础上,他们通过2004—2010年我国制造业平均利润额和企业亏损率的数据说明,通道费并没有阻碍我国制造业盈利的提升,而且还在一定程度上加速我国制造业的优胜劣汰过程。[2]王晓东和张昊(2011)认为生产商和零售商之间的批发商会影响到渠道利益的分配格局,进而建立理论模型考察独立批发商的作用。结果显示,如果缺乏独立批发商,大型零售商会通过压价和收取通道费的组合措施占有渠道利益,如果存在拥有大型采购网络的独立批发商,就会影响零售商原有的通道费策略,带来渠道利益的重新分配,并将使制造商获得更多利益。文章进而通过对我国7个省市的食品饮料与烟草业的行业数据进行实证分析,发现批发商和零售商的经营活动对生产商利润分别具有正向和负向影响。[3]王庚和黄雨婷(2016)则直接通过实证手段考察了通道费对上下游的影响。他们首先通过文献研究

[1] 郑栋伟、陈宏民、杨剑侠.基于谈判机制的优质货架与通道费[J].管理评论,2012,24(1):99—107.

[2] 陶金国、胡文佳.通道费的生产及其对生产商利润影响——基于品牌价值视角的研究[J].商业经济与管理,2012(6):23—29.

[3] 王晓东、张昊.论独立批发商职能与流通渠道利益关系的调整[J].财贸经济,2011(8):81—86.

考证了通道费在国内普及于 2003 年,进而运用 ARMAX 模型探究了食品类商品零售价格指数的数据生成机制,发现通道费普及改变了食品价格的数据生成机制,使得食品价格在随成本波动的同时也随时间推进线性增长。他们还对相关制造业利润数据进行了 DID 研究,发现通道费的普及使制造业利润下降了 1.3 个点。通道费对上下游的消极影响由此证明。[1]

三、对零售服务的影响

庄尚文和赵亚平(2009)将零售商服务和消费者购物成本纳入到模型中,研究零售商通道费对消费者福利的影响。结果显示,零售商对差异化产品的供应商收取一次性通道费压低了供应商的利润,但无法影响差异化产品的均衡定价,向其收取的比例性通道费将提高零售服务水平并降低均衡价格,零售商收取的比例性通道费越高,提供的服务水平越高。进而,收取一次性通道费不会影响消费者福利,按销售比例收取通道费将提高消费者福利。而对同质产品来说,无论是一次性通道费还是比例性通道费,都将提高产品价格并降低消费者福利。[2]

李玉峰等(2013)基于返点机制研究了通道费对零售商销售努力的影响,确定了制造商主导定价条件下的最优返点比例。结果显示,在返点机制下,由于提高返点比例将激励零售商做出更多销售努力,消费者剩余和零售商利润将随着返点的提高而提

---

[1] 王庚、黄雨婷.零售商通道费的福利研究——基于时间序列和面板数据的实证分析[J].产业经济评论(山东大学),2016,15(4):96—121.

[2] 庄尚文、赵亚平.跨国零售买方势力的福利影响与规制思路——以通道费为例的模型分析[J].财贸经济,2009(3):113—118+137.

高,制造商利润随返点比例的增加呈现出复杂的变化。最终,返点机制提升了社会总福利,且零售商是最大的受益者。返点机制下的通道费不再是零供双方的"零和博弈",制造商愿意主动支付通道费以激励大型零售商做出更大的销售努力。[1]

四、对产品多样性的影响

英尼斯和汉密尔顿(Innes and Hamilton,2012,2013)专门研究了通道费对产品多样性的影响。他们首先通过陈和赖尔登(Chen and Riordan,2007)[2]的辐条模型(spokes model)研究单位需求下通道费对产品多样性的影响,继而在萨洛普(Salop,1979)[3]环形城市模型的基础上建立了新的"哑铃"模型(bar bell model),并据此研究了不变弹性需求下通道费对产品多样性的影响。结论是,在没有通道费的情况下,由于提升品类深度会使竞争对手以降价来应对,这意味着竞争程度的加剧,因此均衡时的产品多样性水平会低于社会最优水平,而通道费带来的提价效应将增加品类扩展的边际收益,均衡时的产品多样性水平由此得到提高。在福利效应上,他们发现单位需求下通道费不影响社会总福利,不变弹性需求下社会总福利的损益取决于需求弹性的大小。[4]

[1] 李玉峰、郑栋伟、陈宏民.基于返点机制的大型零售商通道费作用机制研究[J].经济经纬,2013(3):101—106.

[2] Chen, Y., and M. Riordan. 2007. "Price and Variety in the Spokes Model." *The Economic Journal*, 117(522):897-921.

[3] Salop, S. 1979. "Monopolistic Competition with Outside Goods." *Bell Journal of Economics*, 10(1):141-156.

[4] Innes, R., and S. Hamilton. 2012. "Slotting Allowances and Product Variety in Oligopoly Markets." *Working Paper*, U.C. Merced and Cal Poly SLO; Innes, R., and S. Hamilton. 2013. "Slotting Allowance under Supermarket Oligopoly." *American Journal of Agricultural Economics*, 95(5):1216-1222.

五、对生产商投资的影响

福罗斯等（Foros et al.，2009）开创性地研究了通道费对企业投资的影响。他们认为，生产商在与零售商的交易过程中，需要做出一笔不可签约性投资，这笔投资将提高产品的销量。由于这笔投资带来的提高销量的收益不完全被生产商所占有，生产商的实际投资水平将小于最优投资水平。这实际上也就是当投资的社会边际收益大于个人边际收益时产生的正外部性问题。为了提高生产商的边际收益，激励其投资水平达到最优，只有提高生产商的批发价格。这样一来，生产商有可能需要支付零售商一笔通道费作为高批发价下的补偿。而具体通道费在何种情境下会产生，则取决于生产商专用性投资的边际成本和谈判力量。作者还比较了通道费对应的两部收费合约和线性批发价合约的福利效应。他们发现，当零售商拥有完全的谈判力量时，线性批发价合约的福利效应更高；当生产商拥有完全的谈判力量时，两部收费合约的福利效应更高。不同合约结构在社会总福利的损益上是类似的。[1]

应珊珊等（2016）在福罗斯的基础上，拓展了其"双头垄断"的市场结构。他们基于两个生产可替代竞争产品的上游供应商和垄断零售商的市场结构，引入纳什谈判过程，在生产商需进行投资努力的背景下考察了通道费的机理和影响。结果显示，制造商支付的通道费并不完全随着讨价还价能力减少而增加，由于制造商的努力存在外部性，即使零售商具有绝对的讨价还价能力，为鼓励制造商的投资努力，也可能支付特许经营费。而究竟是零售

---

[1] Øystein Foros, Hans Jarle Kind, and Jan Yngve Sand. 2009. "Slotting Allowances and Manufacturers' Retail Sales Effort." *Southern Economic Journal*, 76(1):266-282.

商支付特许经营费还是生产商支付通道费,取决于最优投资激励的要求。通道费会在一定条件下损害消费者福利,因此要对滥用通道费的行为进行规制,但是不能"一刀切",要具体行业具体分析。[1]

六、对产品创新的影响

王蒙和杨蕙馨(2012)通过构建通道费和产品创新的博弈模型,分析了通道费与产品创新程度之间的关系。他们发现,当创新水平整体较低时,通道费的提高将使创新程度先减后增,当创新程度整体较高时,通道费的提高将使创新程度先增后减。因此,通道费的规制策略应该合理判断创新程度所处的阶段,在通道费整体偏高和偏低的阶段,可以通过降低通道费实现提高产品创新程度的作用,而在通道费整体水平适中的阶段,可以通过提高通道费来实现创新激励。[2]

第三节 其他争论

一些学者从其他角度解释了通道费的起因,如避税、提高坪效、获得展示空间、规避滞销风险、获取平均利润等。以下就避税、商业伦理和政策规制三个方面回顾有关通道费的其他争论,作为对前面文献综述的一个补充。

---

[1] 应珊珊、朱蓓、高洁.基于制造商投资和讨价还价模型的零售通道费形成机理研究[J].经济理论与经济管理,2016(12):83—92.

[2] 王蒙、杨蕙馨.通道费与产品创新程度的关系分析[J].广东社会科学,2012(2):38—45.

一、避税问题

通道费有助于零售商避税,因此在零售业界很受欢迎,这种观点是上海大学李骏阳教授提出来的。李骏阳(2007)认为,通道费是零售商避税的一个手段,因为通道费总伴随着高进价,进而可以带来较高的进项税抵扣。详细讲,零售商应缴纳的增值税等于销项税减去进项税。这对零售商压低进货价格的激励起着某种抑制作用,原因是若压低价格,进项税就变小,可用来抵扣的进项税少了,若商品销售价不变,应缴纳的增值税就会增加。而如果以收取通道费的办法,则可以使进价保持虚高,虚假的高进价使零售企业的进项税变大,即增加了可以用来抵扣的税额,减少了实际应纳税额。为缓解通道费带来的零供冲突,可以建立固定税率和累进税率相结合的征税制度,遏制通道费的泛滥。但要改变零售商其他滥用市场势力的行为,根本方法是形成零供市场势力平衡。[1]

李骏阳(2008)进一步研究了不同市场结构下通道费的避税效应和相应的规制策略。他将通道费视为对进价的一种扣除,且相同市场势力的零售商,无论是否收取通道费,最终获得的实际进价都是相同的,进而发现,当零售商的市场势力相当时,通道费的避税效应十分明显;当零售商的市场势力不同时,市场势力较大的零售商使用通道费进行避税的效果和动机减弱。针对通道费的避税效应,作者设计了一套"累进制通道费税制度",作为对以往对通道费进行强行规制的替代。[2]

---

[1] 李骏阳.通道费与协调工商关系的机制研究[J].财贸经济,2007(1):98—103.

[2] 李骏阳.通道费的避税效应与规制[J].南方经济,2008(10):25—32.

二、伦理问题

通道费作为一笔预付的固定费用,是否类似于生产商向零售商行贿?零售商接受某个生产商的贿赂之后,便上架其产品,而对于没有行贿的生产商,其产品尽管质量尚可也不能获得零售商货架空间,这是否违背了商业伦理?一些学者从商业伦理的角度研究了通道费问题。

李晶(2005)认为对通道费问题的评判应本着伦理学上的整体利益原则进行。单纯地看通道费用的收取是否阻碍小企业的利益是远远不够的,关键是看社会整体利益是否因为通道费而遭到损害。[1]周洪洋和柳思维(2016)认为如果零售企业只因部分生产企业相对其他生产企业有能力支付高额通道费或者提供更多通道费的方式而选择其作为供应商,那么这种行为就违背了商业伦理。[2]苏迪尔和饶(Sudhir and Rao,2004)统计到每类商品在某一地区销售链条中的通道费支出达 3 000—4 000 美元,而新产品引入的费用高达 14 亿—20 亿美元。[3]根据费塞尔(Fieser,1996)的公平原则,仅因具有支付通道费的能力而控制市场入口其实是不道德的,因为市场连产品都不曾见过就拒绝给予其商业机会,这实质上是由收取和支付通道费的零售商、生产商控制了市场中新进入者的成败。由费用来掌控市场入口在一定程度上是不利于竞争和创新的,会造成商品价格上升、产品质量降低和产品多样

[1] 李晶.公益性抢劫?——从商业伦理角度看超市通道费现象[J].中国科技信息,2005(20):5—9.

[2] 周洪洋、柳思维.通道费的多学科视角解读[J].湖南商学院学报,2016,23(2):71—78.

[3] Sudhir, K., and V. R. Rao. 2006. "Do Slotting Allowances Enhance Efficiency or Hinder Competition?" *Journal of Marketing Research*, 43 (2): 137-155.

性减少等问题,那么该行为便违背了商业伦理。[1]但从另一个角度考虑,李晶(2005)认为收取通道费会吸引更多的投资,加剧零售业本身的竞争,这样必然使零售价格出现下降的趋势;且通道费提高了小生产商产品进入的门槛,使得那些技术力量薄弱、缺乏竞争优势的企业产品根本无缘与消费者见面,保障了产品的质量,在这种情况下,通道费的收取并不会损害社会整体利益。因此,关于通道费的收取是否违背商业伦理还需要具体问题具体分析。[2]

为了让企业在商业伦理的合理框架内运营,在社会主流认为商业伦理是法律要求外的道德义务的背景下,费塞尔(1996)表示商业伦理不应被视为独立于对道德原则的追求,恰恰相反,应该被看作准法规或者准监管中的一部分。[3]莫申江和王重鸣(2009)则表示需要把企业在伦理方面对外部利益相关者的引导作用凸显出来,使企业逐步实现自身价值观与外部环境的互相匹配,在内外部环境之间形成一种积极合作的氛围。从这个意义上来说,若零售行业中具有伦理领导力的商业企业实现对通道费的规范应用,并考虑它对整个渠道产生的正面效应,那么通道费的商业伦理正外部性将可能促进零售业的健康发展。[4]

---

[1] Fieser, J. 1996. "Do Businesses Have Moral Obligations beyond What the Law Requires?" *Journal of Business Ethics*, 15(4):457-468.

[2] 李晶.公益性抢劫?——从商业伦理角度看超市通道费现象[J].中国科技信息,2005(20):5—9.

[3] Fieser, J. 1996. "Do Businesses Have Moral Obligations beyond What the Law Requires?" *Journal of Business Ethics*, 15 (4):457-468.

[4] 莫申江、王重鸣.国外商业伦理研究回顾与展望[J].外国经济与管理,2009,31(7):16—22+42.

三、规制问题

由于通道费问题是一个现实热点问题,相关的理论研究多以规制策略为落脚点。一些学者还在考察"通道费模式"构成要素的基础上,对通道费问题的规制策略进行了专门研究。相关研究成果有必要单列。

林娜(2009)基于案例研究考察了中国通道费问题的特殊性。她认为通道费的存在具有合理性和必要性,通道费率的高低是零供双方博弈的结果。在我国,通道费的收取已固化为零售业的商业模式,因此在规制策略上应将经济规制和产业政策相结合,在扶持本土零售业发展的同时通过法规限制一些零售商利用通道费的反竞争行为。在通道费的规制中要遵循以下原则:规制的实施以福利分析为基础,具体情况具体分析,减少进入规制。[1]

还有一些学者主要从通道费对供应商不利影响的角度研究对通道费的规制思路。刘磊等(2012)选取中日几家大型超市进行专家访谈,分析了中日两国超市通道费盈利模式发展的差异,指出中国供应商对通道费的应对多采取默许和接受的态度,并从法律内容和监管、供应商企业规模、消费者习惯和消费观念、商业文化四个商业环境角度分析了国内通道费泛滥的原因,进而提出了相关法律法规应予以完善,供应商应寻求新的营销渠道并努力形成企业联盟等对策。[2]依绍华(2012)认为,超市收费问题集中在收费项目繁杂、收费规则公开化和苛刻化、经营费用摊派乱等

[1]　林娜.通道费的经济学分析——基于转轨期间中国的案例[J].产业经济研究,2009(6):80—87.
[2]　刘磊、刘畅、乔忠.中日超市通道费盈利模式发展差异研究[J].中国流通经济,2012,26(1):75—80.

方面。我国零售商和供货商处于不平等的地位,这种市场结构使得零售商不合理地收取通道费,造成中小型供货商发展困难。超市采用通道费的盈利模式从长期来看是高成本、低效率的经营模式,影响零售业的健康发展,因此需要相关法规对通道费进行规范,并促进供应商降低对特定销售渠道的依赖。[1]邱毅和郑勇军(2013)以及邱毅(2014)指出,通道费是供应商向具有垄断力量的零售平台支付的所有费用总和,收取通道费是这类平台获取垄断利润的重要手段。他们通过构建非对称的商贸平台商价格竞争模型,分析了收取通道费对平台商、供应商和采购者的利益影响。他们发现,零售平台商的垄断势力与垄断行为存在自我强化机制,收取通道费的垄断行为最终会造成日益严重的零供矛盾,政府需要对该类行为进行规制。在具体的规制策略上,应秉持强化竞争因素,抑制"垄断行为"的思路。[2]

第四节　简　要　评　价

通过文献回顾可以看出,已有成果对通道费的形成机理、经济后果和规制策略进行了全面研究,得出了虽不尽相同但各有其适用性的结论,具有丰富的理论价值和现实意义。一方面,已有研究在通道费的起因问题上提出了诸多颇具启发性的解释,并在通道费并非是市场势力的滥用这一观点上基本达成共识,一定程

---

[1]　依绍华.我国超市通道费问题研究[J].价格理论与实践,2012(4):20—21.

[2]　邱毅、郑勇军.商贸平台的垄断势力与垄断行为研究:基于通道费视角[J].商业经济与管理,2013(7):13—19;邱毅.网络交易平台运营商垄断行为的政府规制[J].中国流通经济,2014(5):88—94.

度上改变了通道费被长期"妖魔化"的境况,为理性、客观地看待和评估通道费提供了条件。另一方面,有关通道费经济后果的模型研究基于市场结构、博弈程序以及通道收费形式的不同假定,得出了不同市场情境下通道费的福利影响,为通道费的选择性规制奠定了基础。

但是,受限于研究视角,已有研究仍呈现出一定局限性。例如,货架稀缺是客观现实,也是通道费研究的共识,零售商上架一款新产品,必然就要清退一款现有产品,而新产品支付多少进场费显然是零售商新产品上架决策的重要影响因素,但已有研究并未涉及这一视角[1];又如,零售商作为直面消费者的渠道成员,总会通过向消费者提供服务以促进销售,因此学者们普遍认可通道费是对零售商货架业绩和促销成本的补偿,但少有研究将这一思路模型化[2];再者,已有研究多认为市场力量是通道费产生的必要非充分条件,但现实情况是,无论零售商所处的市场结构、竞争环境如何,几乎任一具有市场力量的大型零售商都可以收取通道费。[3]可见,通道费研究在理论上仍有拓展空间,在对现实的解释力上也需进一步深化。

---

[1]　在这一视角下的通道费研究可参见:李陈华、王庚.产品质量、议价能力和通道费[J].商业经济与管理,2019(11):5—17.

[2]　在这一视角下的通道费研究可参见:李陈华、晏维龙、徐振宇、庄尚文.促销效果、最优促销安排及其福利效应[J].商业经济与管理,2018(2):5—15.

[3]　对议价权力和通道费的专门研究可参见:李陈华、杨振.需求不确定性、议价权力与通道费[Z].工作论文,2017.

第三章　通道费的实践兴起与理论构架

第一节　国　外　经　验

通道费早期是由供应商和零售商私下协商，并且在财务报表上不会直接反映出来，因此很难确切知晓通道费的源头。20世纪30年代，美国的连锁商业机构向其供应商收取高额的附加费用，这样严苛的条件引发了中小型供应商的联合抗议。之后美国政府颁布了《罗宾逊—帕特曼反价格歧视法案》，然而该法案并未有效遏止收取附加费的商业现象。这就是通道费的雏形。20世纪80年代末期，通道费问题引起广泛讨论。《纽约时报》1989年7月的一篇文章提及"零售商收取通道费已经有5年多的历史"，由此，可以合理地推测通道费最早可能在1985年左右出现。这与大多数文献研究认为通道费产生自20世纪80年代的说法是一致的。

一、美国20世纪80年代市场变化

从20世纪80年代开始，美国市场上新产品大量涌现，而超市规模扩张的速度远远赶不上新产品推出的速度，超市的货架空

间渐渐成为稀缺资源。超市必须在层出不穷的新产品中做出选择,以充分利用货架资源得到更丰厚的利润。如果超市不精挑细选,那么货架上可能堆满了滞销的新产品。因此,在这样的背景下,通道费的概念便应运而生。零售商在引入新产品时会收取通道费,用来开展不超过 6 个月的试销活动。可以看出,零售业在日新月异的新兴技术以及新产品快速涌现的浪潮中迅猛发展,零售业的买方势力不断增强,在与供应商的博弈中处于有利地位。通道费则可以作为新产品的信号传递和筛选机制,反映了供应商对新产品畅销的信心以及与零售商共担风险的决心。美国联邦贸易委员会对通道费的定义是"供应商为了让零售商经销自己的新产品或者为新产品获取零售货架资源的一次性支付的费用"。布鲁姆(Bloom et al., 2000)认为,"通道费包含展示费、货架费、陈列费、维持费和保证费五个方面的内容"。[1]根据德勤和图什(Deloitte and Touche, 1990)的一项研究,"在食品杂货行业,收取通道费是常见的现象。每年食品杂货支出的通道费大约是 90 亿美元,这占与新产品上市相关的所有成本的 16％"。[2]美国联邦贸易委员会 2003 年的调查发现,通道费已经成为商业往来中必然要花费的成本。[3]

---

[1] Bloom, P. N., G. Gundlach, and J. Cannon. 2000. "Slotting Allowances and Fees: School of Thought and the Views of Practicing Managers." *Journal of Marketing*, 64(2):92-108.

[2] Deloitte & Touche. 1990. *Managing the Process of Introducing and Deleting Products in the Grocery and Drug Industry*. Washington, DC: Grocery Manufacturers of America.

[3] Federal Trade Commission(FTC). 2003. *Slotting Allowances in the Retail Grocery Industry: Selected Case Studies in the Product Categories*. November. Washington, DC: U.S. Government Printing Office.

供应商和零售商可以采取通道费、特许经营费、转售价格维持、独家经营和独家交易等多种形式的工具或者合同进行垂直约束。每种工具的使用和效果关键取决于供应商和零售商的具体市场假设，以及供零二者之间的讨价还价的能力。为了解释垂直约束如何在均衡中产生，塞克里鲁（Secrieru，2006）构建了只有一个供应商和一个零售商的简单垂直结构来分析。"在简单的统一价格契约下，供应商决定批发价格，零售商则决定零售价格。在这种情况下，每个公司的价格都高于边际成本，从而导致双重边缘化。均衡零售价格高于渠道总利润最大化的价格。这反映了垂直外部性。即当零售商提高零售价格时，销售量减少，供应商的利润降低，这表明零售商对供应商施加了一个负外部性。同样，供应商将批发价格设置在边际成本之上，忽略了其选择对零售商利润的影响。双重加价问题导致零售价格过高，与垂直一体化结构相比，社会福利水平较低。如果供应商拥有所有的议价权力，他就有动机使用垂直约束，如特许经营费，以获取全部的渠道利润。但是，这与只允许统一定价的情况相比，消费者价格更低，福利更高。因此，垂直约束可以改善福利。"[1]

除了垂直外部性外，零售市场的竞争还会产生零售商之间的水平定价和服务外部性。随着一家零售商的零售价格上涨，消费者会转向其竞争对手，因此，零售商价格上涨不仅会给供应商带来负的垂直外部性，也会给竞争对手带来正的水平外部性。例如，有些情况下，零售商提供的售前服务无法被监督或签订合同。

---

[1] Secrieru, Oana. 2006. "Economic Theory of Vertical Restraints." *Journal of Economic Surveys*, 20（5）:797-822.

"在汽车和电子产品等耐用商品的销售中,售前服务和信息可能特别重要,比如试驾汽车、销售人员演示或购买前试穿衣服。这个想法与公共产品类似。提供零售服务是昂贵的,因此迫使提供服务的零售商收取比不提供服务的零售商更高的价格。这激励消费者从提供服务的零售商那里获得售前服务,然后从没有提供服务但价格较低的零售商那里购买商品。"特斯勒(Tesler,1960)认为,零售商有相互免费使用售前信息和服务的动机,这导致了服务供应不足。与垂直整合市场利润最大化的水平相比,零售价格高得离谱,但提供的零售服务却不足。很明显,单靠批发价格并不能使价格和服务水平达到使综合利润最大化的最佳水平。供应商可以通过选择批发价来消除纵向外部性,即诱导零售商将批发价定在整合市场的最优水平。供应商也可以通过减少下游竞争来消除横向外部性。实现这一目标的一种方法是给予零售商独家领土,即给予每个零售商在某一地理区域或某一类消费者上的垄断地位。在这种情况下,使用垂直限制具有反竞争的效果。[1]

如上文所说,新产品涌现的浪潮下,大型零售商的出现和零售业集中度的提高,将议价权力转移到了下游。有关零售市场影响力的早期文献认为,大型零售商是可取的,因为它们可以对供应商行使反补贴权力,降低批发价格,并将节省下来的成本转嫁给消费者。然而,随后的研究表明,抵消力量并不总是导致消费价格下降,反补贴力量的影响取决于零售层面的竞争类型。在零售层面上,议价权力的转移伴随着新的纵向约束工具的出现,例

---

[1] Tesler, Lester. 1960. "Why Should Manufacturers Want Fair Trade?." *Journal of Law and Economics*, 3:86-105.

如通道费。与其他纵向限制一样,通道费对价格和福利的影响并不明确。当供应商自愿提供通道费时,福利比没有通道费时要低。另一方面,当零售商需要通道费时,低质量的供应商就会被淘汰出市场,这比没有通道费的情况下增加了社会福利。

通道费的经济效应受到社会广泛关注,学术界围绕通道费问题主要形成两个理论学派:一是效率促进理论认为通道费可以提升渠道效率,降低产品零售价格;二是市场势力理论认为通道费抑制竞争,抬高商品价格,使消费者利益受损。

二、通道费改进分销效率

随着人们物质生活条件的提高和科技的迅速发展,商品呈现多元化的趋势,在此背景下,"通道费可以用来筛选综合实力较强的品牌,这是种类繁多的商品与有限的零售平台空间之间调和的结果"[1],此外,"占优的零售商对其平台空间进行限制,零售商在获取通道费时,也进一步阻止了供应商和竞争对手联盟,这样可以获取更大的利润"[2]。

该观点认为,由于零售企业的货架资源相对稀缺,故通道费是供应商占用零售商的货架空间和服务而支付的租金,它可以作为信号传递与信息甄别的机制,降低供应商和零售商的信息不对称,提高渠道效率。但是这种观点的假设前提是零售商仅仅对新产品收取通道费。因为零售商推广新产品的成本和商业风险较

---

[1] Lariviere, Martin, and V. Padmanabhan. 1997. "Slotting Allowances and New Product Introductions." *Marketing Science*, 16 (2):112-128.

[2] Marx, L. M., and G. Shaffer. 2007b. "Upfront Payments and Exclusion in Downstream Markets." *RAND Journal of Economics*, 38(3):823-843.

高,对供应商收取通道费一方面可以降低零售商的营销成本和商业风险,从而降低售价,另一方面,还可以向供应商传递新产品推广成功可能性高的潜在信息,进一步促进供应商增强产品研发水平。这样一来,消费者剩余增加,整个渠道的效率提高。

谢弗(Shaffer,1991b)开发了一个三阶段模型。"在第一阶段,供应商同时选择一种包括批发价和固定费用的两部分关税。固定费用可以是负数,在这种情况下,它相当于通道费。在第二阶段,零售商选择从哪个供应商那里购买。在第三阶段,他们同时选择自己的转售价格。"谢弗认为,在均衡状态下,供应商向零售商提供通道费与无通道费的情况相比,供应商的总剩余更低。通道费是一种固定成本,迫使供应商将批发价格提高到边际成本之上。因此,零售商反过来将转售价格设定在批发价格之上。因此,零售商就有动力承诺提供正的补贴,因为这有效地减少了下游竞争,增加了利润。[1]朱(Chu,1992)给出了不同于谢弗的结论,指出除非预先的广告足够有效,否则通道费会产生更高的总利润和更高的社会福利。在朱的框架下,只有高质量的供应商支付通道费,低质量的供应商被淘汰出市场,从而产生更高的社会福利。[2]朱(1992)与谢弗(Shaffer,1991)的区别在于前者假设零售商主动收取通道费,而后者则要求供应商自愿提供通道费。拉里埃尔和帕德马纳班(Lariviere and Padmanabhan,1997)与谢弗(Shaffer,1991)一样,假设供应商可以自愿选择提供通道

---

[1] Shaffer, Greg. 1991b. "Slotting Allowances and Retail Price Maintenance: A Comparison of Facilitating Practices." *RAND Journal of Economics*, 22 (1): 120-135.

[2] Chu, Wujin. 1992. "Demand Signaling and Screening in Channels of Distribution." *Marketing Science*, 11(4):327-347.

费。提供通道费有两个目的：它是供应商产品质量的信号，可以筛选出更加强势的供应商，也使零售商能够分担与库存产品相关的成本。雷恩霍夫（Rennhoff，2004a）认为，在第一阶段，供应商向零售商支付通道费。在第二阶段，零售商在观察这些优惠后，选择购买哪个品牌的商品。第三阶段，供应商观察零售商的品牌选择，选择批发价格。在最后阶段，零售商为自己选择的品牌设定转售价格。雷恩霍夫的分析表明，品牌质量的提高会增加零售商的加价，但对最优通道费有模糊的影响。一方面，品牌质量的提高增加了供应商的预期利润。这反过来供应商支付通道费的意愿增加了，以增加获得优质货架空间的可能性。另一方面，品牌质量的提高也增加了零售商为供应商提供优质货架空间的预期收益。这将降低最优通道费。这两方面的影响带来的总效果是不确定的。[1]雷恩霍夫（Rennhoff，2004b）利用 1988—1992 年美国 40 个大城市番茄酱行业的季度数据进一步估计了这个模型。他的初步结果支持理论模型的预测。也就是说，不是所有供应商都愿意支付通道费。实证结果表明，"根据品牌质量的不同，一些供应商比其他供应商有更多的优惠激励"[2]。

三、通道费引发市场势力讨论

学者们认为通道费是零售商市场势力的资本化，这会抑制渠

---

［1］　Rennhoff，A. 2004a. "Paying for Shelf Space：An Investigation of Mer-chandising Allowances in the Grocery Industry." *Working Paper*，LeBow College of Business，Drexel University，Philadelphia，PA.

［2］　Rennhoff，A. 2004b. "Promotional Payments and Firm Characteristics：A Cross-Industry Study." Unpublished manuscript. Drexel University，LeBow College of Business. http：//www.pages.drexel.edu/~adr24/accounting3-18.pdf.

道竞争。通道费成为一种价格歧视的机制,实力强的供应商可能会为了得到更有利的货架陈列位置而主动提高通道费,这样就会导致一些实力较弱的供应商在竞争中被迫退出市场,甚至某些具有垄断地位的供应商,可以通过高额通道费或者排他性协议减少竞争对手,维持垄断地位。另外,零售商收取高额通道费已经使中小型供应商苦不堪言,对计划增加生产线研发新产品的供应商而言,无形中增加了研发成本。这进一步抑制了供应商之间的竞争,消费者可供选择的商品种类减少,造成效率损失。

通道费不仅抑制了供应商之间的竞争,也降低了零售商之间的竞争程度。在零售商与供应商的博弈中,大型零售商拥有强有力的市场势力,可以向供应商收取通道费,不断扩大自身利润;而中小型零售商市场势力较弱,这就使得供应商可以提高供货成本,从而将通道费的成本转嫁给他们,挤压中小型零售商获利空间。大型零售商的优势地位不断巩固,而中小型零售商生存压力加剧,这就会进一步抑制零售商之间的竞争。

市场势力理论的假设前提是零售商一次性收取通道费。但这并不符合目前零售业收取通道费的实际情况。商品在进入货架摆放前,零售商会收取一部分通道费,之后还将通过多种合同形式收取各式各样的费用,如宣传费、促销费、展位费、堆头费、赞助费,等等。

第二节　国　内　经　验

一、早期的通道费尝试

20 世纪 90 年代以来,国外高效的连锁超市形式被引入中国,如沃尔玛、家乐福等。大型连锁超市的出现，带来的是中国零售商和供应商在产业链中地位的置换，零售商向供应商收取通道费的方式在中国兴起。中国工商业在计划经济到市场经济的转轨期，外资零售企业的"零成本"扩张策略使得通道费问题更加凸显。外资零售企业通过拖欠货款等方式不断占用供应商资金来进行扩张，并且开设多家新店向供应商收取通道费，最大程度分摊开立新店的成本。正是通过这种不断蚕食供应商利润的方式，外资零售企业圈地扩张。外资零售企业这种扩张模式，不仅抢占了中国市场，还转嫁了商业风险。但是，由于政策法规的缺失，以及外资零售企业的渠道控制权不断增强，供应商苦不堪言却也难以据理力争。

二、通道费名目繁多

2002 年上海商委颁布的《关于规范超市收费的意见》定义通道费是"超市在商品定价之外，向供应商直接收取或从应付货款中扣除，或以其他方式要求供应商额外支付的各项费用"[1]。可以看出，国内外关于通道费的定义存在一定的差别，国外更强调一次性向新产品收取通道费，国内则不仅针对新产品，对成熟产品也可以收取通道费，并且不用一次性收取，可以在销售过程中多次收取。刘向东、沈健（2008）对通道费进行分类："与销售额无关的通道费有店庆费、新店开业费、年节费和续签合同费，与销售额相关的通道费从新产品和成熟产品两个方面进行阐述，首先，

对新产品而言,与销售额相关的通道费有以下三种:一是预先一次性收取的通道费,如进场费、条码费;二是与销售额线性相关的通道费,如销售返利费;三是与销售额非线性相关的通道费,如销售保底费。其次,成熟产品预先一次性收取的通道费有货架费、堆头费,与销售额线性相关的通道费依然是销售返利,而线性无关的是促销服务费、折扣促销费。"[1]

从上述分类中可以看出,与国外相比,中国通道费名目繁杂。2003年家乐福的炒货风波引发了社会对通道费问题的广泛讨论。家乐福对供应商内部附加费清单显示"法国节日店庆费:每年10万元;中国节庆费:每年30万元;新店开张费:1万—2万元;老店翻新费1万—2万元;海报费:每年2 340元,全国34家门店就是7.956万元,一般每家门店每年要印10次海报,就是79万元;端头费:每家门店2 000元,34家门店就是6.8万元;新品费:每家门店进一个新商品要1 000元,34家门店就是3.4万元;人员管理费:每人每月2 000元;堆头费:每家门店3万—10万元;出厂价让利:销售额的8%;服务费:占销售额的1.5%—2%;咨询费:约占2%;排面管理费:2.5%;送货不及时扣款:每天3‰;补损费:产品保管不善,无条件扣款;无条件退货:占销售额的3%—5%;税差:占5%—6%;补差价:在任何地方只要发现一家商店炒货价格低于家乐福,就要给予家乐福相当数额的罚金"[2]。从这张曝光的清单我们可以看出,家乐福向供应商收取高额且繁杂的通道费,这些庞大的费用使供应商叫苦不迭。上海炒货协会会长表

---

[1] 刘向东、沈健.我国的通道费:理论发展与规制策略[J].管理世界,2007(7):164—165.

[2] 杨联民、王丹尼.小协会讨伐连锁大鳄[N].中华工商时报,2003-7-22.

明,这样不对等的条约致使协会最大的 11 家企业在家乐福的利润全部为负。不仅如此,协议中还有诸多不合理之处,"例如,家乐福老店翻新,供应商要支付每店人民币 2 万元整。但是在履行此合同约定的条款中,既没有供应商对老店翻新的事实进行确认,又没有征得供应商的同意,仅凭家乐福单方认定,就可以在供应商结算款中对此费用进行扣除。家乐福有的门店甚至换了几块砖或更换陈列位置等小修小补的举动,就算'老店翻新',要供应商支付相应的货款"[1]。2003 年 6 月,家乐福因为向上游供应商收取进场费问题遭受上海炒货行业的集体性封锁,在多次谈判未果的情况下,上海炒货行业协会暂停向家乐福供货。

"2011 年 5 月 13 日,央视《经济半小时》调查发现,某品牌的一袋锅巴,出厂价是 1.2 元,超市以 2.55 元的价格买进,再以 3 元的零售价卖出,供应商需要缴纳 30% 的进场费用,实际上超市的购入价格为 1.8 元,超市每袋赚取 1.2 元,供应商只能得到 0.6 元。另外,记者在北京锦绣大地批发市场对 6 种干果的价格调查发现,超市价格是批发市场的 2.85 倍。关于通道费的讨论逐渐升温,有人认为通道费已经成为侵占厂家利润和盘剥消费者腰包的吸金黑洞,不仅让供应商苦不堪言,更是助长了中国的物价上升,更有一些人认为通道费就是'中国式的怪胎''商业怪胎下的又一毒瘤'。"[2]

然而,这种说法在现有研究中并没有得到佐证。庄尚文等(2009)研究发现,"零售商对差异化产品收取通道费可以提高零

---

[1] 杨联民、王丹尼.小协会讨伐连锁大鳄[N].中华工商时报,2003-7-22.
[2] 董烨然.通道费:大零售商挖掘市场效率的一种机制设计[J].财贸经济,2012(3):94—102.

售商服务水平,而对同质产品收取通道费会降低消费者的福利水平"。[1]研究发现,通道费不仅可以作为商品筛选和信号传递的机制,还是提高零售商努力水平的激励机制。零售商的努力水平对商品销售额有显著的促进作用,但是这种努力水平难以契约化,零售商努力销售带来的销量提高的好处都进了供应商的口袋,因此理性的零售商不会付出最大的努力。激励机制可以很好地改善这种情况,供应商可以向零售商提供基于销售额的通道费,只要激励成本小于激励机制带来的收益,那么供应商就有动力去执行激励机制,零售商的实际成本降低将推动努力水平提高,整个渠道的效率提高,渠道总利润也会增加。

除了激励机制,减少搭便车现象也是维持渠道协调的关键。例如,"供应商开辟网络直销渠道会加剧其与销售商之间的冲突,零售商努力宣传将会导致部分销量转至网络直销渠道,供应商这种搭便车现象将会减低零售商的努力水平[2]。实际上,除了零售商的广告宣传、促销等努力可以影响消费需求,供应商的努力水平如产品研发、售后服务等也会对商品销量产生影响。胡本勇等(2015)基于渠道契约模型,认为零售商和供应商的双重努力因素具有正外部性,一方容易偷懒搭便车,分享另一方努力带来的收益,这就可能会引发双边道德问题,但是引入成本共担和收益共享的策略有助于实现渠道协调[3]。范波等(2013)研究发现,

---

[1]　庄尚文、赵亚平.跨国零售买方势力的福利影响与规制思路——以通道费为例的模型分析[J].财贸经济,2009(3):113—118+137.

[2]　王道平、谷春晓、张博卿.风险规避和信息不对称下双渠道供应链的定价决策研究[J].工业工程与管理,2016,21(4):20—25+34.

[3]　胡本勇、曲佳莉.基于双重努力因素的供应链销量担保期权模型[J].管理工程学报,2015,29(1):74—81+113.

在双方的成本系数不发生变化时,调整通道费是降低道德风险的最优选择"[1]。

林娜(2009)认为,"虽然各国都存在收取通道费的现象,但是中国零售商更依赖于收取通道费的盈利模式。据中华全国商业信息中心 2006 年 9 月对 42 家外资零售企业调查结果显示,内资零售企业单位面积的平均销售额为 1.4 万元,而外资零售企业的数据为 2.06 万元,内资零售企业单位面积销售数据明显低于外资零售企业。跨国零售巨头凭借其雄厚的资本,加速了规模扩张,这使得本土零售商面临的竞争压力增大"[2]。本土零售商通过一般商品经营的盈利模式难以获取平均利润率时,他们逐渐依赖建立在通道费基础上的盈利模式。目前,收取通道费几乎已经成为大型零售业的普遍现象。这一定程度上也导致了零售商与供应商双方关系紧张,甚至有些零售商的机会主义行为导致了通道费被滥用,更严重的已经涉及商业贿赂和商业欺诈。

三、通道费争端

2002 年 1 月至 2003 年 6 月,雅各公司和夏新公司分别向浙江苏宁电器有限公司(以下简称"苏宁公司")销售了 4 329 166 元和 3 179 717 元的电子产品。其间,"苏宁公司以'赞助费''返利款''促销费'和'场地费'等名义,收取雅各公司支付的费用 138 109 元,夏新公司支付的费用 79 600 元,共计 217 709 元。市工商局认为,

---

[1] 范波、孟卫东、代建生.双边道德风险下基于 CVaR 的回购合同协调模型[J].系统工程学报,2016,31(1):78—87.

[2] 林娜.通道费的经济学分析——基于转轨期间中国的案例[J].产业经济研究,2009(6):80—87.

苏宁公司收取交易对方所谓'赞助费'等名目的财物,违反了《中华人民共和国反不正当竞争法》第八条第一款和国家工商行政管理局《关于禁止商业贿赂行为的暂行规定》第四条的规定,属商业贿赂行为"[1]。2006年苏宁公司因收取通道费被行政处罚。苏宁公司不服政治处罚,向法院起诉请求撤销处罚。

苏宁公司认为其与供应商之间是隐名委托代销关系,收取的代销费用都是实际发生的。而终审法院认为,"能否构成商业贿赂的关键并非仅仅是'费用是否确实发生',还应考虑'收取的费用是否用于支付发生的费用'。苏宁公司仅是假借了'要支付已发生费用'的名义来收取上述的费用。苏宁公司所谓为供应商做广告的费用以及为其产品促销的费用以及进场等费用,均不属于为供应商'代付''代支'实际发生的费用。商场或者超市假借诸如'场地费''促销费'和'赞助费'等名义收取供应商财物的行为,不是回扣形式的商业贿赂行为,而是其他形式的商业贿赂行为"[2]。因而苏宁公司收取的这些费用并不合法。

2004年12月10日,五洲副食品公司为推销百威啤酒,以专场费的名义给付瑞安市塘下珍味楼酒店(以下简称"珍味楼酒店")29 000元。2005年3月10日,又以进场费的名义给付原告29 000元(在货款中扣除)。珍味楼酒店收受上述货款后均未记入法定财务账。2006年4月10日,瑞安市工商行政管理局做出瑞工商处字〔2006〕第189号行政处罚决定,认定珍味楼酒店在商品购销过程中收受五洲副食品公司的贿赂,根据《中华人民共和

---

[1][2] 浙江苏宁公司收取供货商"场地费"等费用行政诉讼案评析[E].
2007. https://www.kuaijiren.com/t/53078.

国反不正当竞争法》第二十二条、国家工商行政管理局《关于禁止商业贿赂行为的暂行规定》第九条第二款的规定,对珍味楼酒店处以没收违法所得 58 000 元,并罚款 17 000 元。[1]

总而言之,通道费已经成为世界各国常见的现象,社会各界对于通道费问题给予了密切的关注和讨论,然而有关通道费的福利效应一直没有统一的结论。因此,各国政府在通道费问题上的政策规定虽稍有差异,但都没有明确的政策条文规制通道费问题,在这样的背景下,通道费问题的弊端开始凸显,通道费和商业贿赂并不是等价的概念,用规制商业贿赂的方式对通道费进行规制显然是不合理的,如何更好地规制通道费问题亟待解决。为了有效规制通道费问题,了解和分析通道费的经济起因是十分有必要的。

第三节　通道费的直接起因

本节将从渠道控制权转移、联营商业模式和政策规制缺失三个方面阐述通道费的经济起因。

一、渠道控制权向零售商转移

供应商和零售商在贸易条件上的讨价还价是许多分销渠道的一个重要特征。供应商和零售商之间的关系往往取决于谈判的重要性,以及谈判对双方利益的影响。这种讨价还价的角色和参与者行使讨价还价的权力存在于广泛的行业的分销系统中。

---

[1] 瑞安市塘下珍味楼酒店诉瑞安市工商行政管理局工商行政处罚案[E]. 2007. http://www.lsbar.com/caseContent/32145.

"食品杂货行业的供应商经常抱怨说,实力强大的零售商会创造性地寻找不可预知的方法来获取额外收入。强大的零售商们不断地提出一连串要求,他们想要得到一切,从因装运错误和产品标签错误而支付罚款,到大量免费样品。例如,产品损害问题是渠道各方可能会投机取巧的一个重要情况。卡恩和麦卡利斯特(Kahn and McAlister,1997)指出,受损产品每年造成 25 亿美元的损失,这是供应商与零售商关系日益紧张的原因。"[1]零售商认为是供应商包装设计缺陷和运输途中造成的产品损害,供应商则强调是零售商在仓库和超市里保管不善导致的产品损失。双方各执一词,莫衷一是。又如在建筑供应渠道中,对承包商来说,一个问题是产品没有按照协议交付,发货经常延迟,交货安排总是发生变化。对供应商来说,最大的问题是承包商经常想方设法拖延付款时间。

这些例子表明渠道关系取决于供应商和零售商之间讨价还价的能力。这不仅仅是一种供应商向零售商做出"要么接受要么放弃"的决定的关系。相反,这种关系涉及对贸易条件的讨价还价。此外,双方议价权力的不同可能会对渠道协调程度产生显著影响。从前面的例子中可以明显看出,产品损坏或延迟付款的发生明显会影响渠道的总利润。其次,"渠道关系面临的一个问题是,供应商或零售商可以重新谈判他们之前的协议"。这种重新协商的发生是因为产品交换的非特异性,这可能鼓励机会主义行为。几乎在每一种渠道关系中,产品交换的某些方面是无形的,

---

[1] Kahn, Barbara E., and Leigh McAlister. 1997. *Grocery Revolution*. Addison-Wesley, Reading, MA.

很难让双方达成一致。因此,双方经常发现很难在合同中完全指定产品交换。例如,在产品损害问题中,如果零售商在供应商发货一个月后发现产品包装损坏,那么很难确定谁应该负责。在这种情况下,实力强大的零售商可能会采取投机行为,要求额外的补偿。一般而言,正如科斯(Coase,1937)和威廉姆森(Williamson,1975)所指出的,由于交易成本的存在,关于产品特性的契约可能是不完整的。这些费用的产生可能是由于合同期内不可预见的意外事件、太多的意外事件无法写入合同明确度量产生的高昂的监督费用或执行合同的可观法律费用。[1]

早期研究一般假设供应商相对于零售商具有完全势力,零售商只能被动接受供应商提出的条件,这就导致零售商往往需要先向供应商缴纳特许费,然后再根据供应商指定的批发价格支付费用。这种形式被称为特许经营,也就是特许人将其产品授权给被特许人销售。特许经营合同通常要求被特许人在协议的不同阶段向特许人支付费用。特许权人经常从被特许人那里收到进入特许经营权的初始费用、提供初步开办服务或作为参与特许经营权声誉的权利。同样,特许经营商在延长特许经营商的合同期限时,有时也要收取展期费。已履行合同义务的加盟商有望在原协议期满时获得新期限,从而为特许权人提供在续约时收取费用的机会。不仅如此,特许权人还会收取持续费用,以反映向加盟商提供各种持续服务的成本,提供的服务通常包括总部的实地访问、定期通信、电话热线、持续培训、特许经营咨询委员会和年度

---

[1] Coase, R. "The Nature of the Firm." *Economica*, 1937, 4(16):386-405; Williamson, O. 1975. *Markets and Hierarchies: Analysis and Antitrust Implications: A Study of Internal Organization*. The Free Press, New York.

会议。持续费用也被视为对特许权人从特许经营权发明中所做销售的补偿,或对特许权人商标和商业系统的支付。续费和支助服务之间的联系也已扩大,以纳入一种奖励机制,以确保特许人保持特许经营的总体质量。例如,1989年对美国行业的一项调查显示,91％的特许经销商使用了总销售额的一定百分比,但只有3％使用固定费用。1994年澳大利亚的一项调查发现,大约78％的特许商采用了总销售额的一个百分比,只有21％采用了固定的持续收费结构。[1]

随着经济社会发展,零售业的议价权力已经发生了变化。人民的美好生活需要日益增长,消费需求逐渐多样化和高级化。除了物美价廉的商品更吸引消费者,时间和地点等非经济因素带来的效用逐渐被消费者所青睐,例如运输成本、时间成本、心理成本、储存成本,等等。大型的零售商可以从大量的交易数据中更好地掌握消费者需求,利用自身优势更好地获取渠道利润。一方面,零售商以增强销售网络建设满足多元化消费需求,通过增加连锁店的形式使消费者可以线下便利购物,电商平台快捷搜索和分类等功能也可以让消费者足不出户就可以买到心仪的商品。另一方面,零售商不断对产品组合、摆放的位置、进店服务体验、多种购物方式、配送等方面的服务进行创新,这样可以节约消费者购物的时间成本、有力改善消费体验,从而促进消费者黏性增加,商品销量提高。

总之,大型零售商通过销售网络建设和服务创新等实现消费

---

[1] Frazer, Lorelle. 1998. "Motivations for Franchisors to Use Flat Continuing Franchise Fees." *Journal of Consumer Marketing*, 15(6):587-597.

效率提升,在很大程度上主导商品价值实现过程,获得渠道利益。由于规模经济和范围经济,零售商变得更大。这导致了连锁商店和大型商店的出现,这些商店现在在零售活动的大部分领域占主导地位。"议价权力向零售层面的转移,使得零售商可以对供应商施加纵向限制。在实践中,这种限制通常以负固定费用的形式出现:供应商基本上向零售商提供廉价贷款和技术,或向零售商支付陈列津贴,鼓励他们销售一种新产品,或为一种产品分配最小的货架空间。"例如,沃尔玛、家乐福等大型零售商凭借自身优势,在与供应商的博弈中占有强有力的话语权,从而在采购过程中决定采购价格,达到降低成本和售价,吸引更多的消费者,获得更多的利润。

从根本上而言,"零售商是满足多元消费需求的专业化流通组织,其选择能使供应商的市场需求函数发生移动。如果在交易中,买方采取的措施使卖方的需求函数发生移动,这表明买方可以对卖方施加影响。大型零售商还可以搭建零售交易平台,打造高效的产品组合和差异化产品,给消费者提供充分的选择空间,更好地满足消费者的购物需求。当供应商的选择与市场需求不对称,并且这种需求不对称的程度达到一定程度时,零售商就可以影响供应商的选择,供应商陷入囚徒困境并只能接受零售商的选择"。零售商通过优化供应商的选择、建设销售网络提高服务创新水平等减少消费者消费成本,实现消费效率的提升,那么即使零售商所占的市场份额小,也有可能获得较强的渠道控制权,这表明零售商可以通过加强自身渠道优势巩固渠道控制权。

董春艳、张闯(2007)基于国美电器和正阳家电的案例进行实证研究的结果表明,"渠道权力与通道费之间有显著的相关性,零售商的渠道权力对通道费的数目有显著的促进作用。通道费通过渠道效率等中间变量影响渠道关系,当收取通道费后,渠道效率提高,供应商平均利润率增加,那么供应商会倾向于继续和该销售商合作,渠道关系更加稳定。如果该供应商可以为零售商带来更高的经济收益,那么零售商也会降低通道费,更好地维持渠道关系"[1]。关于零售商施加的纵向限制的福利效应,最早提出这个问题的是加尔布雷斯(Galbraith,1952)。他认为,较大的零售商能够对供应商行使反补贴权力,以降低批发价格,而且他们愿意将节省下来的成本转嫁给消费者。加尔布雷斯因此声称,抗衡力量是社会所需要的,因为它增加了消费者剩余。另外,零售商的渠道控制权增强,不仅可以提升渠道总利润,而且也可以使生产商获利。生产商利润是关于零售商权力的"倒 U 形"函数,当零售商权力达到中间水平时,生产商的利润取到最大值。可以看出,零售商的渠道控制权增加,不一定会损害生产上的利益[2]。李陈华(2014)认为,通道费产生的内在逻辑是一种补偿机制,可以增加渠道总利润和效率。随着零售商议价势力的减弱,零售商和供应商之间趋于合作,那么就会促进渠道系统总利润趋于增长;如果零售商接受较高的批发价格,自身获利减少,供应商利润增加,由于后者利润增加更多,渠道总利润高于最初水平。零售商让渡一部分议价势力,通过向供应商收取通道费使自身利润增加,最终供应商和零售商双方利润以及渠道总利润都增加,整个

---

[1] 董春艳、张闯.渠道权力结构与进场费的作用关系——基于中国家电渠道的案例研究[J].中国工业经济,2007(10):119—126.

[2] Galbraith, John Kenneth. 1952. *American Capitalism: The Concept of Countervailing Power*. Boston: Houghton Mifflin.

渠道的效率也得到提高[1]。

二、零售商采取联营商业模式

在流通领域中零售业率先开放,外资企业进入零售领域。
"外资零售企业往往有着雄厚的资本,先进成熟的管理方式和经
营理念,中国本土零售业久违市场竞争,难以抵御外资零售巨头
的冲击,外资零售企业的市场规模不断扩张。2004年底,我国全
面开放流通领域,外资零售企业对市场占有率进一步提升。"[2]
"市场竞争的加剧势必推动本土零售企业转向低风险的联营模
式。在国有商业企业市场化改革和零售业全面对外开放的背景
和环境中,原本缺乏自营能力而买方市场的竞争又日趋激烈的本
土零售企业为规避商业风险、抢占市场份额等逐渐从自营模式转
向联营模式[3],这也具有一定的历史必然性。"[4]

（一）购销差价全部或部分转化为通道费

传统的零售商与供应商是买卖关系,零售商向供应商买入商
品,取得商品所有权再进行售卖,由于供应商把商业风险转移给
零售商,因此会让渡一部分利润给零售商,这体现为购销差价。
然而,顾客更倾向于购买物美价廉的商品,这就使得零售商凭借

[1] 李陈华.零售商议价势力及其福利效应——兼论通道费的起因[J].财贸研
究,2014,25(1):61—69.
[2] 纪宝成、李陈华.我国流通产业安全:现实背景、概念辨析与政策思路[J].财
贸经济,2012(9):5—13.
[3] 联营又叫联销,是指以招商方式引入知名品牌,在百货店内设立品牌专柜
由供应商负责日常经营,商店负责整体运营管理的销售模式.
[4] 谢莉娟、黎莎、王晓东.中国零售业自营与联营问题的流通经济学分析
[J].商业经济与管理,2019(5):5—14.

购销差价的方式盈利困难,因此,零售商开始构建零售交易平台,向供应商收取费用。不仅如此,在中国经济体制改革之后,供应商经营自主权扩大,开始在商场里开设专卖店,并且零售商为了转移商业风险,提供场地给供应商,按销售额的一个比例向供应商收取费用或租金,从买断商品所有权的方式转变成联营,新的盈利模式形成。"联营模式下零售商的盈利来源是收取进场费、场地使用费、物业管理费、促销费,等等,其实质是通道费盈利模式。供应商通过平台向顾客直接销售产品,零售商提供双方交易的平台和服务,其中的场地租金和相关服务费被称为通道费。例如,百货店与供应商还会签订保底协议,百货店按销售额收取一定比例的提成,即使零售商没有达到约定的销售额,供应商也要支付约定的保底费。零售商通过收取通道费大大降低了自身运营成本,减少了经营风险和库存风险,自身利润也在稳定增长。据调查,通道费占百货店全部收益的80%以上,而百货公司自营销售收益则仅占10%—20%左右。"[1]

(二)零售平台新服务使供应商愿意支付通道费

随着零售业品牌效应和聚集客流的优势进一步扩大,吸引着越来越多的供应商入驻完成交易,相比于传统买断商品经营权的方式,零售业发展呈现出高级形态,将销售功能和零售平台服务功能进行综合。对于供应商而言,零售交易平台最基本的功能就是聚集客流,而零售交易平台可以针对顾客需求组合商品、规划页面布局、优化商场环境和服务等,从而提升品牌形象,增强顾客

---

[1] 盛朝迅.基于业态变异视角的我国百货业盈利模式思考[J].商业经济与管理,2011(2):14—20.

黏性。消费者需求日益个性化、多样化，这促进了零售模式转型创新。

"首先是零售业态不断向智能化、多样化的商业综合体转型，从购物中心到多业态商业，从新零售的出现，再到强调主题性、场景化运营，提升消费体验感的开放式主题街区商业，零售业态不断演变。其次，线上的新型消费、升级消费不断拓展，无人零售、无接触配送、智慧商店、网上超市、直播零售等新业态快速发展，具备社交属性的微博、短视频平台等新电商渠道快速发展并实现互联互通。当前，人工智能、物联网、AR 和 VR 技术、5G、区块链等新技术在零售业转型升级中的作用日渐增强。零售企业依托信息技术加快运营、销售和供应链模式的革新，不断加深信息化转型。另外，国家统计局数据显示，2019 年，我国商品消费占居民消费的 54.1%，服务性消费占居民消费比重为 45.9%。近年我国服务消费比重不断扩大，占居民消费的比重接近一半，表明我国消费市场发生了深刻的变化，形成了服务消费与商品消费双轮驱动。未来我国零售业将加速与旅游、体育、文化、娱乐、健康、养老等产业的一体化融合，零售业将更好地满足服务性消费需求，并带动相关产品的销售，形成服务消费和商品消费相互促进、相互提升客流的良性循环。"[1]

在这样的背景下，供应商为了获取更高的利润和长远的发展，向零售商支付通道费的意愿增强。侯玉梅等(2013)通过构建模型分析零售商的销售努力策略，他发现"零售商的销售努力对商品需求有很大的影响，例如，零售商可以通过广告宣传、商品的

---

[1] 蒋慧芳.我国零售业未来发展呈现六大特点[N].中国商报,2020-11-19.

陈列位置、销售指引等方式引导消费者购买商品"[1]。不仅如此,渠道中双方的信息也存在不对称。零售商在销售过程中获得大量的用户数据,可以更全面地把握消费者需求,而供应商对商品成本等信息的把握更为准确。

综上所述,零售商给供应商提供了平台和服务,供应商理应缴纳相应的费用,这些费用就是通道费。赵守婷等(2016)认为,"具体而言,如果零售商买断商品的所有权,供应商应该降低价格,让渡一部分利润,体现为购销差价;如果零售商给供应商提供交易场所,那么供应商应该缴纳一部分费用作为场地租金,并且场所地段越好,缴纳的租金越高;如果零售商为供应商的产品进行广告宣传,那么供应商也自然需要缴纳宣传费;如果零售商举行促销活动展开宣传或者公关,供应商应交付一部分费用作为促销费、公关费,等等。另外,定价和促销对商品需求也有一定的影响,同时定价和促销带来的利润最低,对于奢侈品或者促销成品很高的商品而言,先定价再促销更有利于提高零售商的利润,而对于必需品或者促销成本很低的商品而言,先定价再促销对供应商更有利"[2]。

三、通道费政策规制尚未完善

通道费的兴起引起各国政府高度关注,但是由于难以衡量通道费的经济效应,因此大多数国家并未制定政策法规进行约束,而是少量规制甚至不规制。例如,法国未出台正式文件来规制通

---

　　[1] 侯玉梅、田歆、马利军、张明莉、郑涛.基于供应商促销与销售努力的供应链协同决策[J].系统工程理论与实践,2013(12):3087—3094.
　　[2] 赵守婷、张菊亮.新产品供应链协调[J].中国管理科学,2016,24(2):134—143.

道费。无独有偶,由于供应商在 1996 年美国联邦贸易委员会上没有充分证据表明通道费造成不利影响,美国的零售商仍然可以收取通道费,在实践中也是由零售商和供应商双方协商通道费。而日本则明确规定零售商只能收取上架费、广告费和进场费三种通道费,英国则规定对某些特定产品免收通道费。

高额的通道费使得零售商与供应商双方关系紧张,相应的政策规制是十分有必要的。2002 年 7 月,北京市出台了《关于规范商业零售企业进货交易行为有关问题的通知》(以下简称"北京规范")。2002 年 9 月,上海市出台了《关于规范超市收费的意见》(以下简称"上海规范")。上海规范明确规定,"超市向供应商收取进场费应遵循公平合理收费、公开约定收费、公平规范收费的原则。超市收费的项目、用途、标准,必须事先向供应商公开,在协商一致的基础上由双方订立书面合同;超市不得滥用优势地位,做出对供应商不公平、不合理的规定,更不得随意在事后或合同以外再向供应商收费"[1]。相对来说,北京规范明确了超市可以收取进场费,但是"收取的各种费用要公开透明,必须如实入账,向供应商开具正式发票,并照章纳税"。上海规范在《超市收费合同示范文本》中明确了可以收取的费用名称,其中"新品进场费"包括"进场费""新增门店进场费"和"新增商品进场费"三小类。上述文件的出台背景是供应商联合向有关部门投诉超市滥收费用,为了进一步规制超市滥收费用的行为,上海规范和北京规范应运而生。但是,这些规范效力有限,难以有效约束超市滥

---

[1] 上海市有关的超市"进场费"的规定[E]. 2003. http://news.sohu.com/77/36/news211133677.shtml.

收进场费的行为,甚至反而使超市滥收费用更理直气壮。

对此,我国 2006 年 10 月出台了《零售商供应商公平交易管理办法》,旨在规范由来已久的通道费问题。《零售商供应商公平交易管理办法》规定年销售额在 1 000 万元以上的大型零售企业及其分支机构不得借由自身的强势地位向零售商收取如通道费、入场费等六类费用,并对双方之间的交易程序做了严格规定。不过,《零售商供应商公平交易管理办法》没有将具体规定执行落实,规定虽然严格但可操作性大打折扣,这也就导致通道费的问题依然严峻。上海商情中心发布的《2007 年供应商满意度调查报告》表明:"超过九成的供应商认为《零售商供应商公平交易管理办法》对通道费现象没有发挥应有的规制效果,难以通过具体规定改善供应商讨价还价的能力,并且零售商还有多种措施可以规避相关规定的限制。与 2006 年同期相比,2007 年零售商向供应商收取的通道费反而增加。"在市场供求关系不变的背景下,零售商在双方博弈中处于强势地位,即使供应商有异议也难以把握话语主动权,甚至会招致零售商更为苛刻的条件,通道费产生的根本原因并未改变。因此,《零售商供应商公平交易管理办法》的出台难以制止收取不合理通道费的行为,从而也无法缓解零售商和供应商双方之间紧张的关系,《零售商供应商公平交易管理办法》已经失效[1]。

零售商能够根据交叉网络外部性和消费者需求自发调节通道费收费情况。通道费具有双边市场的特征,在双边市场中,"任

---

[1] 巫景飞、李骏阳.《零售商供应商公平交易管理办法》有效性分析与经济学反思[J].商业经济与管理,2008(11):14—20.

何想从单边需求方获取超额利润的策略最终都是自我毁灭"。假使零售商收取高额的通道费,供应商与零售商合作的意向降低,由于交叉网络外部性的存在,零售平台商品种类的减少又将导致该平台的消费者数量减少,零售商的交易量和销售利润都会大大降低。如国美与格力爆发的渠道冲突、家乐福的进场费风波迫使零售商合理收取通道费。岳中刚(2009)认为,"简单采取单边市场规制将会偏离帕累托最优,应该从双边市场的运行特征去规制通道费问题。我国应该借鉴成熟市场经济国家的规制经验,综合考虑零售商对供应商的买方势力和零售商对消费者的卖方势力,高度关注中小型供应商和零售商,通过实证评估通道费对社会福利的影响来制定相应的政策规制"[1]。张赞等(2006)基于"SCP-R"分析框架,"他认为市场结构和环境对通道费的福利效应有决定作用,在实践中,具体案例应该具体分析,并参照以往案例制定规制政策"[2]。庄尚文、赵亚平(2009)认为,"必须差别化规制通道费,允许零售商对差别化产品适当收取一次性通道费和与销售量成比例的通道费,但是必须严格控制零售商对同质产品收取通道费"[3]。

综上所述,供应商和零售商都具有利润最大化的动机,期望获得平均利润率,但零售业竞争激烈,购销差价为主要利润来源的盈利模式难以达到获得平均利润率的期望,因此零售商逐渐采取联营的商业模式,随着市场供求关系的影响,渠道控制权逐渐向零售商

---

[1] 岳中刚、石奇.通道费的规制失灵:基于双边市场的研究[J].商业经济与管理,2009(9):5—10.

[2] 张赞、郁义鸿.零售商垄断势力、通道费与经济规制[J].财贸经济,2006(3):60—65+97.

[3] 庄尚文、赵亚平.跨国零售买方势力的福利影响与规制思路——以通道费为例的模型分析[J].财贸经济,2009(3):113—118+137.

转移,双方的博弈决定了收取的通道费的数量。一方面,零售商为商品的销售支付了一定的费用,另一方面,通道费也可以筛选出更强势的品牌,让优质资源进入零售平台,这样来看,收取的通道费具有一定的合理性。但由于相关政策法规的缺失,难以有效抑制零售商"乱收费"的现象。简单来说,零售商收取通道费具有一定的合理性,但是零售商如何收取以及收取多少,不仅由零售商与供应商双方博弈结果决定,更取决于政策法规的约束。

第四节　通道费的解释框架

以上从渠道控制权转移、联营模式兴起、政策规制缺失三个方面阐述了通道费的"直接"起因。但从经济学的视角来看,通道费能够在国内外大行其道,必然有更深层次的产生机理。换句话说,通道费一定在某些市场情境下,对渠道成员的采购、定价、促销等行为起到了某种激励作用,或产生了某些"积极"影响,从而增加了零售商利润或渠道总利润。下面分别考察几种典型的市场情境,以及通道费在该市场情境下的发生机制。

一、需求不确定性、议价权力与通道费

不确定性是现实世界的客观事实,相关研究是现代经济学发展的一个重要方向。雷伊和梯若尔(Rey and Tirole,1986)发表在《美国经济评论》上的经典论文"纵向约束的逻辑",就是考察不确定性下各类纵向约束手段的作用机制。[1]同样地,我们可以借鉴这一

---

[1] Rey, Patrick, and Jean Tirole. 1986. "The Logic of Vertical Restraints." *American Economic Review*,76(5):921-939.

逻辑考察通道费的产生和作用机制。具体地，在需求不确定的情形下，一个新的问题出现了，即销售方需要决定采购多少：如果采购过多，商品卖不出去将造成库存成本；采购过少，商品脱销又会造成商誉损失。这即所谓的"报童问题"，该问题本身和通道费没有直接关系。但如果将这一问题放在纵向约束的框架下加以考察，即考察在需求不确定性的情况下，供应商如何定价，零售商如何订货，零供之间如何分割交易收益，以实现渠道总利润最大化，则情况就有所不同。

在不考虑不确定性的情况下，如果零供之间以两部收费合约交易，则一定是供应商以边际成本转让产品，同时收取一笔固定费。显然，由于此时供应商以成本出售产品，因为无论其议价权力如何，总会收取一笔非负的固定费作为补偿，即通常所说的"特许费"。但是，在需求存在不确定性，订货量本身成为一个问题的情况下，两部收费下的调拨价格就不再是边际成本了。具体来说，由于需要激励零售商实施最优订货量，批发价通常需要高于边际成本。因为如果仍按边际成本"低价"转让产品，则零售商就会订货"过多"，从而对渠道总利润造成损害。进而，在批发价高于边际成本情况下，供应商仅依靠商品销售溢价就可以获得利润。而如果此时零售商拥有完全的议价权力，向供应商提出"要么接受要么拒绝"的合约，则必然会通过一笔费用将供应商的这笔利润攫取过来，这就形成了所谓的"通道费"。事实上，可以证明存在一个临界议价权力，如果零售商的议价权力超过这一临界值，就可以获得通道费，反之则需支付特许费。这就是需求不确定性下通道费的产生机理，本书将在第四章详细介绍。

二、货架稀缺性、货架业绩与通道费

需求不确定性是客观事实，也是经济学的重要研究方向。但很多情况下，或是由于一些商品需求不确定性很小（如一些周期性消费的日化产品），或是研究的侧重点不在于此，经济学家回避了需求不确定性。此时的商品需求就像传统需求理论描绘的那样，和价格一一对应。那么这种情况下的零供博弈，是否还有通道费产生的空间呢？如果考虑实体零售商的特点——货架稀缺，则答案仍是肯定的。原因如下。

在货架稀缺的情况下，零售商不能无限制地上架产品：零售商上架一款产品，必然就要清退一款产品。在这种情况下，如果零售商货架上现有产品质量好、销量大、利润高，则即使零售商没有什么议价权力，也能够获得一笔"通道费"作为更换现有产品的补偿；而如果零售商货架上现有产品质量差、销量小、利润低，则可能不光无法收取通道费，还要向供应商支付特许费以获得优质产品。于是，我们引入了货架业绩的概念，它是指零售商目前货架上架的产品销售业绩情况，当前货架业绩是零售商议价权力的一个重要来源，业绩好，无须替换货，因此对生产商的新上架需求零售商可以不予理睬；业绩不好，则需要替换货，因此希望有新的产品供上架选择。货架业绩可以用产品质量作为替代指标，但也不完全依赖于产品质量，后文将专门讨论零售商促销努力问题。这一通道费的解释框架通俗易懂，但具体的收费逻辑要更复杂些：并不是说潜在供应商的产品劣于现有产品，供应商就要支付通道费以获得货架，反之零售商就支付特许费以获得产品。因为在零供初次接洽的阶段，零售商通常是不清楚产品质量的，他需要根据对产品质量的预期来进行通道费或特许费的谈判，而

具体的谈判结果既取决于其议价权力,也取决于其现有产品的质量好坏。在这个意义上,我们说零售商现有产品的质量好坏(即货架业绩)也构成了其议价权力的来源。我们将在第五章详细考察该问题。

三、货架业绩补偿与通道费

在以上两个解释框架中,需求最多只与价格相关。但根据纵向约束领域的一些经典论文,需求不只受价格影响,还应受到卖方提供的"促销服务"的影响。[1]客观地说,"促销影响需求"在很多情况下可能更贴近零售业的现实,因为人们日常中的很多消费是"发现型消费",确实更容易受到促销行为的影响的。这也是现实中各类促销常见于零售卖场的原因。进而,回到本书研究的通道费问题,通道费的产生也与促销活动有着直接关系:现实中可能是零售商促销,也可能是供应商促销,而当由零售商促销时,如果零售商的促销服务提高了供应商上架产品的销售业绩,但没有提高自身收益,供应商就需对零售商做出补偿,"通道费"就此产生。

当然,以上解释框架也只是对促销补偿问题的一个极简描述。可以想见,在一些情况下,零售商促销本来就是渠道最优安排,即如果零售商不承担促销活动,而是把促销摊派给供应商,则

---

[1] 参见:Mathewson, G. F., and R. A. Winter. 1984. "An Economic Theory of Vertical Restraints." *RAND Journal of Economics*, 15(1): 27-38; Moorthy, K. S. 1987. "Managing Channel Profits: Comment." *Marketing Science*, 6(4): 375-379; Rey, Patrick, and Thibaud Verge. 2008. "Economics of Vertical Restraints." in: Paolo Buccirossi (ed.), *Handbook of Antitrust Economics*, Cambridge: MIT Press, 353-390,等等。

不仅损害供应商利益,也将损害自身利益。在这种情况下,通道费就不会产生,因为零售商以拒绝促销威胁收取通道费是一个"不可置信威胁"。而在另外一些情况下,供应商促销成为渠道最优安排,此时显然不仅不会产生通道费,零售商还需向生产商支付促销补偿。那么,具体在哪些情形下通道费会产生?基于促销补偿的通道费将对上下游带来了哪些影响?这些问题我们留待第六章讨论。

四、电商情境下的通道费问题

传统理论研究一般关注的是实体零售商向实体供应商收取通道费的现象及其成因。在新一轮技术革新浪潮中,互联网尤其是移动互联网深刻改变了消费者的消费方式,与之相适应,零售业开始深度应用互联网技术,打造线上线下一体化的全渠道经营体系,并构建高效物流系统。根据中国互联网络发展状况统计报告数据显示,"截至 2020 年,我国网络购物用户规模达 7.10 亿,较 2018 年底增长 1.0 亿,占网民整体的 78.6%;手机网络购物用户规模达 7.07 亿,较 2018 年底增长 1.16 亿,占手机网民的 78.99%"[1]。近年来我国互联网零售交易规模一直保持 20% 以上的高速发展态势,2018 年我国网络零售交易总额为 90 065 亿元,同比增长 25.52%。

网络零售发展使得电子商务平台逐步获得渠道控制权。在电商情境下,零供关系是否有了新的变化?网络零售商收取的通道费是否有了新的变形?一般来说,电商渠道分为三类:"第一类

---

[1] 王晓红.互联网发展报告中的商机[J].知识经济,2020(17):70—76.

是生产商自建的网络直销渠道,由生产商自己销售,如格力电器、联想、小米等建立的网上商城;第二类是垂直电商渠道,即生产商将产品批发给网络零售商,由网络零售商负责销售,如亚马逊、天猫超市、京东商城等;第三类是纯电商平台,即平台负责帮忙销售并从销售利润中提取分成。"[1]接下来的第七章在第二类电商渠道情境下考虑电商与实体零售的竞争,解释电商收取注册费(传统通道费的变形)的经济影响。

第五节 本 章 小 结

本章在文献研究的基础上,首先梳理了通道费的兴起实践,然后从渠道控制权转移、联营商业模式与政策规制尚未完善三个方面总结归纳了通道费的经济起因。在通道费兴起的过程中,零售商获得了渠道的控制权是关键。之所以零售商能够获得渠道的控制权,主要是因为:(1)销售成本具有规模经济效应。有能力控制渠道的零售商必须是大企业,具有很大的经营规模,销售网络分布广,市场覆盖面大。这样的企业往往产品采购的数量很大,因而在与生产企业进行价格谈判时具有优势。为扩大产品的销售,生产企业不得不接受零售商的一些条件,降低产品的销售价格。零售商从批量进货和批量销售的价格差异中获取超额利润,并达到对生产企业的控制[2]。(2)销售服务具有垄断性。零售商也可以通过地理位置的特殊性和服务的差别化来对

---

[1] 鲍鼎.不同渠道权力结构下的零供渠道关系研究[D].南京审计大学,2019.

[2] 晏维龙.生产商主导还是流通商主导——关于流通渠道控制的产业组织分析[J].财贸经济,2004(05):11—17+95.

生产企业实行控制。例如,某一零售商在一定的商圈内具有垄断
地位,或在某一经营领域内拥有垄断地位,在这种情况下,生产企
业为使自己的产品进入该商圈或经营领域,只得接受零售商开出
的额外条件,接受零售商的控制[1]。(3)零售商拥有信息优势。
任何产品的市场需求都会受到一些随机因素的影响,比如消费者
偏好的改变、天气变化、政策环境等。专职交换的流通商掌握着
市场最终需求的信息,能够比生产商更加准确地把握消费者需求
的变化[2],生产商主要通过销售业绩和流通商的信息反馈来大
致了解顾客的需要,而流通商却无时无刻不在直接跟消费者打交
道。特别是流通商建立自己的品牌并采用信息技术就更加强化
了该优势。而这些信息对生产商非常重要,那么拥有信息优势的
流通商就具有了相应的讨价还价能力。(4)流通商具有声誉优
势。声誉是市场竞争的无形资产,声誉好的企业无疑对消费者具
有很大的吸引力。特别在假货泛滥的时代,声誉几乎成为质量的
保证。由于消费者的购买是在流通商那里,因而流通商的声誉比
生产商的声誉更令消费者关心,消费者总是选择声誉好的流通商
进行购买[3]。

总之,通道费成为普遍现象,更是反映了随着市场经济的发
展渠道控制权逐渐向零售商转移。甚至,部分百货业采取联营商
业模式,变成"房东",背离了零售业的本质职能,再由于法规、政

————————

　　[1] 晏维龙.生产商主导还是流通商主导——关于流通渠道控制的产业组织分析[J].财贸经济,2004(05):11—17+95.

　　[2] 赵亚平、庄尚文.跨国零售买方势力阻碍中国产业升级的机制及对策研究[J].宏观经济研究,2008(10):49—54.

　　[3] 庄尚文.论零售商主导下的供应链联盟[D].南京财经大学,2006.

策规制的滞后性,通道费导致的零供冲突此起彼伏。在解释框架
方面,本章提出从需求不确定性、议价权力、货架业绩、货架业绩
补偿以及电商渠道等典型的情境下考察通道费的发生机制,并在
接下来的章节中构建模型详细分析。

第四章 需求不确定性、议价权力与通道费[1]

终端市场的需求不确定性是商业系统的客观现实。作为商品交换职能的承担者,零售商在需求不确定性情形下进行商品买卖必然存在商品滞销的风险,正如马克思把商品转换成货币称为"惊险的跳跃","这个跳跃如果不成功,摔坏的不是商品,但一定是商品占有者"。在供应链管理的视角下,如何制定商品的采购量,以平衡销售利润和滞销风险,就成为需求不确定情形下的关键问题,而研究这一决策问题的理论模型被称为"报童模型"。但经典的报童模型是在线性采购价格下展开的,我们则对此进行了拓展,将两部收费合约融入报童模型,并考察在此背景下,两部收费合约何时实现为通道费,何时实现为特许费,以及相应的福利效果。

本章安排如下:首先,提出渠道成员在需求不确定条件下的纳什议价模型,并给出一体化渠道、无通道费分散化渠道和有通道费分散化渠道下的均衡结果;其次,考虑议价权力对均衡结果

---

[1] 本章主要参考课题组的一项阶段性研究:李陈华、杨振.不确定需求下的议价权力与通道费[Z].工作论文,2017.

的影响,比较无通道费与有通道费时的利润变化,从议价权力的实现形式及其效应中揭示通道费的产生原因;再次,讨论议价权力和通道费的福利效应;最后,对本章模型进行总结。

第一节 基 本 模 型

根据经典报童模型的原理,考虑一个零售商、一个生产商和一种产品的情况,市场需求不确定,零售商承担库存成本、决定采购量。为了便于研究,先对文中涉及的变量和参数等符号加以说明,具体情况见表 4-1。

表 4-1 符号说明

符号	说　　　明
c	生产成本
p	零售价格
h	零售库存成本
x	实际市场需求量,在 $[0,1]$ 上均匀分布
$f(x)$	x 的概率密度函数
$F(x)$	x 的分布函数
w	批发价格。不加下标表示无通道费情形,加下标"s"表示有通道费情形
q	零售商采购量,$q \in [0,1]$。不加下标表示无通道费分散化渠道,加下标"ic"和"s"分别表示一体化渠道和有通道费分散化渠道
Π	渠道总利润。不加下标表示无通道费分散化渠道,加下标"ic"和"s"分别表示一体化渠道和有通道费分散化渠道
π	渠道成员利润。加下标"r""m"分别表示没有通道费时的零售商和生产商;加下标"sr""sm"分别表有通道费时的零售商和生产商
δ	零售商议价权力,$\delta \in [0,1]$。加下标"e"表示外生给定的"最优议价权力"
S	生产商支付的通道费。其值为负时表示零售商支付的特许费

假定生产成本固定为 c,零售价格固定为 p,批发价格为 w。

假定市场容量为 1，零售商的采购量为 $q \in [0, 1]$，实际市场需求量 x 服从 $[0, 1]$ 上的均匀分布，$f(x)$ 和 $F(x)$ 分别表示 x 的概率密度函数和分布函数，$F(x)$ 是 x 的连续、可微、可逆的严格递增函数。假定单位产品零售库存成本为 h，不考虑脱销造成的商誉损失。基于这些假定，以下将分三种情况构建模型并给出相应的均衡结果：(1) 一体化渠道；(2) 没有通道费的分散化渠道，零售商与生产商仅针对批发价格展开谈判；(3) 有通道费的分散化渠道，零售商与生产商同时针对批发价格和通道费展开谈判。这里的通道费 S 是指生产商为了得到货架空间而向零售商预付的一次性固定费用，与零售商事后采购数量无关（注意：这并不意味着一体化渠道结果是最优的，后文将详细说明这一点）。

一、一体化渠道

在需求量 x 小于产量 q 时，渠道利润将等于销售 x 所得 $(p-c)x$，减去未销售 $(q-x)$ 导致的额外库存成本 $h(q-x)$。在 x 大于 q 时产品全部售罄，渠道利润为 $(p-c)q$。因此，一体化渠道的利润可表示为

$$\Pi_{ic} = \begin{cases} (p-c)x - h(q-x), & if \quad x < q \\ (p-c)q, & if \quad x \geqslant q \end{cases}$$

以上分段函数可用定积分表示为

$$\Pi_{ic} = \int_0^q ((p-c)x - h(q-x))f(x)\mathrm{d}x + \int_q^1 (p-c)qf(x)\mathrm{d}x$$

$$= \int_0^q ((p-c+h)x - hq)f(x)\mathrm{d}x + \int_q^1 (p-c)qf(x)\mathrm{d}x$$

由于 $\int_0^q f(x)\mathrm{d}x + \int_q^1 f(x)\mathrm{d}x = 1$，$F(0)=0$，所以上式可化简为

$$\Pi_{ic} = (p-c)q - (p-c+h)\int_0^q F(x)\mathrm{d}x$$

由于假定 x 服从 $[0,1]$ 上的均匀分布，所以 $f(x)=1$，$F(x)=x$。于是可得新的渠道利润函数为

$$
\begin{aligned}
\Pi_{ic} &= (p-c)q - (p-c+h)\int_0^q x\,\mathrm{d}x \\
&= (p-c)q - \frac{1}{2}(p-c+h)q^2
\end{aligned}
\tag{4-1}
$$

渠道的问题为确定产量 q 以最大化利润，即

$$\max_q \Pi_{ic} = (p-c)q - \frac{1}{2}(p-c+h)q^2$$

由于 $\partial^2 \Pi_{ic}/\partial q^2 < 0$，所以求解一阶条件 $\partial \Pi_{ic}/\partial q = 0$ 可得一体化渠道的利润最大化结果为

$$q_{ic}^* = \frac{p-c}{p-c+h} \tag{4-2}$$

$$\Pi_{ic}^* = \frac{(p-c)^2}{2(p-c+h)} \tag{4-3}$$

二、分散化渠道：没有通道费

在没有通道费的分散化渠道中，零售商决定采购量，单独承担库存成本风险。类似于前文一体化渠道利润函数的分析可知，零售商、生产商和总渠道的利润分别为

$$\pi_r = \int_0^q ((p-w+h)x - hq)f(x)\mathrm{d}x + \int_q^1 (p-w)qf(x)\mathrm{d}x$$

$$= (p-w)q - \frac{1}{2}(p-w+h)q^2 \tag{4-4}$$

$$\pi_m = (w-c)q \tag{4-5}$$

$$\Pi = (p-c)q - \frac{1}{2}(p-w+h)q^2 \tag{4-6}$$

显然,给定零售价格和零售库存成本,在没有通道费时零售商只能通过采购量和批发价格来控制风险。考虑一个两阶段博弈:第一阶段,零售商与生产商通过纳什议价决定批发价格 w;第二阶段,零售商决定采购量 q。这种博弈结构是合理的,现实中一般情况下零售商与生产商会进行批发价格谈判,然后零售商根据批发价格、商店规模、库存成本和零售价格等因素决定采购数量。使用逆向归纳法求解,在博弈的第二阶段,零售商的问题是

$$\max_q \pi_r = (p-w)q - \frac{1}{2}(p-w+h)q^2$$

最优化求解 q 并可得零售商的最优采购量为

$$q = \frac{p-w}{p-w+h} \tag{4-7}$$

把式(4-7)代入式(4-4)—(4-6)可得新的(博弈第一阶段)零售商、生产商和总渠道的利润函数为

$$\pi_r = \frac{(p-w)^2}{2(p-w+h)} \tag{4-8}$$

$$\pi_m = \frac{(p-w)(w-c)}{p-w+h} \tag{4-9}$$

$$\Pi = \frac{(p-w)(p+w-2c)}{2(p-w+h)} \qquad (4\text{-}10)$$

在博弈第一阶段,零售商与生产商针对批发价格 w 进行纳什议价谈判。假定零售商和生产商的议价权力分别为 δ 和 $(1-\delta)$,由企业规模、品牌影响力等其他外生因素决定,且 $\delta \in [0, 1]$。根据卡莱和斯莫罗金斯基(Kalai and Smordinsky,1975)、宾默尔等(Binmore et al.,1986)对纳什(Nash,1950)议价模型的应用性扩展[1],这种情况下的纳什议价相当于求解

$$\{w\} = \mathrm{argmax}(\pi_r)^{\delta}(\pi_m)^{1-\delta} \qquad (4\text{-}11)$$

这里的 π_r 和 π_m 代表双方达成协议所得的利润。最优化求解可得均衡的批发价格

$$w^* = p - \frac{\delta(p-c) - 2h + \sqrt{(\delta(p-c))^2 + 4h^2 + 4h(p-c)}}{2}$$

$$(4\text{-}12)$$

这个结果需要进一步的详细证明。把渠道联合利润表示为 $\Delta = (\pi_r)^{\delta}(\pi_m)^{1-\delta}$。式(4-11)对 w 求导可得

$$\frac{\mathrm{d}\Delta}{\mathrm{d}w} = \delta(\pi_r)^{\delta-1}\frac{\mathrm{d}\pi_r}{\mathrm{d}w}(\pi_m)^{1-\delta} + (\pi_r)^{\delta}(1-\delta)(\pi_m)^{-\delta}\frac{\mathrm{d}\pi_m}{\mathrm{d}w}$$

$$= (\pi_r)^{\delta-1}(\pi_m)^{-\delta}\left(\delta\pi_m\frac{\mathrm{d}\pi_r}{\mathrm{d}w} + (1-\delta)\pi_r\frac{\mathrm{d}\pi_m}{\mathrm{d}w}\right)$$

[1] Kalai, E., and D. Smordinsky. 1975. "Other Solutions to Nash's Bargaining Problem." *Econometrica*, 43(3):513-518; Binmore, K., A. Rubinstein, and A. Wolinsky. 1986. "The Nash Bargaining Solution in Economic Modeling." *RAND Journal of Economics*, 17(2):176-188; Nash, J. 1950. "The Bargaining Problem." *Econometrica*, 18(2):155-162.

这里的 π_r 和 π_m 代表双方达成协议所得的利润,意味着二者均不为 0。所以一阶条件 $\dfrac{\mathrm{d}\Delta}{\mathrm{d}\alpha}=0$ 相当于第三个因子等于 0,即

$$\delta\pi_m\frac{\mathrm{d}\pi_r}{\mathrm{d}w}+(1-\delta)\pi_r\frac{\mathrm{d}\pi_m}{\mathrm{d}w}=0 \qquad (4\text{-}12\text{-}1)$$

根据式(4-8)和式(4-9)可得

$$\frac{\mathrm{d}\pi_r}{\mathrm{d}w}=\frac{-(p-w)(p-w+2h)}{2(p-w+h)^2} \qquad (4\text{-}12\text{-}2)$$

$$\frac{\mathrm{d}\pi_m}{\mathrm{d}w}=\frac{(p-w)^2+h(p-2w+c)}{(p-w+h)^2} \qquad (4\text{-}12\text{-}3)$$

把式(4-8)、式(4-9)、式(4-12-2)、式(4-12-3)代入式(4-12-1)并化简可得

$$(p-w)^2+(2h-\delta(p-c))(p-w)-(h+\delta h)(p-c)=0$$

求解上式可得两个解

$$\overline{w}=p-\frac{\delta(p-c)-2h-\sqrt{(\delta(p-c))^2+4h^2+4h(p-c)}}{2}$$

$$w^*=p-\frac{\delta(p-c)-2h+\sqrt{(\delta(p-c))^2+4h^2+4h(p-c)}}{2}$$

由于

$$\overline{w}=p-\frac{\delta(p-c)-2h-\sqrt{(\delta(p-c))^2+4h^2+4h(p-c)}}{2}$$

$$=p-\frac{\sqrt{(\delta(p-c))^2+4h^2-4h\delta(p-c)}-\sqrt{(\delta(p-c))^2+4h^2+4h(p-c)}}{2}$$

$$= p + \frac{\sqrt{(\delta(p-c))^2 + 4h^2 + 4h(p-c)} - \sqrt{(\delta(p-c))^2 + 4h^2 - 4h\delta(p-c)}}{2}$$

$$> p$$

所以，$\overline{w}$ 为无效解。由于

$$w^* = p - \frac{\delta(p-c) - 2h + \sqrt{(\delta(p-c))^2 + 4h^2 + 4h(p-c)}}{2}$$

$$\geqslant p - \frac{(p-c) - 2h + \sqrt{(p-c)^2 + 4h^2 + 4h(p-c)}}{2}$$

$$= p - \frac{2(p-c)}{2} = c$$

且

$$w^* = p - \frac{\delta(p-c) - 2h + \sqrt{(\delta(p-c))^2 + 4h^2 + 4h(p-c)}}{2}$$

$$\leqslant p - \frac{\delta(p-c) - 2h + \sqrt{(\delta(p-c))^2 + 4h^2 + 4h\delta(p-c)}}{2}$$

$$= p - \delta(p-c)$$

$$\leqslant p$$

所以，$c \leqslant w^* \leqslant p$。$w^*$ 是式(4-12-1)的唯一有效解，即博弈均衡的批发价格为

$$w^* = p - \frac{\delta(p-c) - 2h + \sqrt{(\delta(p-c))^2 + 4h^2 + 4h(p-c)}}{2}$$

于是式(4-12)得证。把式(4-12)代入式(4-7)至式(4-10)可得均衡时的采购量和利润分别为

$$q^* = 1 - \frac{2h}{\delta(p-c) + \sqrt{(\delta(p-c))^2 + 4h^2 + 4h(p-c)}}$$

$$(4\text{-}13)$$

$$\pi_r^* = \frac{\delta(p-c)}{2} - h + \frac{2h^2 + h(p-c)}{\delta(p-c) + \sqrt{(\delta(p-c))^2 + 4h^2 + 4h(p-c)}}$$

$$(4\text{-}14)$$

$$\pi_m^* = (1-\delta)(p-c) + 2h$$

$$- \frac{4h^2 + 4h(p-c)}{\delta(p-c) + \sqrt{(\delta(p-c))^2 + 4h^2 + 4h(p-c)}} \quad (4\text{-}15)$$

$$\Pi^* = \frac{(2-\delta)(p-c)}{2} + h$$

$$- \frac{2h^2 + 3h(p-c)}{\delta(p-c) + \sqrt{(\delta(p-c))^2 + 4h^2 + 4h(p-c)}} \quad (4\text{-}16)$$

三、分散化渠道：有通道费

在有通道费的分散化渠道中，零售商与生产商议价内容不仅包括批发价格，而且还包括通道费。与前文类似，仍然考虑一个两阶段博弈：第一阶段，零售商与生产商通过纳什议价决定批发价格 w 和通道费 S；第二阶段，零售商决定采购量 q。类似于没有通道费的分散化渠道，求解可得均衡的批发价格为

$$w_s^* = p + h - \frac{h}{\delta_e} \quad (4\text{-}17)$$

这一结果需要进一步的详细证明。使用逆向归纳法求解，在博弈第二阶段零售商的决策与没有通道费时一样，其最优采购量和渠道总利润的表达式仍然为式（4-7）和式（4-10）（注意：表达式相同并不意味着结果相等，因为其中的决策变量取值改变了），但零售商和生产商的利润函数变为

$$\pi_{sr} = \frac{(p-w)^2}{2(p-w+h)} + S \qquad (4\text{-}17\text{-}1)$$

$$\pi_{sm} = \frac{(p-w)(w-c)}{p-w+h} - S \qquad (4\text{-}17\text{-}2)$$

在博弈第一阶段,零售商与生产商针对合约展开纳什议价,双方议价权力仍为 δ 和 $(1-\delta)$。于是,纳什议价博弈相当于求解

$$\{w, S\} = \text{argmax}(\pi_{sr})^{\delta}(\pi_{sm})^{1-\delta}$$

这里的 π_{sr} 和 π_{sm} 代表双方达成协议所得的利润。与附录 4-1 的分析类似,针对 w 和 S 的一阶条件分别为

$$\delta\pi_{sm}\frac{\mathrm{d}\pi_{sr}}{\mathrm{d}w} + (1-\delta)\pi_{sr}\frac{\mathrm{d}\pi_{sm}}{\mathrm{d}w} = 0 \qquad (4\text{-}17\text{-}3)$$

$$\delta\pi_{sm}\frac{\mathrm{d}\pi_{sr}}{\mathrm{d}S} + (1-\delta)\pi_{sr}\frac{\mathrm{d}\pi_{sm}}{\mathrm{d}S} = 0 \qquad (4\text{-}17\text{-}4)$$

根据式 (4-17-1) 和式 (4-17-2) 可知 $\dfrac{\mathrm{d}\pi_{sr}}{\mathrm{d}S} = 1$,$\dfrac{\mathrm{d}\pi_{sm}}{\mathrm{d}S} = -1$,将其代入式 (4-17-4) 可得

$$\delta\pi_{sm} = (1-\delta)\pi_{sr} \qquad (4\text{-}17\text{-}5)$$

把式 (4-17-5) 代入式 (4-17-3) 可得

$$\delta\pi_{sm}\frac{\mathrm{d}\pi_{sr}}{\mathrm{d}w} + \delta\pi_{sm}\frac{\mathrm{d}\pi_{sm}}{\mathrm{d}w} = \delta\pi_{sm}\left(\frac{\mathrm{d}\pi_{sr}}{\mathrm{d}w} + \frac{\mathrm{d}\pi_{sm}}{\mathrm{d}w}\right) = 0$$

由于 δ 等于 0 或 1 均属于某个渠道成员拥有绝对权力的极端情况,不会成为纳什议价解,并且生产商协议所得的利润 $\pi_{sm} > 0$,所以式 (4-17-5) 相当于

$$\frac{\mathrm{d}\pi_{sr}}{\mathrm{d}w}+\frac{\mathrm{d}\pi_{sm}}{\mathrm{d}w}=0 \tag{4-17-6}$$

由于常数项 S 不改变求导结果，所以 $\frac{\mathrm{d}\pi_{sr}}{\mathrm{d}w}$ 和 $\frac{\mathrm{d}\pi_{sm}}{\mathrm{d}w}$ 仍然为前一部分无通道费情形中的式（4-12-2）和式（4-12-3），将其代入式（4-17-6）可得

$$\frac{-(p-w)(p-w+2h)}{2(p-w+h)^2}+\frac{(p-w)^2+h(p-2w+c)}{(p-w+h)^2}=0$$

求解上式可得两个根

$$\overline{w}_s=p+h+\sqrt{h^2+2h(p-c)}$$
$$w_s^*=p+h-\sqrt{h^2+2h(p-c)}$$

显然，$\overline{w}_s>p$ 属于无效解。由于

$$w_s^*=p+h-\sqrt{h^2+2h(p-c)}<p+h-\sqrt{h^2}=p$$

且

$$w_s^*=p+h-\sqrt{h^2+2h(p-c)}$$
$$>p+h-\sqrt{h^2+2h(p-c)+(p-c)^2}$$
$$=p+h-(p-c+h)=c$$

所以，w_s^* 为式（4-17-6）的唯一有效解，即式（4-17）得证。把式（4-17-1）和式（4-17-2）代入式（4-17-5）并整理可得

$$S=\frac{2\delta(p-w)(w-c)-(1-\delta)(p-w)^2}{2(p-w+h)} \tag{4-17-7}$$

把 w_s^* 代入式（4-17-7），并整理可得均衡时的通道费为

$$S^* = \delta(p-c+h) + \delta_e(p-c) + h - \left(\frac{1+\delta}{\delta_e}\right)h \quad (4\text{-}18)$$

这里 $\delta_e = h/\sqrt{h^2+2h(p-c)}$ 是一个取决于零售价格、零售库存成本和产品生产成本的外生变量（后文分析将表明，该参数至关重要），显然存在 $\delta_e \in (0,1)$。把式(4-17)、式(4-18)代入式(4-7)、式(4-17-1)、式(4-17-2)和式(4-10)可得均衡的采购量和利润为

$$q_s^* = 1 - \delta_e \quad (4\text{-}19)$$

$$\pi_{sr}^* = \delta\left(p-c+h-\frac{h}{\delta_e}\right) \quad (4\text{-}20)$$

$$\pi_{sm}^* = (1-\delta)\left(p-c+h-\frac{h}{\delta_e}\right) \quad (4\text{-}21)$$

$$\Pi_s^* = p-c+h-\frac{h}{\delta_e} \quad (4\text{-}22)$$

以上就是一体化渠道、没有通道费分散化渠道和有通道费分散化渠道三种情况下的模型分析结果。后一部分将对各种情况下的均衡结果进行比较，分析议价权力的实现形式及其效应，解释通道费合约的起因和作用。

第二节　利润效应、议价权力与通道费起因

为了分析和比较的方便，直观地显示议价权力和通道费的效应，我们根据前文模型结果进行了算例分析，并以议价权力为横坐标、利润为纵坐标显示分析结果，如图 4-1 所示。

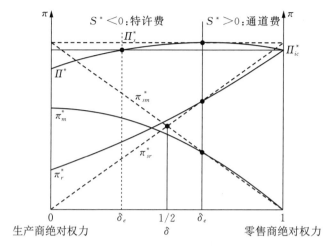

图 4-1　通道费和议价权力对利润的组合效应

在图 4-1 中,细实线表示一体化渠道的最大利润 Π_{ic}^*,粗实线表示无通道费分散化渠道的均衡利润 π_r^*、π_m^* 和 Π^*,粗虚线表示有通道费分散化渠道的均衡利润 π_{sr}^*、π_{sm}^* 和 Π_s^*。$\delta=0$ 表示生产商拥有绝对议价权力的极限情况,$\delta=1$ 表示零售商拥有绝对议价权力的极限情况。如前文所述,横坐标上的 δ_e 是议价权力 δ 的一个关键取值,我们称之为"最优议价权力",因为在这一点上总利润达到最大,且有无通道费不会影响渠道成员利润和总渠道利润。需特别说明的是,δ_e 不必然位于横坐标的右边区域,可能在左边或中点,具体依赖于 h、p 和 c 的相对取值,但这不影响本章的分析结论。以下将根据前文模型结果以及图 4-1 中的直观显示,对各种情况下的利润进行比较,讨论议价权力的实现形式及其利润效应。

一、渠道总利润

1. 议价权力的效应。在一体化渠道中,没有议价权力和通道

费的概念，因此渠道总利润在图 4-1 中显示为水平直线。由式
(4-21)可知，在有通道费的分散化渠道中，渠道总利润也与议价权
力分布无关，因此渠道总利润在图 4-1 中也显示为水平直线。只
有在无通道费的分散化渠道中，议价权力才影响渠道总利润。式
(4-16)对 δ 分别求一阶导数、二阶导数可得

$$\frac{\mathrm{d}\Pi^*}{\mathrm{d}\delta} = \frac{(p-c)^2(2h-\delta(\delta(p-c)+\sqrt{(\delta(p-c))^2+4h^2+4h(p-c)}))}{8h^2+8h(p-c)+2\delta(p-c)(\delta(p-c)+\sqrt{(\delta(p-c))^2+4h^2+4(p-c)h})}$$

$$(4\text{-}23)$$

$$\frac{\mathrm{d}^2\Pi^*}{\mathrm{d}\delta^2} = \frac{-h(p-c)^2(3(p-c)+2h)}{((\delta(p-c))^2+4h^2+4h(p-c))^{3/2}} < 0 \quad (4\text{-}24)$$

所以令 $\mathrm{d}\Pi^*/\mathrm{d}\delta=0$ 可得式(16)的唯一解，即 Π^* 实现极大值
的解

$$\delta_e = \frac{h}{\sqrt{h^2+2h(p-c)}} \qquad (4\text{-}25)$$

这就是前述式(4-18)中首次使用的最优议价权力的表达式。
如前文所述，最优议价权力是一个外生变量，不依赖于实际议价
权力、批发价格和通道费。根据式(4-23)至式(4-25)可知，无通
道费时的渠道总利润在 $\delta<\delta_e$ 时随着零售商议价权力而上升，在
$\delta>\delta_e$ 时随着零售商议价权力而下降，在 $\delta=\delta_e$ 时达到最大且等
于有通道费时的渠道总利润 Π_s^*，如图 4-1 中 Π^* 曲线所示。于是
可以得到以下命题：

命题 4-1　在有通道费的情形下，实际议价权力不影响
渠道总利润，后者始终保持最高水平。在没有通道费的情形
下，渠道总利润随着零售商议价权力上升而先增后降，在实际

议价权力等于最优议价权力时最大达到有通道费时的水平。

命题 4-1 背后的逻辑是,在没有通道费的情形下,批发价格通过改变零售商采购量而影响渠道总利润的同时也调节利润分配,这意味着一个潜在冲突:渠道总利润最大化要求批发定价对所有渠道成员的边际利润效应在绝对值意义上相等,即 $\left|\dfrac{\mathrm{d}\pi_{sr}}{\mathrm{d}w}\right| = \left|\dfrac{\mathrm{d}\pi_{sm}}{\mathrm{d}w}\right|$ [参见式(4-17-6)],但批发价格取决于纳什议价过程,从而取决于双方议价权力分布,因此并不必然满足总体最优条件。然而,在有通道费的情形下,上述两项职能是分离的:通道费调节利润分配使之符合议价权力分布,批发价格通过影响零售商采购量而使渠道总利润达到最大。如图 4-1 所示,抛物线状的 Π^* 在顶点处与水平线状的 Π_s^* 相切。也就是说,通道费分担了批发价格的利润分配作用。

2. 一体化标准的重新认识。在分析渠道效率时,许多学者基于分散化渠道可能导致免费搭车或双重边际化之类的效率损失,经常把一体化作为最优标准。但是,在本章设定的背景下,这种处理可能存在局限性。首先比较一体化渠道与无通道费分散化渠道,令式(4-16)减去式(4-3)之差为 0,即

$$\Pi^* - \Pi_{ic}^* = p - c + h$$

$$-\frac{(\delta(p-c) + \sqrt{(\delta(p-c))^2 + 4h^2 + 4h(p-c)})^2 + 4h^2 + 8h(p-c)}{4(\delta(p-c) + \sqrt{(\delta(p-c))^2 + 4h^2 + 4h(p-c)})}$$

$$-\frac{(p-c)^2}{2(p-c+h)} = 0$$

求解可得两个解

$$\delta_{ic} = \frac{h^2 + h(p-c) - (p-c)^2}{h^2 + 3h(p-c) + 2(p-c)^2}$$

$$\delta' = 1$$

根据式(4-24)可知 Π^* 为 δ 的凸函数,而 Π_{ic}^* 不受 δ 影响,所以($\Pi^* - \Pi_{ic}^*$)也为 δ 的凸函数。因此,当 $0 \leqslant \delta < \delta_{ic}$ 时 $\Pi^* - \Pi_{ic}^* < 0$;当 $\delta = \delta_{ic}$ 时 $\Pi^* - \Pi_{ic}^* = 0$;当 $\delta_{ic} < \delta < 1$ 时 $\Pi^* - \Pi_{ic}^* > 0$;当 $\delta = 1$ 时 $\Pi^* - \Pi_{ic}^* = 0$。简化表示为

$$\Pi^* - \Pi_{ic}^* \begin{cases} <0, & if \quad 0<\delta<\delta_{ic} \\ =0, & if \quad \delta=\delta_{ic} \\ >0, & if \quad \delta_{ic}<\delta<1 \\ =0, & if \quad \delta=1 \end{cases} \tag{4-26}$$

由式(4-26)可知,无通道费分散化渠道的利润不必然低于一体化水平,随着零售商议价权力增加,前者相继低于、等于、高于后者,在 $\delta = \delta_e$ 时达到最大,之后下降,最终在 $\delta = 1$ 时二者趋于相等,如图 4-1 中 Π^* 和 Π_{ic}^* 所示。接下来比较一体化渠道与有通道费分散化渠道,式(4-22)减去式(4-3)可得

$$\Pi_s^* - \Pi_{ic}^* = p - c - \frac{1-\delta_e}{\delta_e}h - \frac{(p-c)^2}{2(p-c+h)}$$

$$= \frac{(p-c)^2 + 2h(p-c) + h^2 - 2(p-c+h)\frac{h}{\delta_e} + 2h(p-c) + h^2}{2(p-c+h)}$$

$$= \frac{(p-c+h)^2 - 2(p-c+h)\frac{h}{\delta_e} + \left(\frac{h}{\delta_e}\right)^2}{2(p-c+h)}$$

$$= \frac{\left(p-c+h-\frac{h}{\delta_e}\right)^2}{2(p-c+h)}$$

由于

$$p-c+h-\frac{h}{\delta_e}=p-c+h-\sqrt{h^2+2h(p-c)}$$

$$>p-c+h-\sqrt{h^2+2h(p-c)+(p-c)^2}=0$$

所以

$$\varPi_s^*-\varPi_{ic}^*=\frac{(\delta_e(p-c+h)-h)^2}{2\delta_e^2(p-c+h)}>0 \qquad (4\text{-}27)$$

式(4-27)表明,有通道费分散化渠道的总利润始终高于一体化水平,如图 4-1 中 $\varPi_s^*$ 和 $\varPi_{ic}^*$ 中二者均为水平线,但前者位于后者之上,这进一步强化了上述一体化不代表最优标准的观点。于是可以得到以下命题:

命题 4-2 在分散化渠道中,若由零售商决定采购量且双方通过纳什议价决定批发价格,那么一体化渠道并不能作为渠道最优效率标准,分散化渠道总利润也可能更高。并且,在有通道费的情况下,分散化渠道总利润始终高于一体化水平。

命题 4-2 背后的逻辑是,一体化情形下,零售商和生产商合二为一,共同承担市场需求不确定性导致的库存风险。垂直合并不像横向合并,不会改变给定市场条件及生产、销售成本条件下的最优采购量(产量),但是这种风险成本分担会增加零售商决策的风险意愿,导致采购量(产量)"过高"。在分散化渠道中,零售商独自承担市场风险,生产商搭便车,降低了零售商决策的风险意愿,导致采购量"过低"。因此,实现总体最优的采购量需要某种风险补偿机制。通道费恰恰能起到这种作用:零售商与生产商的纳什议价过程(即重复无穷次的讨价还价),将通过批发定价来实现总体最优的采购量,通过通道费来实现各自议价权力,这其实是纳什议价的题中应有之义。

3. 通道费的效应。式(4-16)减去式(4-22)可得

$$\Pi^* - \Pi_s^*$$

$$= \left(1 - \frac{\delta}{2}\right)(p-c) + h - \frac{2h^2 + 3h(p-c)}{\delta(p-c) + \sqrt{(\delta(p-c))^2 + 4h^2 + 4h(p-c)}}$$

$$- \left(p - c - \frac{1-\delta_e}{\delta_e}h\right)$$

$$= \frac{h}{\delta_e} - \frac{\delta}{2}(p-c) - \frac{2h^2 + 3h(p-c)}{\delta(p-c) + \sqrt{(\delta(p-c))^2 + 4h^2 + 4h(p-c)}}$$

$$= \frac{h}{\delta_e} - \frac{(\delta(p-c))^2 + \delta(p-c)\sqrt{(\delta(p-c))^2 + 4h^2 + 4h(p-c)} + 4h^2 + 6h(p-c)}{2(\delta(p-c) + \sqrt{(\delta(p-c))^2 + 4h^2 + 4h(p-c)})}$$

为方便计算,令 $\psi = \sqrt{(\delta(p-c))^2 + 4h^2 + 4h(p-c)}$,重新整理上式可得

$$\Pi^* - \Pi_s^*$$

$$= \frac{h}{\delta_e} - \frac{(\delta(p-c))^2 + 2\delta(p-c)\psi + \psi^2 + 4h^2 + 8h(p-c)}{4(\delta(p-c) + \psi)}$$

$$= -\frac{(\delta(p-c)+\psi)^2 + (2\sqrt{h^2 + 2h(p-c)})^2 - 4(\delta(p-c)+\psi)\sqrt{h^2 + 2h(p-c)}}{4(\delta(p-c)+\psi)}$$

$$= -\frac{(\delta(p-c) + \psi - 2\sqrt{h^2 + 2h(p-c)})^2}{4(\delta(p-c) + \psi)} \leqslant 0$$

令 $\Pi^* - \Pi_s^* = 0$ 可得唯一解

$$\delta_e = \frac{h}{\sqrt{h^2 + 2h(p-c)}}$$

类似于附录 4-3 中的证明，Π^* 为 δ 的凸函数，Π_s^* 不受 δ 影响，所以 $(\Pi^* - \Pi_s^*)$ 也为 δ 的凸函数，在 $\delta = \delta_e$ 时实现最大值为 0，其他情况下均小于 0，即

$$\Pi^* - \Pi_s^* \begin{cases} <0, & if \quad \delta \neq \delta_e \\ =0, & if \quad \delta = \delta_e \end{cases} \tag{4-28}$$

式(4-28)表明，无通道费渠道总利润始终不高于有通道费时的水平，只有在实际议价权力恰好等于最优议价权力时 $(\delta = \delta_e)$ 二者相等，其他情况下前者始终更低。如图 4-1 所示，抛物线 Π^* 在顶点处与 Π_s^* 相切。

综上所述，总体上看，通道费—批发价格合约不仅优于批发价格合约，而且严格优于一体化，但批发价格合约是否优于一体化不确定，具体依赖于实际议价权力与最优议价权力的相对取值。然而，最终能否出现总体最优的结果，依赖于个体决策，接下来讨论分散化渠道中有无通道费对渠道成员利润的影响，以及议价权力在其中所起的作用。

二、零售商利润

1. 议价权力的效应。式(4-14)和式(4-20)分别对 δ 求导并分析整理可得

$$\frac{d\pi_r^*}{d\delta} = \frac{(p-c)^2(\delta^2(p-c)+2h+\delta\Delta)}{2\Delta(\delta(p-c)+\Delta)} > 0 \tag{4-29}$$

$$\frac{d\pi_{sr}^*}{d\delta} = p - c + h - \frac{h}{\delta_e} > 0 \tag{4-30}$$

式(4-29)中 $\Delta = \sqrt{(\delta(p-c))^2 + 4h^2 + 4h(p-c)}$，式(4-30)

中不等式参见对式(4-27)的证明。以上两个式子表明,不论有无通道费,零售商利润始终与其议价权力成正比,并且在通道费合约下二者呈线性关系,如图 4-1 所示,π_r^* 和 π_{sr}^* 均向右上倾斜,且 π_{sr}^* 为直线。

2. 通道费的效应。比较式(4-20)和式(4-14)并分析整理可得

$$\pi_{sr}^* - \pi_r^* \begin{cases} <0, & if \quad \delta < \delta_e \\ =0, & if \quad \delta = \delta_e \\ >0, & if \quad \delta > \delta_e \end{cases} \tag{4-31}$$

这一结果需要进一步的详细证明,其中关键在于求解 $\pi_{sr}^* = \pi_r^*$,如果能够解出此时的 δ 值,那么再比较 π_{sr}^* 和 π_r^* 的端点值以及函数单调性,便可以完成证明。直接求解 $\pi_{sr}^* = \pi_r^*$ 是非常困难的,即便使用 Mathematica 软件也无法得到简化结果(能得到两个解,但表达式极其复杂)。然而,根据 (p,c,h) 多组取值的数值模拟结果,我们初步判定(或假定)$\delta = \delta_e$ 是 $\pi_{sr}^* = \pi_r^*$ 的解。于是,证明可以分为两步:首先证明 δ_e 是 $\pi_{sr}^* = \pi_r^*$ 的解,然后证明 δ_e 是 $\pi_{sr}^* = \pi_r^*$ 在 $[0,1]$ 上的唯一解。

第一步:证明 $\pi_{sr}^*(\delta_e) = \pi_r^*(\delta_e)$。把 $\delta = \delta_e$ 代入式(4-20)可得

$$\pi_{sr}^*(\delta_e) = \delta_e(p - c + h) - h \tag{4-31-1}$$

对 $\pi_r^*(\delta_e)$ 的计算相对复杂一些,为了表达清楚,先计算式 (4-14) 中第三项的分母。把 $\delta = \delta_e = \dfrac{h}{\sqrt{h^2 + 2h(p-c)}}$ 代入可得

$$\delta(p-c) + \sqrt{(\delta(p-c))^2 + 4h^2 + 4h(p-c)}$$

$$= \frac{h(p-c)}{\sqrt{h^2 + 2h(p-c)}} + \sqrt{\left(\frac{h(p-c)}{\sqrt{h^2 + 2h(p-c)}}\right)^2 + 4h^2 + 4h(p-c)}$$

$$=\frac{h(p-c)+h\sqrt{9(p-c)^2+4h^2+12h(p-c)}}{\sqrt{h^2+2h(p-c)}}$$

$$=\frac{4h(p-c)+2h^2}{\sqrt{h^2+2h(p-c)}}=2\sqrt{h^2+2h(p-c)}=\frac{2h}{\delta_e} \quad (4\text{-}31\text{-}2)$$

将式(4-31-2)及 $\delta=\delta_e$ 代入式(4-14)可得

$$\pi_r^*(\delta_e)=\frac{\delta_e(p-c)}{2}-h+\frac{\delta_e(2h^2+h(p-c))}{2h}$$

$$=\frac{\delta_e h(p-c)-2h^2+\delta_e(2h^2+h(p-c))}{2h}$$

$$=\delta_e(p-c+h)-h \quad (4\text{-}31\text{-}3)$$

由式(4-31-1)和式(4-31-3)可知，$\pi_{sr}^*(\delta_e)=\pi_r^*(\delta_e)$，即 $\delta=\delta_e$ 是 $\pi_{sr}^*=\pi_r^*$ 的解。

第二步：证明 δ_e 是 $\pi_{sr}^*=\pi_r^*$ 在[0,1]上的唯一解。令 $\chi=\pi_{sr}^*-\pi_r^*$，又可以把这部分证明分为三步：(1)$\chi(0)<0$；(2)$\chi(1)>0$；(3)π_{sr}^* 和 π_r^* 在[0,1]上均为 δ 的单调函数。

(1) 证明 $\chi(0)<0$。把 $\delta=0$ 代入 $\chi(\delta)$，根据式(4-14)和式(4-20)可得

$$\chi(0)=h-\frac{2h^2+h(p-c)}{\sqrt{4h^2+4h(p-c)}}$$

$$<h-\frac{2h^2+h(p-c)}{\sqrt{4h^2+4h(p-c)+(p-c)^2}}$$

$$=h-\frac{2h^2+h(p-c)}{2h+p-c}=0 \quad (4\text{-}31\text{-}4)$$

(2) 证明 $\chi(1)>0$。把 $\delta=1$ 代入 $\chi(\delta)$，根据式(4-14)和式(4-20)可得

$$\chi(1)=p-c-\frac{1-\delta_e}{\delta_e}h-\left(\frac{1}{2}(p-c)-h+\frac{2h^2+h(p-c)}{p-c+\sqrt{(p-c)^2+4h^2+4h(p-c)}}\right)$$

$$=\frac{p-c}{2}+2h-\frac{2h^2+h(p-c)}{2(p-c+h)}-\sqrt{h^2+2h(p-c)}$$

$$=\frac{(p-c+h)^2+h^2+2h(p-c)-2(p-c+h)\sqrt{h^2+2h(p-c)}}{2(p-c+h)}$$

$$=\frac{(p-c+h-\sqrt{h^2+2h(p-c)})^2}{2(p-c+h)}$$

$$>\frac{(p-c+h-\sqrt{h^2+2h(p-c)+(p-c)^2})^2}{2(p-c+h)}=0$$

$$(4\text{-}31\text{-}5)$$

（3）证明 π_{sr}^* 和 π_r^* 在 $[0,1]$ 上均为 δ 的单调函数。根据式 (4-29) 和式 (4-30) 可知 π_{sr}^* 和 π_r^* 均为 δ 的单调增函数。再结合式 (4-31-4) 和式 (4-31-5) 可知，π_{sr}^* 和 π_r^* 在 $[0,1]$ 上只有一个交点，即 $\pi_{sr}^*=\pi_r^*$ 在 $[0,1]$ 上只有唯一解。

综上所述，δ_e 是 $\pi_{sr}^*=\pi_r^*$ 在 $[0,1]$ 上的唯一解：当 $\delta<\delta_e$ 时 $\pi_{sr}^*-\pi_r^*<0$，当 $\delta=\delta_e$ 时 $\pi_{sr}^*-\pi_r^*=0$，当 $\delta>\delta_e$ 时 $\pi_{sr}^*-\pi_r^*>0$。于是，式 (4-31) 得证。

从式 (4-31) 中可以看出，通道费对零售商利润的影响依赖于实际议价权力的分布，若零售商议价权力大于最优议价权力，那么通道费合约将增加零售商利润，否则将降低零售商利润。

三、生产商利润

1. 议价权力的效应。式 (4-15) 和式 (4-21) 分别对 δ 求导并分析整理可得

$$\frac{\mathrm{d}\pi_m^*}{\mathrm{d}\delta} = \frac{-\delta(p-c)^2}{\sqrt{\delta^2(p-c)^2+4h^2+4h(p-c)}} \leqslant 0 \qquad (4\text{-}32)$$

$$\frac{\mathrm{d}\pi_{sm}^*}{\mathrm{d}\delta} = -\left(p-c+h-\frac{h}{\delta_e}\right) < 0 \qquad (4\text{-}33)$$

式(4-33)中不等式参见前文有关式(4-27)的证明。与零售商情况类似,以上两个式子表明,无论有无通道费,生产商利润也始终与其议价权力$(1-\delta)$成正比,并且在通道费合约下二者呈线性正向关系,如图 4-1 所示,π_m^* 和 π_{sm}^* 均向右下倾斜,且 π_{sm}^* 为直线。

2. 通道费的效应。根据式(4-21)和式(4-15)可知

$$\pi_{sm}^*-\pi_m^*=(1-\delta)\left(h-\frac{h}{\delta_e}\right)-2h$$

$$+\frac{4h^2+4h(p-c)}{\delta(p-c)+\sqrt{(\delta(p-c))^2+4h^2+4h(p-c)}}$$

令 $\phi=\pi_{sm}^*-\pi_m^*=0$,利用 Mathematica 计算软件可得两个根

$$\delta_1=\frac{h}{\sqrt{h^2+2h(p-c)}}=\delta_e$$

$$\delta_2=1$$

由于

$$\frac{\mathrm{d}^2\phi}{\mathrm{d}\delta^2}=\frac{4h(p-c)^2(p-c+h)}{(\delta^2(p-c)^2+4h^2+4h(p-c))^{3/2}}>0$$

上式表明,ϕ 为 δ 的凹函数。因此,当 $\delta<\delta_e$ 时 $\phi>0$,即 $\pi_{sm}^*-\pi_m^*>0$;当 $\delta=\delta_e$ 时 $\phi=0$,即 $\pi_{sm}^*-\pi_m^*=0$;当 $\delta>\delta_e$ 时 $\phi<0$,即 $\pi_{sm}^*-\pi_m^*<0$;当 $\delta=1$ 时 $\phi=0$,即 $\pi_{sm}^*-\pi_m^*=0$。简化表示为

$$\pi_{sm}^* - \pi_m^* \begin{cases} >0, & if \quad \delta < \delta_e \\ =0, & if \quad \delta = \delta_e \\ <0, & if \quad \delta > \delta_e \\ =0, & if \quad \delta = 1 \end{cases} \qquad (4\text{-}34)$$

与零售商的情况类似,通道费对生产商利润的影响也依赖于实际议价权力的分布,并且,通道费有利于大生产商,不利于小生产商。后文将证明,有利于大生产商是因为此时的通道费为负,相当于特许费情形。

四、通道费:议价权力的实现形式

通道费可能对零售商有利,也可能对生产商有利,具体依赖于实际议价权力分布。这意味着通道费可能只是一种表象,而根源在于议价权力。式(4-18)对 δ 求导可得

$$dS^*/d\delta = p - c + h - \sqrt{h^2 + 2h(p-c)} > 0 \qquad (4\text{-}35)$$

令 $S^* = 0$ 可得

$$\delta(p+h-c) + \delta_e(p-c) - \left(\frac{1+\delta-\delta_e}{\delta_e}\right)h = 0$$

化简可得

$$\delta = \frac{h - \delta_e \delta_e (p-c) - \delta_e h}{\delta_e (p-c+h) - h}$$

$$= \delta_e \left(\frac{\dfrac{h^2 + 2h(p-c) - h(p-c) - h\sqrt{h^2+2h(p-c)}}{\sqrt{h^2+2h(p-c)}}}{\dfrac{h}{\sqrt{h^2+2h(p-c)}}(p-c+h) - h} \right)$$

$$=\delta_e\left[\frac{h(p-c+h)-h\sqrt{h^2+2h(p-c)}}{h(p-c+h)-h\sqrt{h^2+2h(p-c)}}\right]$$

$$=\delta_e$$

再结合式(4-35)中 $S^*(\delta)$ 函数的单调性可知,当 $\delta<\delta_e$ 时 $S^*<0$,当 $\delta=\delta_e$ 时 $S^*=0$,当 $\delta>\delta_e$ 时 $S^*>0$。简化表示为

$$S^*\begin{cases}<0, & if \quad \delta<\delta_e \\ =0, & if \quad \delta=\delta_e \\ >0, & if \quad \delta>\delta_e\end{cases} \tag{4-36}$$

以上式(4-35)和式(4-36)表明,通道费与零售商实际议价权力正相关,零售商实际议价权力越大,通道费数额也越大,反之则越小,以至于为负,变形为特许费。为了便于表达,我们把零售商议价权力高于最优议价权力的情况称为零售商拥有相对议价权力,反之则称为生产商拥有相对议价权力。如图 4-1 所示,在 $\delta=\delta_e$ 处的垂直虚线区分出两个区域,左边区域($\delta<\delta_e$)出现特许费,右边区域($\delta>\delta_e$)出现通道费。这与前文利润分析结果是一致的,通道费合约具有明显的"扶强凌弱"特征。综上所述,可以得到以下命题:

命题 4-3　通道费有助于解决渠道决策中个体目标与总体目标之间的两难冲突,在实现个体利润最大化的同时实现渠道总利润最大化,因此促进了渠道协调和效率。但是,通道费(特许费)作为实现议价权力的一种转移支付机制,有利于拥有相对议价权力的大零售商(大生产商),不利于没有相对议价权力的小生产商(小零售商),因此损害了市场竞争。命题 4-3 表明了现有通道费研究中无法避免的争论:一方面,

在通道费合约下,批发价格可以始终固定于渠道最优水平,而以固定费用转移支付的形式来实现渠道成员的议价权力,确保个体最优与总体最优同时实现,促进了效率;另一方面,资金实力雄厚、规模较大、品牌影响力强的企业拥有相对议价权力,倾向于采用通道费合约来实现其议价权力的经济价值,损害了相对弱小的合约伙伴或竞争对手,具有反竞争性。[1]正是在这种意义上,我们认为本章的工作融合了现有通道费研究中所谓效率学派和市场势力学派的分析思路,是整合两派观点的一种尝试。

第三节　福利效应分析

有关通道费的福利效应,一般可以从两个角度来加以考察:一是企业福利,二是消费者福利。企业福利通常用利润表示,如果所有渠道成员的利润都得到改进,总利润自然也就更高,意味着企业福利增加,否则企业福利下降。根据前文分析,与没有通道费的情况相比,通道费合约尽管增加渠道总利润,但同时导致了再分配效应,因此很难对通道费合约的企业综合福利效应做出判定。以下集中讨论消费者福利问题。

在本章假定的背景中,给定零售价格 p 外生不变,那么影响消费者福利最重要的指标就是渠道产量 q, q 增加则说明消费者

---

[1] 如果进一步考虑议价权力的来源,也许会有不同的结论。在竞争的条件下,不会存在任何免费可得的权力来源,企业当前的议价权力来源于企业规模、品牌优势、中心商业位置、专有技术甚至行政特许,那可能意味着企业从前为获得这些竞争优势付出了"历史成本",特许费或通道费只不过是对从前成本的一种补偿。也就是说,如果当前的谈判优势来自从前的费用投入,那么通过巧妙设计合约形式来实现这种优势的经济价值,也就无可厚非,不必然意味着损害了竞争。

福利增加,q 下降则说明消费者福利下降。尽管渠道产量(或零售商采购量)不必然等于消费者购买量,后者始终小于或等于前者,但可以肯定的是,渠道产量(市场供给量)增加可以在更大数量或更广范围内满足潜在的消费者购买需求,因此有助于提升消费者福利,反之则降低消费者福利。所以,在期望和概率意义上,渠道产量可以作为消费者福利的代理指标。与前文类似,为了便于分析和比较,直观地显示通道费和议价权力的效应,我们根据前文模型结果进行了算例分析,并以议价权力为横坐标、渠道产量(零售商采购量)为纵坐标描绘了各种情况下的函数曲线,如图 4-2 所示。

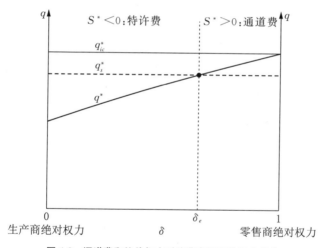

图 4-2　通道费和议价权力对消费者福利的组合效应

在图 4-2 中,细实线、粗实线和粗虚线分别表示一体化渠道、无通道费分散化渠道和有通道费分散化渠道的产量水平。容易看出,q_{ic}^* 和 q_s^* 均为水平直线说明二者均与议价权力分布无关,前者位于后者上方说明有通道费分散化渠道的产量始终低于一体化水平。q^* 逐渐上升先与 q_s^* 相交于 $\delta=\delta_e$，最终与 q_{ic}^* 相交于 $\delta=1$，说明无通道费渠道的产量与零售商议价权力正相关，随着零售商议价权力增加，无通道费时的产量从小于到等于再到大于有通道费时的产量，最终在零售商拥有绝对议价权力时达到一体化水平。以下将根据前文模型结果以及图 4-2 中的直观显示，对各种情况下的产量进行比较，讨论议价权力的不同实现形式及其对应的消费者福利效应。

一、采购量

在一体化渠道中，不存在议价权力和批发价格问题。对于有通道费分散化渠道，由式(4-19)可知 $\mathrm{d}q_s^*/\mathrm{d}\delta=0$，议价权力分布不影响零售商采购量，从而不影响消费者福利。事实上，如前文所述，在通道费合约下，双方谈判主要集中于如何通过转移支付来分配利润，而批发定价则始终保持在渠道最优水平，从而确保零售商始终选择渠道最优的采购量，实现渠道利润最大化。在没有通道费时则不然，双方只能通过批发定价来实现其议价权力，从而影响零售商采购量。根据式(4-13)可得

$$\frac{\mathrm{d}q^*}{\mathrm{d}\delta}=\frac{2h(p-c)}{(\delta(p-c))^2+4h^2+4h(p-c)+\delta(p-c)\sqrt{(\delta(p-c))^2+4h^2+4h(p-c)}}>0$$

$$(4\text{-}37)$$

式(4-37)表明，在没有通道费的渠道中，零售商议价权力与消费者福利(渠道产量)正相关，更高的零售商议价权力将导致更高的采购量。原因在于，更高的零售商议价权力将导致更低的批发价格(从而增加了零售商的边际利润和采购激励)，式(4-12)对 δ

求导可得：

$$\frac{\mathrm{d}w^*}{\mathrm{d}\delta} = -\frac{(p-c)(\delta(p-c)+\sqrt{(\delta(p-c))^2+4h^2+4h(p-c)}\,)}{2\sqrt{(\delta(p-c))^2+4h^2+4h(p-c)}} < 0$$

$$(4\text{-}38)$$

总之，在没有通道费的分散化渠道中，零售商议价权力越大，批发价格就越低，采购量就越大，消费者福利也就越高，反之则反是。

二、比较

为了揭示议价权力和通道费的消费者福利效应，还需对各种情况做进一步比较。

1. 比较式(4-2)和式(4-13)并分析整理可得

$$q_{ic}^* - q^* \begin{cases} >0, & if \quad \delta<1 \\ =0, & if \quad \delta=1 \end{cases} \qquad (4\text{-}39)$$

这一结果需要进一步的详细证明，我们可以分两步进行：第一步，证明 $q_{ic}^* - q^* \geqslant 0$；第二步，证明 $q_{ic}^* - q^* = 0$，当且仅当 $\delta=1$。

第一步，证明 $q_{ic}^* - q^* \geqslant 0$。根据式(4-2)和式(4-13)可得

$$q_{ic}^* - q^* = \frac{p-c}{p-c+h} - \left(1 - \frac{2h}{\delta(p-c)+\sqrt{(\delta(p-c))^2+4h^2+4h(p-c)}}\right)$$

$$= h\left[\frac{2(p-c+h)-(\delta(p-c)+\sqrt{(\delta(p-c))^2+4h^2+4h(p-c)}\,)}{(p-c+h)(\delta(p-c)+\sqrt{(\delta(p-c))^2+4h^2+4h(p-c)}\,)}\right]$$

$$\geqslant h\left[\frac{2(p-c+h)-(p-c+\sqrt{(p-c)^2+4h^2+4h(p-c)}\,)}{(p-c+h)(\delta(p-c)+\sqrt{(\delta(p-c))^2+4h^2+4h(p-c)}\,)}\right]$$

$$=h\left(\frac{2(p-c+h)-2(p-c+h)}{(p-c+h)(\delta(p-c)+\sqrt{(\delta(p-c))^2+4h^2+4h(p-c)})}\right)$$
$$=0$$

第二步,证明 $q_{ic}^*-q^*=0$,当且仅当 $\delta=1$。根据第一步证明过程可知,$q_{ic}^*-q^*=0$ 相当于

$$2(p-c+h)-(\delta(p-c)+\sqrt{(\delta(p-c))^2+4h^2+4h(p-c)})=0$$

求解上式可得 $\delta=1$ 为唯一解。因此,只有当 $\delta=1$ 时 $q_{ic}^*-q^*=0$ 才成立,其他情况下 $q_{ic}^*>q^*$,即式(4-39)得证。

2. 比较式(4-2)和式(4-19)并分析整理可得

$$q_{ic}^*-q_s^*=\frac{h((p-c+h)-\sqrt{h^2+2h(p-c)})}{(p-c+h)\sqrt{h^2+2h(p-c)}}>0 \quad (4\text{-}40)$$

3. 比较式(4-13)和式(4-19)可得

$$q^*-q_s^*=1-\frac{2h}{\delta(p-c)+\sqrt{(\delta(p-c))^2+4h^2+4h(p-c)}}-(1-\delta_e)$$

$$=\frac{h}{\sqrt{h^2+2h(p-c)}}-\frac{2h}{\delta(p-c)+\sqrt{(\delta(p-c))^2+4h^2+4h(p-c)}}$$

$$=h\left[\frac{\delta(p-c)+\sqrt{(\delta(p-c))^2+4h^2+4h(p-c)}-2\sqrt{h^2+2h(p-c)}}{\sqrt{h^2+2h(p-c)}(\delta(p-c)+\sqrt{(\delta(p-c))^2+4h^2+4h(p-c)})}\right]$$

令 $q^*-q_s^*=0$,即

$$\delta(p-c)+\sqrt{(\delta(p-c))^2+4h^2+4h(p-c)}-2\sqrt{h^2+2h(p-c)}=0$$

可得唯一解

$$\delta=\frac{h}{\sqrt{h^2+2\theta h}}=\delta_e$$

根据式(4-37)可知 $dq^*/d\delta>0$，根据式(4-19)可知 $dq_s^*/d\delta=0$，因此 $d(q^*-q_s^*)/d\delta>0$。因此，当 $\delta<\delta_e$ 时 $q^*<q_s^*$；当 $\delta=\delta_e$ 时 $q^*=q_s^*$；当 $\delta>\delta_e$ 时 $q^*>q_s^*$。简化表示为

$$q^*-q_s^* \begin{cases} <0, & if \quad \delta<\delta_e \\ =0, & if \quad \delta=\delta_e \\ >0, & if \quad \delta>\delta_e \end{cases} \qquad (4\text{-}41)$$

以上式(4-39)、式(4-40)和式(4-41)表明，分散化渠道下消费者福利始终不高于一体化水平，并且在有通道费时始终低于一体化水平。通道费的福利效应具体依赖于实际议价权力分布：(1)生产商拥有相对议价权力会提高消费者福利；(2)零售商拥有相对议价权力会降低消费者福利。结合前文式(4-36)所给出的结果，上述情形(1)对应于特许费，情形(2)对应于通道费。于是可以得到以下命题：

　　命题4-4　相比于没有固定费用的批发价格合约，特许费将增加消费者福利，通道费则降低消费者福利。

特许费与通道费具有相反的消费者福利(采购量)效应，因为在零售商决定采购量的情况下，特许费是零售商向生产商的预先支付，意味着零售商对市场有充分信心，愿意承担更大的市场风险，因此采购量相对无特许费时更多；通道费是生产商向零售商的预先支付，意味着零售商对市场的信心不足，不愿意承担更大的市场风险，因此采购量相对无通道费时更少。

三、进一步讨论

　　关于通道费的规制问题，一直是学术界和政府相关部门关注

和争论的热点。这里说明通道费规制的一个重要理由,即通道费抬高批发价格,成为大零售商排斥小零售商的工具。式(4-12)减去式(4-17)并化简可得

$$w_s^* - w^*$$

$$= \frac{\delta(p-c) + \sqrt{(\delta(p-c))^2 + 4h^2 + 4h(p-c)} - 2\sqrt{h^2 + 2h(p-c)}}{2}$$

类似于前文对式(4-41)的求解证明,令 $w_s^* - w^* = 0$ 可得唯一解

$$\delta = \frac{h}{\sqrt{h^2 + 2\theta h}} = \delta_e$$

根据式(4-17)可知 $dw_s^*/d\delta = 0$,根据式(4-12)可知

$$\frac{dw^*}{d\delta} = -\frac{(p-c)(\delta(p-c) + \sqrt{(\delta(p-c))^2 + 4h^2 + 4h(p-c)})}{2\sqrt{(\delta(p-c))^2 + 4h^2 + 4h(p-c)}} < 0$$

所以 $d(w_s^* - w^*)/d\delta > 0$。因此,当 $\delta < \delta_e$ 时 $w_s^* < w^*$;当 $\delta = \delta_e$ 时 $w_s^* = w^*$;当 $\delta > \delta_e$ 时 $w_s^* > w^*$。简化表示为

$$w_s^* - w^* \begin{cases} <0, & if \quad \delta < \delta_e \\ =0, & if \quad \delta = \delta_e \\ >0, & if \quad \delta > \delta_e \end{cases} \tag{4-42}$$

结合前文式(4-36)可知, $\delta < \delta_e$ 意味着特许费,此时 $w_s^* < w^*$; $\delta > \delta_e$ 意味着通道费,此时 $w_s^* > w^*$。于是可以得到以下命题:

命题4-5 在分散化渠道下,相比于没有固定费用的合约,特许费将降低批发价格,通道费将抬高批发价格。

命题 4-5 所得结论与已有的预测是一致的,即通道费将抬高"通行的"批发价格。然而,通道费的"私密性"决定了它不存在通行标准,大零售商拥有相对议价权力,能够收取数额可观的通道费,弥补批发价格的上升,小零售商则没有能力做到这一点。因此,通道费的反竞争性不仅仅在于大零售商排斥小生产商,同时也会导致大零售商排斥小零售商。同样的逻辑适于生产商内部竞争,大生产商收取特许费来弥补批发价格下降,排斥小生产商。

从以上分析可知,通道费既有促进效率的作用,也产生了反竞争的后果,导致有关通道费规制的实践做法变得非常难以统一。即便同一个国家的不同地区或不同行业,对通道费的态度也有所不同,美国联邦贸易委员会(FTC)2003 年发起了两次调查,只表示"通道费因品类而异"。[1]加拿大竞争管理局也发起了一次调查,没有得出确定性结论。在美国,有些州判定通道费违法,有些州判定通道费不违法,各地裁决因具体情况而异,在行业层面目前只有联邦烟酒火药管理局在 1995 年禁止酒类产品零售商收取通道费,但其他行业至今没有颁布类似禁令。[2]在中国也是如此,有些地方管制较严,有些地方管制较松。比如,2004 年苏宁集团浙江分公司因向供应商收费而受到当地工商局处罚后,把杭州市工商局诉至法院,其证词中甚至包括"上海市商委和工商局联合制定的《关于规范超市收费的意见》,明确肯定了商场、超市

---

[1]　Federal Trade Commission(FTC). 2003. *Slotting Allowances in the Retail Grocery Industry: Selected Case Studies in the Product Categories*. November. Washington, DC: U.S. Government Printing Office.

[2]　Gundlach, G. T., and P. N. Bloom. 1998. "Slotting Allowances and the Retail Sale of Alcohol Beverages." *Journal of Public Policy & Marketing*, 17(2):173-184.

收取进场费等费用的合法性、合理性,北京市也出台了有关规范性意见。……"[1]。于是,2006 年商务部联合多个部委,从国家层面出台了《零售商供应商公平交易管理办法》(以下简称《办法》),其中第 10—13 条专门针对零售商收费问题做出了规定和解释:

零售商向供应商收取促销服务费的,应当事先征得供应商的同意,订立合同……。本办法所称促销服务费是指……。零售商收取促销服务费后,应当……。零售商不得收取或变相收取以下费用:……。[2]

该《办法》容许零售商向生产商/供应商收取促销服务费,但没有提到"通道费""进场费""上架费"。尽管该《办法》明确禁止零售商收取不恰当的条码费、装修费、节庆费等六类费用,但字里行间隐含着巨大的解释空间。2015 年国务院出台了《关于推进国内贸易流通现代化建设法治化营商环境的意见》(国发〔2015〕49号),从宏观层面提出要"健全内贸流通规范有序的规制体系",包括加快推进流通立法、提升监管执法效能、加强流通标准化建设、加快流通信用体系建设等四个方面,没有提到微观层面的通道费

[1] 2002 年 7 月,北京市商业委员会和工商局也联合发布了《关于规范商业零售企业进货交易行为有关问题的通知》,同年 9 月,上海市商业委员会和工商局联合发布了《关于规范超市收费的意见》。相对来说,上海规定比较明确,在附件《超市收费合同示范文本》中详细列了五大类可以收取的费用名称。而北京规定较粗,"收取的各种费用要公开透明,必须如实入账,向供货商开具正式发票,并照章纳税",实际上容许了超市的收费。参见:北京市商业委员会、北京市工商行政管理局.关于规范商业零售企业进货交易行为有关问题的通知[J].全国商情·商业经理人,2002(9):5—6;上海市商业委员会、上海市工商行政管理局.关于规范超市收费的意见(沪商委〔2002〕210 号)[E]. http://scjss.mofcom.gov.cn/aarticle/as/200504/20050400069518.html.

[2] 中国商务部.零售商供应商公平交易管理办法(2006 年第 17 号)[E].2006. http://www.mofcom.gov.cn/aarticle/swfg/swfgbh/201101/20110107352488.html.

规制问题。这种宏观上的法制化要求从另一个侧面表明,政府相关部门对通道费规制还缺乏依据,理论研究相对滞后是其中一个重要原因。

第四节　本章小结

本章在存在需求不确定性及库存成本的市场情境下,以一体化渠道和无通道费的分散决策渠道为基准,考察了通道费或特许费的产生机制,以及其对渠道利润和消费者福利的影响。结果表明,通道费源于零售商的议价权力,只要零售商议价权力"足够高",通道费就会产生。渠道效率方面,由于在通道费合约下,双方议定的批发价格始终能保持在渠道最优的水平,议价权力通过通道费这一转移支付来实现,此时的渠道不仅能实现个体最优,而且可以同时实现总体最优,在这个意义上通道费提升了渠道效率。但是,相比没有固定费用转移的批发价格合约,通道费(特许费)偏袒拥有相对议价权力的大零售商(大生产商),帮助它们实现议价权力的经济价值,具有明显的"扶强凌弱"特征,从而损害了竞争。最后,较之特许费提升了消费者福利,通道费则由于带来了较低的渠道交易水平,降低了消费者福利。总之,通道费虽带来了更高的渠道利润,但它根源于零售商的议价权力,并带来了更低的消费者福利和"扶强凌弱"的反竞争效应。

本章还有一个意外发现,在需求不确定、存在库存成本和零售商负责采购量决策的情况下,期望收益与产量的非线性关系导致一体化并不能代表渠道最优效率标准。从前绝大部分研究文献都把一体化作为渠道最优效率标准,我们无意否定这一点,而只是主张这种判别标准应该具有一定的适用范围和约束条件。这可能成为未来研究的一个重要方向。还有一个有趣的问题是，通道费和特许费同属于渠道成员间的固定费用转移支付，本质上并无差异，但前者自 20 世纪 80 年代产生以来一直饱受诟病，后者经历 100 多年至今仍大行其道，为什么两者会有如此不同的遭遇？本章在命题 4-4 上所得结论只是做了一个初步的解释。

第五章 货架稀缺性、货架业绩与通道费[1]

货架稀缺是零售业尤其是实体零售的特征,也是理论界普遍认可的通道费产生的原因。但现有研究多参照沙利文(Sullivan,1997)的理解,将通道费视为稀缺货架空间的价格,进而货架空间和有上架诉求的商品之间缺口越大,通道费就越高。[2]事实上,稀缺货架空间对零供交易还有另外一种影响:在货架稀缺的前提下,零售商上架一款新产品,必然就要清退一款现有产品,如果零售商在售产品质量高,货架业绩好,那么即使零售商议价权力很低,生产商也需支付通道费以弥补零售商更换产品的利润损失;如果零售商现有产品质量较低,货架业绩差,则可能无法在更换商品的同时获得通道费。现实中也是如此,一些货架业绩好的零售商往往能够在与供应商的谈判中占据优势,收取高额通道费,货架业绩惨淡的零售商则没有这种谈判地位。因此,在货架稀缺的前提下,零售商现有商品的质量高低和业绩好坏,将成为影响

---

[1] 本章主要参考:李陈华、王庚.产品质量、议价权力与通道费[J].商业经济与管理,2019(11):5—17.

[2] Sullivan, Mary W. 1997. "Slotting Allowances and the Market for New Products." *Journal of Law & Economics*, 40(2):461-493.

零供谈判和通道费的关键因素。在这个意义上,零售商现有货架在售产品的业绩好坏,也是零售商议价权力的来源。本章将从这一研究思路出发,围绕产品质量、议价权力等变量建立模型,考察通道费的产生机制和福利影响。

本章安排如下:首先通过经典效用函数描述消费者行为以及初始条件下的零供博弈结果,作为新产品博弈分析的基础;其次基于现实的零供谈判程序,建立包含通道费的渠道博弈模型,考察考虑有新产品进入时通道费(特许费)的产生条件,以及通道费对生产商零利润条件的影响;再次考察本章博弈流程的现实基础、例外情况和对通道费产生和作用机制的影响;最后考察通道费下消费者福利的损益并对模型进行总结。

第一节 在售产品货架业绩

这里以穆萨和罗森(Mussa and Rosen,1978)[1]在分析垄断和产品质量时建立的效用函数为分析基点:$U = \Phi k - p$。其中 k 为产品质量,p 为价格,Φ 为消费者对质量的看重程度,是在[0, 1]上均匀分布的随机变量,k 由此也是保留价格的上限。由于高质量产品的价格也较高,因此 Φ 可以理解为消费者在质量和价格上的取舍。设定消费者对产品有单位需求,且当$U \geqslant 0$ 时,消费者会选择购买,反之消费者放弃购买。因此,单个消费者购买行为可以写为

$$q = \begin{cases} 1 & U \geqslant 0 \\ 0 & U < 0 \end{cases} \tag{5-1}$$

---

[1] Mussa, M., and S. Rosen. 1978. "Monopoly and Product Quality." *Journal of Economic Theory*, 18(2):301-317.

即 $q=\begin{cases} 1 & \Phi \geqslant p/k \\ 0 & \Phi < p/k \end{cases}$，$q$ 为单个消费者的购买量。另外我们
还假定消费者人数为连续统 1。

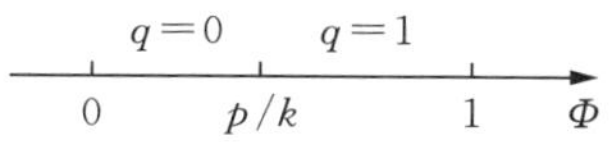

图 5-1　消费者行为

在图 5-1 中，描述消费者偏好的 Φ 的取值范围为 $[0,1]$，而 p/k
也位于 $[0,1]$ 上。这里的逻辑在于，零售商显然不会把价格定在
$p/k>1$ 的水平上，因为这会使销量为 0；零售商也不会将价格定
在 $p/k<0$ 的水平上，因为这意味着价格为负。因此有 $p/k \in$
$[0,1]$。又由于 Φ 服从 $[0,1]$ 的均匀分布，因此在既定的 p/k
下，市场需求为

$$x = 1 - p/k \qquad (5\text{-}2)$$

根据以上消费者行为设定，考虑零供博弈。假定生产商确定
批发价格之后零售商再确定零售价格，即典型的两阶段完全信息
博弈。在第二阶段，零售商的最大化问题为

$$\max_p \pi_r = (p-w)\left(1 - \frac{p}{k_0}\right)$$

其中 k_0 为零售商当前上架产品的质量，它为外生给定。该
最大化问题的一阶条件为 $p = \frac{k_0 + w}{2}$。

在第一阶段，生产商的利润最大化问题为

$$\max_w \pi_m = w\left(1 - \frac{p}{k_0}\right)$$

其中 $p=\dfrac{k_0+w}{2}$ 为零售商在第二阶段的反应函数。为简化计算,这里已将生产商的边际成本标准化为 0。容易解出均衡结果为

$$w(k_0)=\frac{k_0}{2}$$

$$p(k_0)=\frac{3k_0}{4}$$

$$x(k_0)=\frac{1}{4}$$

$$\pi_r(k_0)=\frac{k_0}{16}$$

$$\pi_m(k_0)=\frac{k_0}{8}$$

以上结果代表着市场现状。零售商的市场现状也可理解为一切交易条件的机会成本,即零售商总可以找到产品质量为 k_0 的产品上架销售,并获取相应销售业绩和利润。由于产品质量 k_0 越高,零售商利润也就越高,可以将产品质量 k_0 作为货架业绩的代理变量。设潜在生产商的产品质量为 k_i,k_i 在生产商提出批发价合约前为私人信息,之后则为共同知识。[1]在成为共同知识前,零售商只知道产品质量为 $(0,\bar{k})$ 上均匀分布的随机变量,其中 $\bar{k}$ 为潜在生产商可能拥有的最高质量。本章将着重研究的是,在涉及通道费或特许费的谈判程序下,假如潜在生产商生产出质量为 k_i 的产品,其被零售商接受进入市场需要什么样的条件,而通道费的产生和作用机制又是什么。

---

[1] 因为批发价是基于产品质量制订的,零售商由此能够推断真实产品质量。

第二节　货架业绩和通道费的产生

一、包含通道费的博弈模型

现实中零售商和潜在生产商的商务洽谈程序一般呈现为这一图景:生产商在充分评估产品的市场前景后,在某一时刻(一般为年初)向零售商提出上架诉求并和零售商就通道费水平进行谈判,同时就产品上架进行仓储和物流方面的布置,具备上架条件后生产商向零售商正式报价和供货,零售商根据进货成本和产品质量进行经验定价并销售。据此,围绕新产品进入和通道费(特许费)的产生,定义如下四阶段博弈:

第一阶段,潜在生产商根据期望利润的正负决定是否进入市场,如果决定进入市场,博弈进入第二阶段;

第二阶段,零供双方就转移支付 S 的数额进行纳什谈判,$S>0$ 为通道费,$S<0$ 为特许费;

第三阶段,生产商制定批发价 w;

第四阶段,零售商根据 w 制定零售价 P。

从博弈过程可以看出,这里通道费是一种"预付费"(upfront payments),它与批发价的制定是分离的,对应着"零售商通过进场费将货架先租出去"的逻辑设定,这与之前将通道费设定为两部收费中固定费(fixed fees)的研究形成对比。事实上,如何模型化通道费的问题十分深刻,因为它涉及通道费在一般意义上隶属于何种经济学范畴,对应哪些经济学概念。该问题学术界尚未达成共识,在本章出于技术性的考虑,将其理解为预付费。

考虑模型的求解。由于一旦批发商给出批发价,产品质量即得到显现，博弈即退化为完全信息博弈，且预付费作为固定费用不影响最优决策，因此后两阶段博弈的求解与之前无异：

$$w(k_i) = \frac{k_i}{2}$$

$$p(k_i) = \frac{3k_i}{4}$$

在第二阶段，零供双方在期望水平上进行纳什谈判。记潜在生产商产品的期望质量为 k_e，相应的最大化问题为

$$\max_S \left[\frac{k_e}{16} + S - \frac{k_0}{16}\right]^\theta \left[\frac{k_e}{8} - S\right]^{1-\theta}$$

上式第一项为零售商变更货架产品的期望净收益，第二项为生产商进入市场的期望净收益，均由前述完全信息博弈均衡结果类比得到。θ 为零售商议价权力，$\theta \in (0, 1)$，它反映零售商能够从交易净收益中分得的比例。可以解出此时的均衡结果为

$$S = \frac{(k_0 - k_e) + \theta(3k_e - k_0)}{16} \tag{5-3}$$

可以将 S 改写为 $S = (1-\theta)\dfrac{k_0 - k_e}{16} + \theta\dfrac{k_e}{8}$ 看清其含义：预付费一方面在一定比例上弥补了零售商更换在售产品的净损失（或在一定比例上使生产商分享了更换在售产品的净收益），又使零售商分割了生产商交易净收益的一个比例。此时零售商和生产商的利润为

$$\pi_r(k_i) = \frac{k_i}{16} + \frac{(k_0 - k_e) + \theta(3k_e - k_0)}{16} \tag{5-4}$$

$$\pi_m(k_i)=\frac{k_i}{8}-\frac{(k_0-k_e)+\theta(3k_e-k_0)}{16} \tag{5-5}$$

在第一阶段,生产商根据上述利润考虑是否进入市场。令 $\pi_m(k_i)\geqslant 0$ 可解出生产商进入市场的临界条件为

$$k^*=\frac{(k_0-k_e)+\theta(3k_e-k_0)}{2} \tag{5-6}$$

如果潜在生产商的产品质量低于 k^*,则不会进入市场。

最后考虑产品质量的期望值 k_e。这里 k_e 不是 k_i 在 $(0,\bar{k})$ 上均匀分布的先验期望,而是当生产商进入市场后 k_i 的条件期望,即

$$k_e=E(k_i|k_i\geqslant k^*)=\frac{k^*+\bar{k}}{2}$$

由此反解出

$$k_e=\frac{(1-\theta)k_0+2\bar{k}}{5-3\theta} \tag{5-7}$$

至此,该预付费模型已完成逆向求解。将 k_e 代入 S 和 k^* 有

$$S=\frac{2(1-\theta)k_0+(3\theta-1)\bar{k}}{8(5-3\theta)} \tag{5-8}$$

$$k^*=\frac{2(1-\theta)k_0+(3\theta-1)\bar{k}}{5-3\theta} \tag{5-9}$$

对 S 做关于 k_0 和 θ 的比较静态分析可得 $\frac{\partial S}{\partial k_0}=\frac{2(1-\theta)}{8(5-3\theta)}>0$, $\frac{\partial S}{\partial\theta}=\frac{3\bar{k}-k_0}{2(5-3\theta)^2}>0$,即预付费 S 的大小与零售商现有产品质量 k_0 和议价权力 θ 正相关,这与经济学直觉相符:更高的货架业绩意味着更高的谈判砝码,它与议价权力一道,使交易条件朝着有利

于零售商的方向发展,即支付更少的特许费或获得更多的通道费。

二、通道费的产生机制

这里将前述零售商和生产商的谈判程序作为一种给定的制度设计,讨论在这样一种预付费合约结构下"通道费"的产生条件。

根据式(5-8),当 $S=0$ 时有 $\dfrac{k_0}{k}=\dfrac{1-3\theta}{2(1-\theta)}$。记等式右边为 $f(\theta)$。

容易解出

$$\begin{cases} S>0 & if \quad \dfrac{k_0}{k}>f(\theta) \\ S\leqslant 0 & if \quad \dfrac{k_0}{k}\leqslant f(\theta) \end{cases}$$

定义现有产品质量与产品质量上限的比值 $\dfrac{k_0}{k}$ 为"在售产品相对质量", $\dfrac{k_0}{k}\in(0,1)$。显然,通道费是否产生,或者说 $S>0$ 是否成立取决于 $\dfrac{k_0}{k}$ 和 $f(\theta)$ 的大小关系。

当 $\theta\geqslant\dfrac{1}{3}$ 时,显然有 $f(\theta)\leqslant 0$,进而 $\dfrac{k_0}{k}>f(\theta)$ 即 $S>0$ 恒成立。因此,只要零售商拥有一定的议价权力,则无论其货架业绩好坏,总能够在与潜在生产商的谈判中获得通道费。该结论的逻辑是,预付费作为零供谈判的结果,既分摊了零售商更换产品的净损失或分享了更换产品的净收益,又分割了生产商进场交易的净收益,进而当零售商拥有一定议价权力时,不论零售商更换在售产品是带来净收益还是净损失,都可以凭借分割生产商进场交易的净收益最终获得一笔正的通道费。在这个意义上,通道费是一种利润分割机制,近似于典型意义上的"货架费"：零售商为生产商提供货架以销售产品，并以通道费（货架费）为手段分得厂商利润的一个比例。

当$\theta < \dfrac{1}{3}$时，容易解出$f(\theta)$关于θ单调递减，值域为$\left(0, \dfrac{1}{2}\right)$。因此，当零售商议价权力较低时，只要其现有产品相对质量达到一定水平$\left(\dfrac{k_0}{k} > f(\theta)\right)$，仍可以获得通道费，反之则需向生产商支付特许费。此时的通道费是近似于一种利润补偿机制：在零售商现有产品货架业绩很好的情况下，零售商更换产品的激励很弱[1]，潜在生产商需以通道费弥补零售商更换产品的损失。

以上分析可以用下图概括：

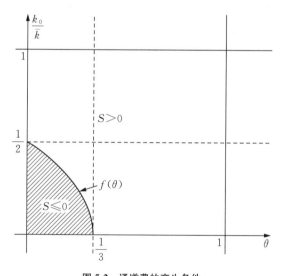

图 5-2　通道费的产生条件

---

[1] 容易证明当$\dfrac{k_0}{k} > \dfrac{1-3\theta}{2(1-\theta)}$时，$k_e < k_0$成立，即生产商产品质量期望值低于在售产品质量。

图 5-2 中横轴为零售商的议价权力,纵轴为现有产品相对质量,定义域均为(0,1),拥有任一议价权力和产品质量的零售商都落在这一边长为 1 的正方形区域中。在预付费合约下,如果零售商位于左下角阴影区域,则需要支付特许费,反之则可以获得通道费。具体地,只要零售商拥有一定的议价权力$\left(\theta \geqslant \frac{1}{3}\right)$,则无论其在售产品质量的高低,都可以获得通道费;如果议价权力较低$\left(\theta < \frac{1}{3}\right)$,则零售商仍可以凭借较好的在售产品货架业绩在谈判中获得通道费,从而货架业绩也成为零售商讨价还价能力的来源。从另一个角度看,由于 $f(\theta) \in \left(0, \frac{1}{2}\right)$,进而如果$\frac{k_0}{\bar{k}} \geqslant \frac{1}{2}$或 $k_0 \geqslant \frac{1}{2}\bar{k}$,也即零售商现有货架上的产品质量达到潜在生产商产品质量的平均水平,那么无论其议价权力的高低,都能够获得通道费。直观上,只有现有产品货架业绩和议价权力都很低的零售商无法获得通道费并需支付特许费。

由此可得以下命题:

命题 5-1　在通道费合约下,通道费的产生取决于零售商的议价权力和货架业绩。如果零售商拥有一定的议价权力$\left(\theta \geqslant \frac{1}{3}\right)$,或者拥有较好的货架业绩$\left(k_0 \geqslant \frac{1}{2}\bar{k}\right)$,则其一定可以获得通道费。

已有研究一般认为,零售商能够获得通道费,源自于零售商品牌、区位、规模等因素形成的议价权力,即使是朱(Chu, 1992)[1]这

[1] Chu, Wujin. 1992. "Demand Signaling and Screening in Channels of Distribution." *Marketing Science*, 11(4):327-347.

样的效率学派经典论文,也是假定零售商拥有完全的议价权力从而可以提出通道费合约。该论点在这里也得到了印证。命题 5-1 的意义在于,区分了通道费的利润分割机制和利润补偿机制,并发现在相应谈判程序下,零售商的货架业绩也是通道费权力的决定性因素,即使零售商议价权力较低,只要其现有货架业绩不至于很差,也能在期望水平上获得引进新产品的补偿并形成通道费。命题有助于解释为什么一些规模较小的零售商也可以向生产商收取通道费,即此时的通道费是对零售商放弃原有进货渠道或放弃其他交易机会的补偿。

三、通道费的筛选作用

谢弗(Shaffer, 1991b)[1],英尼斯和汉密尔顿(Innes and Hamilton, 2013)[2]等文献研究了通道费对生产商零利润条件的影响,即冲减了厂商利润,迫使完全竞争厂商提高批发价以维持非负利润。在本章包含产品质量的预付费模型下,通道费同样冲减了厂商利润,但提高了厂商维持非负利润所需的最低产品质量,客观上将起到产品质量筛选的作用。下面具体考察这一问题。

根据式(5-8)、式(5-9),均衡时的 k^* 是 S 的整数倍,进而有

$$\begin{cases} k^* \geqslant 0 & if \quad S \geqslant 0 \\ k^* < 0 & if \quad S < 0 \end{cases}$$

因此,当外生变量满足条件使零售商可以收取通道费时,

[1] Shaffer, Greg. 1991b. "Slotting Allowances and Retail Price Maintenance: A Comparison of Facilitating Practices." *RAND Journal of Economics*, 22(1):120-135.

[2] Innes, R., and S. Hamilton. 2013. "Slotting Allowance under Supermarket Oligopoly." *American Journal of Agricultural Economics*, 95(5):1216-1222.

$k^* > 0$，产品质量处于$(0, k^*)$的生产商利润为负，自动退出市场。通道费的筛选机制由此实现。另外，由于均衡时 S 和 k^* 的整数倍关系，更高的通道费也意味着更大的质量筛选作用。特许费则无法起到质量筛选的作用，因为此时所谓的产品临界质量低于潜在产品质量的下限。

可以进一步探究通道费质量筛选的效果：零售商是否可以确保进场销售的产品比原有产品质量更高。根据 k^* 的表达式，容易证明

$$\begin{cases} k^* > k_0 & if \quad \dfrac{k_0}{k} < g(\theta) \\ k^* \leqslant k_0 & if \quad \dfrac{k_0}{k} \geqslant g(\theta) \end{cases}$$

在 $\theta \geqslant \dfrac{1}{3}$ 时成立。其中 $g(\theta) = \dfrac{3\theta - 1}{3 - \theta}$ 为 $k^* = k_0$ 时 $\dfrac{k_0}{k}$ 的取值，$g(\theta)$ 关于 θ 单调递增，值域为 $[0, 1)$。该不等式的含义是，零售商可以通过通道费将低质量产品的生产商排除出去，但并非总能确保进场销售的产品质量一定比现有产品质量更高：它取决于在售产品的相对质量和议价权力。从在售产品相对质量的角度来说，如果零售商现有产品质量本就较低（$k_0 < g(\theta)\bar{k}$），才能确保进场交易的产品质量不低于在售产品。而从议价权力的角度来说，$\dfrac{k_0}{k} < g(\theta)$ 等价于

$$\theta > \dfrac{1 + 3k_0/k}{3 + k_0/k}$$

其中 $\dfrac{1 + 3k_0/k}{3 + 3k_0/k}$ 关于 $\dfrac{k_0}{k}$ 单调递增，值域为 $\left(\dfrac{1}{3}, 1\right)$。可见，如果零售

商的议价权力"足够高"，收取通道费就可以确保筛选掉低于当前质量的产品。

当 $\theta < \dfrac{1}{3}$ 时，容易证明 $k^* < k_0$ 恒成立。[1]此时，通道费仍可以起到质量筛选的作用，但进场产品的质量下限一定低于现有产品，即不能保证新上架产品质量更高。可以用图 5-3 概括通道费的市场筛选机制，并得到以下命题：

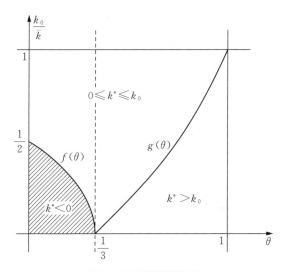

图 5-3　通道费的筛选机制

命题 5-2　通道费总可以起到一定程度的市场筛选作用，但不能保证进场交易的生产商产品质量一定比在售产品质量更高；只有当零售商的议价权力"足够高"时 $\left(\theta > \dfrac{1+3k_0/k}{3+k_0/k}\right)$，

[1]　可以算出 $k^* < k_0$ 等价于 $\dfrac{\bar{k}}{k_0} > \dfrac{3-\theta}{3\theta-1}$，而 $\dfrac{3-\theta}{3\theta-1}$ 此时为负，故 $\dfrac{\bar{k}}{k_0} > \dfrac{3-\theta}{3\theta-1}$ 即 $k^* < k_0$ 成立。

或在售产品质量本就较低时（$k_0 < g(\theta)\bar{k}$），才能确保进场交易的生产商产品质量高于在售产品。

以上就是通道费的市场筛选机制。朱（Chu，1992）曾开创性地研究了通道费的筛选机制，该研究将生产商的需求函数设定为高低两档，零售商凭借完全的议价权力收取通道费，从而将低档需求函数的生产商排除出去。[1]本章在连续型产品质量分布和一般化议价权力设定下对通道费筛选作用的研究，可视为对经典理论的拓展。通道费这一使低质产品生产商在接触消费者之前就退出市场或转而寻找其他分销渠道的机制，有助于解释为什么大型商超的产品质量通常是有保证的：它通常并非像商场所宣传的那样来自买手的精挑细选，而是来自低质生产商在销售利润无法覆盖通道费时的自动退出。后文还将阐明，这一筛选机制决定了消费者福利的损益。

四、零售商利润效应

这里讨论在预付费合约下，零售商变更货架产品后的利润损益。客观上存在两层意义上的零售商利润，即期望利润 $\pi_r(k_e)$ 和最低利润 $\pi_r(k^*)$。对于 $\pi_r(k_e)$，由于纳什谈判确保了零售商更换产品后利润水平不至于更低，因此 $\pi_r(k_e) > \pi_r(k_0)$ 恒成立。

对于 $\pi_r(k^*)$，容易算出 $\pi_r(k^*) = \dfrac{k^*}{16} + S = \dfrac{6(1-\theta)k_0 + 3(3\theta-1)\bar{k}}{16(5-3\theta)}$，相应的利润增量为

---

[1] Chu, Wujin. 1992. "Demand Signaling and Screening in Channels of Distribution." *Marketing Science*, 11(4):327-347.

$$\pi_r(k^*) - \pi_r(k_0) = \frac{(3\theta-1)(3\bar{k}-k_0)}{16(5-3\theta)} \qquad (5\text{-}10)$$

显然,当 $\theta \geqslant \frac{1}{3}$ 时,$\pi_r(k^*) - \pi_r(k_0) \geqslant 0$,反之则反是。因此,只要零售商拥有一定的议价权力$\left(\theta \geqslant \frac{1}{3}\right)$,则无论现有产品与潜在生产商产品孰优孰劣,都能够通过通道费获得更高的利润。相反,如果零售商议价权力较低$\left(\theta < \frac{1}{3}\right)$,则更换在售产品可能带来更低的利润水平(虽然在期望水平上不会)。由此有以下命题:

命题5-3 在预付费合约下,如果零售商拥有一定的议价权力$\left(\theta \geqslant \frac{1}{3}\right)$,通道费可以确保零售商获得较之原先更高的利润;如果零售商议价权力较弱$\left(\theta < \frac{1}{3}\right)$,即使可以获得通道费,也可能导致更低的利润水平。

这一命题是对零供双方纳什谈判解的补充:在预付费合约及相应的谈判程序下,如果零售商是雷伊和梯若尔(Rey and Tirole,1986)讨论的那种极端风险厌恶者(extremely risk averse),以不确定性环境下的最坏结果作为决策依据,则谈判能力较低的零售商不会接受任何潜在生产商提出的合作诉求。[1]这一命题有助于解释现实中生产商在寻找销售渠道上的困难。

---

[1] 这里暗含着即使零售商可能以不确定性环境下的最坏结果作为决策依据,但零供之间的纳什谈判总在期望水平上进行假定,因此零售商会预期到,一旦进行纳什谈判,则总会获得数量为 S 的通道费并筛选掉质量低于 k^* 的产品,而如果事后进场产品质量刚好仅达到 k^*,则零售商的利润将下降,极端风险厌恶的零售商由此将在事前拒绝任何合作诉求。参见 Rey, Patrick, and Jean Tirole. 1986. "The Logic of Vertical Restraints." *American Economic Review*, 76(5):921-939。

第三节　进一步讨论:模型的现实基础和例外情况

一、模型的现实基础

本章所探讨的预付费形式的合约安排在零售业内普遍存在,且在相当程度上已固化为零售业的盈利模式,即在赚取进销差价的同时收取一笔通道费。但在现实中,预付费合约不仅仅使零售商获得一笔通道费,而且代表着一种零供合作关系的建立。零售商之所以青睐这种制度设计,即先以预付费的形式将货架先租出去,从而建立一种合作关系,进而再进行常规的买卖活动,是因为这种制度设计从资金和库存调整两方面为零售商带来了便利。

首先,在预付费合约下,零售商易于建立一种"账期"制度。所谓账期,是指零售商采购商品时,并不同步向供应商支付货款,而是在商品售出后再从销售收入中扣除相应货款返还供应商,其间延迟付款的时间被称为"账期"。在预付费合约下,零售商在进货时已经和供应商围绕货架出租建立了合作关系,加之供应链信息系统也为各类款项拨付提供了便利,供应商也就较为容易接受零售商延迟付款的请求。在现实中,具体的账期安排大多是和预付费合约共同敲定的,一般为 40 天到 90 天不等。显然,账期制度的存在大大节约了零售商的流动资金,降低了零售业的进入门槛并有助于零售商集中资金进行规模扩张。

其次,预付费合约下的合作关系也有利于零售商不断进行库存调整。现实中超市等零售商的采购人员当然可以对各类商品的需求做出大致的判断,但显然无法精准预测每一期商品的需求量,进而商品的滞销和脱销就难以避免。在预付费合约对应的合作关系下,零售商和供应商一般会就商品仓储物流的协同达成安排,如使用零售商的货仓并实时监控库存等,从而实现小批次进货和商品脱销时的及时补货。可见,这类物流安排较好地解决了"报童问题",并降低了对零售商仓储空间和零售从业者采购能力的要求。

作为典型意义上的中间商,零售商当然也可以选择"一手交钱一手交货"并仅赚取进销差价的"买断"交易模式。显然,在这种交易模式下,商品采购完成即意味着交易关系结束,零售商无法实现延迟付款和库存的即时调整,这对零售商的资金流和采购技能都提出了较高的要求。因此,至少从总体上来看,零售商一般更倾向于预付费合约对应的零供合作模式,尤其对于很多资金短缺和运营能力欠缺的零售商来说,预付费合约模式已是一种路径依赖或企业运营的刚性约束。这即是预付费合约普遍存在的现实基础。

二、突破预付费:零售商的合约选择

前文提到,零售商之所以较少采取传统的买断交易模式,客观上是因为资金和商品采购能力的限制。但在现实中,也有一些零售商在个别品类上采取买断交易模式,以及一些小型零售商整体上采取买断模式。为解释这一点,这里假定零售商的资金流是充裕的,同时也能够如理论模型中设定的那样,对商品的需求有充分的了解,从而不存在库存调整方面的问题。进而,理性的零售商需要在预付费合约和买断模式对应的线性价格合约之间做出选择。

零售商的选择取决于在两类合约结构下的期望利润。在预

付费合约下,容易计算出零售商的期望利润为

$$\pi_r(k_e) = \frac{k_e}{16} + S = \frac{5(1-\theta)k_0 + 6\theta\bar{k}}{16(5-3\theta)}$$

在线性价格合约下,零供博弈退化为两阶段博弈:生产商制定批发价 w 后零售商制定零售价 p,且当生产商产品质量高于 k_0 时才会被采购。记此时潜在生产商的产品期望质量为 k'_e,则 $k'_e = \frac{k_0 + \bar{k}}{2}$,相应的期望利润为

$$\pi_r(k'_e) = \frac{k'_e}{16} = \frac{k_0 + \bar{k}}{32}$$

记预付费合约较之线性价格合约的利润增量为 Δ,进而有

$$\Delta = \pi_r(k_e) - \pi_r(k'_e) = \frac{(5-7\theta)k_0 - (5-15\theta)\bar{k}}{32(5-3\theta)} \quad (5\text{-}11)$$

显然,当 $\Delta=0$ 时,$\frac{k_0}{\bar{k}} = \frac{5-15\theta}{5-7\theta}$。记等式右边为 $h(\theta)$,可以得出当 $\theta < \frac{1}{3}$ 时,

$$\begin{cases} \Delta > 0 & if \quad \dfrac{k_0}{\bar{k}} > h(\theta) \\ \Delta \leqslant 0 & if \quad \dfrac{k_0}{\bar{k}} \leqslant h(\theta) \end{cases}$$

而当 $\theta \geqslant \frac{1}{3}$ 时,$\Delta > 0$ 恒成立。[1]因此,当零售商拥有一定议价权力时 $\left(\theta \geqslant \frac{1}{3}\right)$,预付费合约较之线性价格合约,总会带来更高的利

––––––––––––––––––

[1] 这里主要通过对 $h(\theta)$ 在 $\theta \in (0, 1/3)$ 和 $\theta \in (1/3, 1)$ 上的值域计算得出。

润；当零售商议价权力较低时，预付费是否是一种利润更高的合约设计，再次取决于在售产品相对质量的高低。可以用下图进一步说明零售商的合约选择：

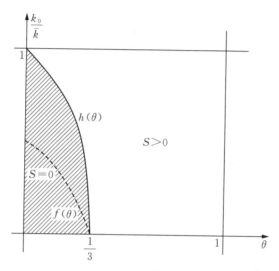

图 5-4　零售商的合约选择

如果零售商的产品质量和议价权力相对较低，处于左边阴影区域，则会选择线性价格合约；如果零售商的产品质量和议价权力特征处于右侧空白区域，则选择预付费合约。而根据上文对预付费合约的分析［尤其是 $h(\theta)$ 和 $f(\theta)$ 的位置关系］，如果零售商选择预付费合约，此时的预付费合约一定实现为通道费合约。换句话说，在零售商有能力进行合约安排的情况下，零售商要么选择能够带来通道费的预付费合约，要么直接以线性价格合约采购商品，而特许费必然不会产生。由此得到命题 5-4。

命题 5-4　当零售商有能力进行合约安排时，如果其拥有一定的议价权力 $\left(\theta \geqslant \dfrac{1}{3}\right)$，或拥有较好的货架业绩 $(k_0 \geqslant$

$h(\theta)\bar{k}$)，则会选择能够带来通道费的预付费合约；反之将选择买断模式下的线性价格合约。

以上就是不存在路径依赖的理性零售商的合约选择机制。如前所述，现实中零售商大多是有赖于预付费合约对应的商业模式的。但对于一些小型零售商来说，由于经营规模较小，商品采购所需的货款数额不高，客观上降低了零售商对"账期"的依赖，预付费合约模式便不必是其唯一选择。另一方面，小型零售商一般议价权力较低，甚至未必有充足的货源[1]，这使其在零供谈判中处于十分不利的地位，进而预付费合约带来的利润可能不如线性价格合约。这就解释了现实中为什么一些小型零售商会进行买断交易。另外，从品类的角度来看，总有个别生产商的谈判地位对几乎所有零售商来说都是处于压倒性优势的，最典型的如宝洁公司（P&G），此时零售商如果采取预付费合约，则不但无法收取通道费，很可能还要支付特许费。在这种情况下，零售商有动机拿出一部分流动资金，对生产商进行买断式采购，而这类产品周期性消费的特点也降低了采购计划和库存调整的难度，从而促成零售商对这类产品实施买断。这也解释了现实中超市等零售商很少向生产商支付特许费：或是因为零售商在预付费谈判中处于有利地位，或是因为零售商直接摒弃了预付费模式。

零售商的合约选择行为对通道费的质量筛选机制并没有实质影响：零售商的合约选择行为缩小了预付费合约本身的存在空间，进而影响了通道费的产生空间，但没有影响通道费筛选机制的临界条件。从图 5-5 可以清楚地看出这一点。

在图 5-5 中，受零售商合约选择的影响，对通道费筛选机制讨

---

[1] 零售商没有稳定、充足的货源，意味着其现有货架产品的质量 k_0 不会太高。

论的"定义域"缩小了,但通道费筛选机制的临界条件 $g(\theta)$ 仍在零售商的选择空间内。因此,如果零售商可以进行合约选择,且当其选择预付费合约时,通道费仍发挥了前述质量筛选机制,即总可以起到某种质量筛选作用,但不确保进场交易的生产商拥有更高的产品质量(命题 5-2)。类似地,当零售商选择预付费合约时,更换货架商品是否一定带来更高的利润,同样取决于零售商是否拥有一定的议价权力(命题 5-3),而当零售商选择线性价格合约时,由于潜在生产商产品质量更高时才会实施采购,更换产品一定带来更高的利润水平。

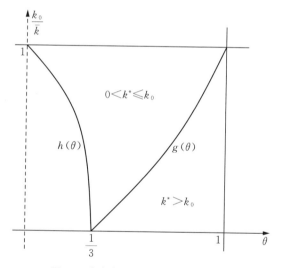

图 5-5 考虑合约选择的通道费筛选机制

第四节 福利效应分析

考察预付费或通道费的福利效应首先要明确基准情形。这里以预付费合约被禁止为基准情形。此时,博弈再次退化为前述两阶段博弈:零售商接受产品质量高于 k_0 的生产商的上架诉求,并根据生产商报价 w 制定零售价 p。考虑消费者福利。在本章效用函数下,消费者剩余为

$$CS \equiv \int_{p/k}^{1} (\Phi k - p) \mathrm{d}\Phi$$

即 $U \geqslant 0$ 的那部分消费者效用之和。容易算出,对于任一水平的产品质量 k,消费者剩余为 $CS(k) = \dfrac{k}{32}$。这里产品质量 k 也成为消费者剩余的代理变量。

由于最终的上架产品是不确定的,仍需在期望水平上比较两种情境下的产品质量。显然,预付费被禁止时产品的期望质量为 $k'_e = \dfrac{k_0 + \bar{k}}{2}$,与预付费下的期望质量 $k_e = \dfrac{k^* + \bar{k}}{2}$ 形成对照。[1]

可见,由于假定了 k 的均匀分布,两种情境下期望质量的大小关系,等价于其临界质量 k_0 和 k^* 的大小关系。而这一问题已在分析通道费的筛选作用时详细论述,即如果零售商拥有的议价权力使得 $k^* > k_0$ 成立,消费者剩余将提高,如图 5-6 所示。进而有以下命题:

命题 5-5 通道费的福利效应取决于其市场筛选机制的发挥:当零售商的议价权力"足够高",以至于通道费筛选掉产品质量低于现有产品的厂商时,消费者剩余提高。

该命题说明了通道费的福利效应不能一概而论。命题也有助于解释,相对于小城镇上一些"山寨"卖场、超市,人们更倾向于

---

[1] 如果零售商能够进行合约选择,即相当于在博弈过程的第一步前增加了合约选择的过程,并不会对模型的基本均衡结果造成影响。

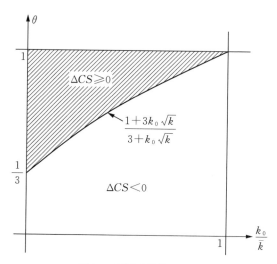

图 5-6　通道费的福利效应

去大型连锁超市,原因或是大零售商可以凭借议价权力收取更高的通道费,间接提升了进场销售的产品质量和购买者福利。

　　另外,在刚性的预付费合约下,由于预付费的福利效应取决于其质量筛选机制,而当零售商议价权力和现有产品质量都很低,以至于需要支付特许费时,筛选机制完全失效,此时的消费者福利降低了。这里,特许费降低了消费者福利的结论与经典纵向控制理论相左,原因是经典理论将特许费设定为两部收费中的固定费,它消除了双重加价并实现了渠道总利润最大化,且生产商总可以获得正利润,不存在产品筛选机制;而本章中特许费是预付费,它与批发价格的制定是分离的,从而为产品的筛选机制留下了余地,并得出不附带筛选机制的特许费将降低消费者福利的结论。研究视角的差异带来了研究结论的不同。

　　最后,由于在本章模型下,预付费是零供之间的固定转移支付,这一零和博弈并不影响渠道总利润,因此消费者剩余的变化即代表了社会总福利的损益。

第五节　本　章　小　结

本章围绕现实中的零供谈判程序,在货架空间稀缺的视角下,建立了考虑零售商现有货架业绩和引进新产品的机会成本的渠道博弈模型。研究发现:(1)通道费既来自零售商的议价权力,也来自零售商在售产品质量所代表的货架业绩,二者同是通道费产生与否的决定因素,只有货架业绩和议价权力都很低的零售商无法获得通道费并需支付特许费;(2)由于通道费影响了潜在生产商的零利润条件,使得低质量产品的厂商自动退出,通道费由此起到了质量筛选的作用,并且只要零售商的议价权力足够高,就可以确保通道费筛选掉低于现有产品质量的产品;(3)无论零售商能否索取通道费,只有当零售商具有一定议价权力时才能确保引进新产品一定带来更高的利润水平;(4)预付费合约本身有着稳固的现实基础,但如果零售商有能力进行合约选择,则零售商要么选择能够带来通道费的预付费合约,要么直接以线性价格买断商品,而特许费必然不会产生;(5)通道费的福利效应取决于其市场筛选机制的发挥,如果通道费可以筛选掉低于现有产品质量的产品,消费者剩余和社会总剩余将提高。

总之,在本章这一考虑货架稀缺性和货架业绩的研究视角下,通道费既是实现议价权力的利润分割机制,又是更换在售产品的利润补偿机制,更是一种产品质量的筛选机制。在这一质量筛选机制下,通道费的福利效应是不确定的,因此相关的规制策略应保持谨慎。

第六章　货架业绩补偿与通道费[1]

随着渠道终端竞争加剧,零售商店内普遍存在各种促销活动。作为一种重要的信息沟通手段,这些促销活动增进了消费者理解,改变了消费者评价,提高了供应商产品在零售商货架上的销售业绩。在实际操作中,促销既可能由零售商负责,也可能由生产商负责,如派驻厂家代表到现场为消费者提供各种采购咨询和服务推广。这种不同的促销安排与产品的市场属性或技术属性有关。对于促销效果很好即需求对促销敏感性很高的产品,零售商的促销意愿较强,因为相对较低的促销投入就能大幅提升销售量。对于促销效果不太好即需求对促销敏感性不太高的产品,其促销成本也相对较高,零售商的促销意愿较弱,因为促销这样的产品将"得不偿失"。这时零售商可能向生产商索要某种额外的促销成本补偿,并形成所谓的通道费。因此,在本章的研究视角下,通道费是生产商对零售商承担促销成本进而提升货架业绩的补偿。而对于促销效果非常差的产品(比如具有一定技术含量

---

　　[1] 本章主要参考:李陈华、晏维龙、徐振宇、庄尚文.促销效果、最优促销安排及其福利效应[J].商业经济与管理,2018(2):5—15.

的新产品），促销成本相对销售增量来说会非常大，以至于零售商促销索要的通道费也非常高，生产商支付通道费还不如自己促销更加有利，这便可能出现生产商促销，零售商支付促销补偿。[1]

本章将基于以上事实观测和直观判断，把促销效果作为关键性的解释变量，在统一的模型框架中解释渠道内促销责任的最优安排、通道费的货架业绩补偿效应，以及由此导致的消费者福利变化。具体安排如下：首先构建需求函数和简单的博弈模型，给出没有促销、零售商促销和生产商促销时的均衡结果；其次比较各种情形下的利润结果，揭示促销效果对最优促销安排的关键性影响，以及通道费对零售商的货架业绩补偿可能起到的协调作用；最后比较各种情形下的消费者福利，并揭示最优促销安排下企业利润最大化与消费福利最大化的一致性。

第一节　基　本　模　型

考虑单个生产商向单个零售商供给产品的渠道。遵循福罗斯等（Foros et al., 2009）[2]的方法，假定需求曲线为$\tilde{q} = v + e - p + \varepsilon$，这里 v 代表市场需求，e 代表促销努力，p 代表零售价格，ε 表示均值为 0 的随机项。定义 $E[\tilde{q}] = q$，则零售商的期望需求为

$$q = v + e - p \tag{6-1}$$

---

　　[1]　为了名称上区分方便，在本章的表述中，生产商向零售商支付费用，我们称之为"通道费"，零售商向生产商支付费用，我们称之为"促销补偿"。在零售商向生产商支付费用的情形下，由于促销带来的额外收益很少，零售商一般不以现金形式支付补偿，而表现为在场地、设备、人员、结算等方面支持生产商活动。

　　[2]　Foros, Øystein, Hans J. Kind, and J. Y. Sand. 2009. "Slotting Allowances and Manufacturers' Retail Sales Effort." *Southern Economic Journal*, 76(1):266-282.

尽管促销影响销售量,但我们假定销售量不影响促销成本。这种假定是合理的,因为商店内促销活动针对一个消费者和多个消费者没有多大差别,不会导致额外的成本。假定促销成本函数为 $C(e)=\xi e^2/2$,这里 ξ 是本章的一个关键变量,反映了促销效果:ξ 越大,促销成本上升越快,促销效果越差;ξ 越小,促销成本上升越慢,促销效果越好。[1]为了确保后文分析中解的有效性,假定 $\xi>1/2$,后文将进一步说明该假定的合理性。假定生产商的生产成本固定为 c,且 $c<v$,零售商成本为批发价格 w 加上促销努力成本 $C(e)$。

一、一体化渠道

尽管我们感兴趣的是分散化渠道内的促销安排,即零售商和生产商哪一方负责促销更优,但是为了给出一个比较基准,这里首先讨论一体化渠道下的情况,此时不存在批发价格,渠道的问题为

$$\max_{p,\,e} \Pi=(p-c)(v+e-p)-\xi e^2/2 \tag{6-2}$$

分别求解一阶条件 $\partial\Pi/\partial p=0$ 和 $\partial\Pi/\partial e=0$,可得渠道最优结果为

$$e_{ic}^* = \frac{1}{2\xi-1}(v-c)$$

---

　　[1]　假定具体的函数形式只不过为了分析简便,实际上促销成本函数只需满足 $C'(e)>0$、$C''(e)>0$ 就足够,表示促销上的报酬递减。再者,促销应该通过消费者效用而反映于需求函数,导致需求函数变成 $q=v+f(\xi,\,e)-p$,但这样在技术分析上将更加复杂。这里的设定只是为了简化分析,如果限制消费者效用而不是限制促销成本,结果的性质不会改变。实际上可以把 ξ 理解为产品需求对促销努力的敏感性,ξ 越大,产品需求对促销努力的敏感性越低;ξ 越小,产品需求对促销努力的敏感性越高。

$$p_{ic}^* = \frac{1}{2\xi-1}(\xi v + \xi c - c)$$

$$\Pi_{ic}^* = \frac{\xi}{2(2\xi-1)}(v-c)^2$$

从以上均衡结果可以看出,随着促销效果下降(ξ 上升),渠道最优的促销努力水平下降,极端情况下将不促销($\lim_{\xi \to +\infty} e_{ic}^* = 0$),此时渠道最优价格和利润回到没有促销时($q = v - p$)的水平,分别为$(v+c)/2$ 和$(v-c)^2/4$。比较有无促销时的最优利润,通过简单计算可知,只有当 $\xi > 1/2$ 时,促销才有助于增加利润。从这种意义上看,前文 $\xi > 1/2$ 的假定其实是确保促销活动得以存在的合理条件。

二、零售商促销

现在考虑零售商针对产品实施促销活动的情况。此时需求函数为式(6-1),且零售商承担促销成本 $\xi e^2/2$。于是零售商和生产商的利润函数为

$$\pi_r = (p-w)(v+e-p) - \xi e^2/2 \tag{6-3}$$

$$\pi_m = (w-c)(v+e-p) \tag{6-4}$$

博弈结构与前文类似:首先生产商确定批发价格 w;然后,零售商确定零售价格 p 和促销努力 e,博弈结束。用逆向归纳法求解渠道博弈可得均衡结果为[1]

---

[1] 在本章利润符号的下标中,r 表示零售商,m 表示生产商;如果有 r、m 两个字母,前面的表示促销主体,后面的表示主体利润。如 rr 表示零售商促销时零售商利润,rm 表示零售商促销时生产商利润,mr 表示生产商促销时零售商利润,mm 表示生产商促销时生产商利润。

$$w_r^* = (v+c)/2$$

$$p_r^* = \frac{3\xi v + \xi c - v - c}{2(2\xi - 1)}$$

$$e_r^* = \frac{v - c}{2(2\xi - 1)}$$

$$q_r^* = \frac{\xi}{2(2\xi - 1)}(v - c)$$

$$\pi_{rr}^* = \frac{\xi}{8(2\xi - 1)}(v - c)^2$$

$$\pi_{rm}^* = \frac{\xi}{4(2\xi - 1)}(v - c)^2$$

$$\Pi_r^* = \frac{3\xi}{8(2\xi - 1)}(v - c)^2$$

三、生产商促销

与零售商促销时的情况类似，差别在于促销成本由生产商承担，因此零售商和生产商的利润函数为

$$\pi_r = (p - w)(v + e - p) \tag{6-5}$$

$$\pi_m = (w - c)(v + e - p) - \xi e^2/2 \tag{6-6}$$

与前文类似，仍然考虑一个两阶段博弈：首先生产商确定批发价格 w，然后零售商和生产商同时行动，前者选择价格 p，后者选择促销努力 e，博弈结束。用逆向归纳法求解渠道博弈可得均衡结果为

$$w_m^* = (v+c)/2$$

$$p_m^* = \frac{3\xi v + \xi c + v - c}{4\xi}$$

$$e_m^* = \frac{v-c}{2\xi}$$

$$q_m^* = \frac{1+\xi}{4\xi}(v-c)$$

$$\pi_{mr}^* = \frac{\xi^2+2\xi+1}{16\xi^2}(v-c)^2$$

$$\pi_{mm}^* = \frac{1}{8}(v-c)^2$$

$$\Pi_m^* = \frac{3\xi^2+2\xi+1}{16\xi^2}(v-c)^2$$

以上就是没有促销、零售商促销和生产商促销这三种情况下渠道博弈的均衡结果。可以看出,不同的促销安排对不同的渠道成员具有不同的结果,接下来将基于这些结果进行详细比较,讨论渠道最优的促销安排,通道费或促销补偿可能起到的协调作用,以及由此导致的福利效应。

第二节　最优促销安排与通道费的业绩补偿效应

这一部分根据前文模型分析结果,并考虑促销效果,比较各种情况下各个渠道成员利润及总利润,讨论渠道最优的促销安排,实现最优安排所需的条件,以及通道费(或促销补偿)可能起到的作用及适用范围。

一、利润比较

通过比较没有促销和有促销时的结果可以看出,促销总体上对零售商、生产商和渠道总利润都更加有利,即 $\pi_{ir}^* > \pi_{or}^*$、$\pi_{im}^* \geqslant$

π_{om}^{*}、$\Pi_{i}^{*}>\Pi_{o}^{*}$($i=r,m$),这预测了促销活动的出现。因此,讨论最优促销安排实际上只需在零售商促销与生产商促销之间进行比较即可。直接比较零售商促销与生产商促销时的渠道总利润、零售商利润和生产商利润可得[1]

$$\Delta\Pi^{*}=\Pi_{r}^{*}-\Pi_{m}^{*}=\frac{1-\xi^{2}}{16\xi^{2}(2\xi-1)}(v-c)^{2}\begin{cases}>0 & if & \xi<1 \\ =0 & if & \xi=1 \\ <0 & if & \xi>1\end{cases}$$

$$(6\text{-}7)$$

$$\Delta\pi_{r}^{*}=\pi_{rr}^{*}-\pi_{mr}^{*}=\frac{1-3\xi^{2}}{16\xi^{2}(2\xi-1)}(v-c)^{2}\begin{cases}>0 & if & \xi<1/\sqrt{3} \\ =0 & if & \xi=1/\sqrt{3} \\ <0 & if & \xi>1/\sqrt{3}\end{cases}$$

$$(6\text{-}8)$$

$$\Delta\pi_{m}^{*}=\pi_{rm}^{*}-\pi_{mm}^{*}=\frac{1}{8(2\xi-1)}(v-c)^{2}>0 \qquad (6\text{-}9)$$

这里 $\Delta\Pi^{*}$、$\Delta\pi_{r}^{*}$ 和 $\Delta\pi_{m}^{*}$ 分别为零售商促销相对生产商促销带来的渠道总利润变化、零售商利润变化和生产商利润变化。以上三个式子表明,不同的促销安排具有不同的利润结果,同时依赖于促销效果(ξ 的取值)。为了准确直观地显示促销效果如何影响各种促销安排下的利润比较,我们在具体算例中对各种情况进行了数值模拟(结果参见附表 6-1),以促销效果为横坐标生成利润函数曲线,并复制其中具有代表性的区域,如图 6-1 所示。[2]

---

　　[1]　由于前文已经假定 ξ 取值大于 0.5,所以这里在讨论 ξ 取值范围时不再重复这一点。当然,还有 $\xi\to+\infty$ 的情况,这时促销与不促销无差异,这里不详细讨论。
　　[2]　为了避免曲线过多导致识别混乱,图中略去了没有促销时的情况。

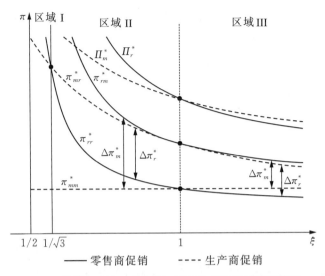

图 6-1 促销效果（与 ξ 反方向）对利润的影响（数值模拟结果）

在图 6-1 中，Π_r^*（Π_m^*）、π_{rr}^*（π_{mr}^*）和 π_{rm}^*（π_{mm}^*）分别表示零售商（生产商）促销时的渠道总利润、零售商利润和生产商利润，用粗实线（粗虚线）表示。可以看出，对于渠道总利润，若产品促销效果较好（$\xi<1$），零售商促销时更高，否则生产商促销时更高。对于零售商利润，若产品促销效果很好（$\xi<1/\sqrt{3}$），零售商促销时更高，否则生产商促销时更高。对于生产商利润，零售商促销时始终更高。综上所述，我们总结为以下命题：

命题 6-1 不同的促销安排对不同的渠道成员具有不同的利润结果，整体最优的促销安排依赖于产品的促销效果，促销效果较好时零售商促销更优，促销效果较差时生产商促销更优。

注意，促销效果上对零售商最优的促销安排转换点（$\xi=1/\sqrt{3}$）与对渠道最优的促销安排转换点（$\xi=1$）不同，而恰恰是这种临界点的差异导致了非常有趣的结果，以下将详细讨论。

二、通道费或促销补偿

根据以上利润比较以及图 6-1 中的直观显示，可以在促销效果上分三个区域进一步讨论如何实现整体最优的促销安排，以及渠道内转移支付（通道费或促销补偿）的关键作用。

1. 区域 I：$\xi < 1/\sqrt{3}$。在该区域内，相对于生产商促销，零售商促销更加有利于提高渠道总利润、生产商利润和零售商自身利润。在产品促销难度足够小、促销效果足够好的时候，零售商乐于促销。所以在区域 I，零售商促销是最优的渠道安排，而无须通道费形式的货架业绩补偿。注意，生产商在零售商促销活动中获利更大，成为典型的免费搭车者。根据行为经济学的公平偏好假说以及大量的行为试验证据，经济主体在关注自身收益的同时，也会关注收益分配是否公平[1]，并且已有学者关注到渠道博弈中的公平偏好问题。[2] 在区域 I，零售商承担全部促销成本，却获得少部分促销收益。根据公平偏好假说，这种情况下零售商也有可能向生产商索要通道费，这里不细察这种可能性，只指明此时通道费并不是零售商促销的必要条件。

2. 区域 II：$1/\sqrt{3} < \xi < 1$；$\Delta\pi_m^* > |\Delta\pi_r^*|$。在该区域内，相对

---

[1] Fehr, E., and K. M. Schmidt. 1999. "A Theory of Fairness, Competition, and Cooperation." *Quarterly Journal of Economics*, 114(3):817-868；Falk, Armin, Ernst Fehr, and Urs Fischbacher. 2008. "Testing Theories of Fairness—Intentions Matter." *Games and Economic Behavior*, 62(1):287-303.

[2] Wu, Diana Yan. 2013, "The Impact of Repeated Interactions on Supply Chain Contracts: A Laboratory Study." *International Journal of Production Economics*, 142(1):3-15.

于生产商促销,零售商促销提高渠道总利润和生产商利润,但降低自身利润,因此零售商可能就促销责任与生产商展开议价。由于生产商愿意支付的最高通道费大于零售商索要的最低通道费,意味着存在帕累托改进的可能性(如图 6-1 区域 II 中纵向差距箭头所示),所以,若生产商向零售商支付数额为 $|\Delta\pi_r^*|\sim\Delta\pi_m^*$ 的通道费作为零售商货架业绩损失的补偿,作为最优安排的零售商促销仍然可以出现。可以推断,随着产品促销效果下降,零售商的促销成本上升、促销激励弱化,于是要求生产商支付补偿,而此时生产商从零售商促销中获利较多,也愿意支付这笔补偿。所以在区域 II,零售商促销是渠道最优的促销安排,而通道费则帮助实现了这种安排。

3. 区域 III:$\xi>1$;$|\Delta\pi_r^*|>\Delta\pi_m^*$。在该区域内,相对于生产商促销,零售商促销仅有利于生产商利润,对其自身利润和渠道总利润均不利,其索要的通道费将超过生产商所得利润增量(如图 1 区域 III 中纵向差距箭头所示)。在生产商看来,与其支付通道费让零售商促销,还不如他自己促销,让零售商支付补偿,只要零售商能给予数额为 $\Delta\pi_m^*\sim|\Delta\pi_r^*|$ 的补偿,便可能出现使渠道最优的生产商促销。可以推断,随着产品促销效果进一步下降,零售商促销时索要的通道费将超过生产商所得利润增量,但生产商促销时索要的促销补偿小于零售商所得利润增量,所以在区域 III,生产商促销是渠道最优的促销安排,而促销补偿则帮助实现了这种安排。

为了更清楚地显示通道费(或促销补偿)的适用范围,我们根据附表 6-1 的数值模拟结果将促销效果与渠道内转移支付之间的关系描绘为图 6-2。

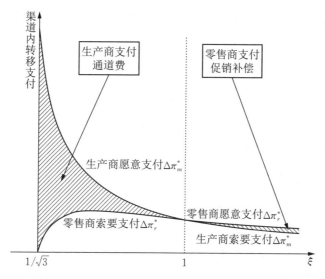

图 6-2　促销效果（与 ξ 反方向变化）与通道费或促销补偿（数值模拟结果）

　　从图 6-2 中可以看出，在 $\xi<1$ 时渠道最优促销安排是零售商促销，生产商支付通道费；在 $\xi>1$ 时渠道最优促销安排是生产商促销，零售商支付促销补偿。我们特别用阴影部分表示通道费和促销补偿产生的区域。关于促销补偿，还需进一步说明：第一，零售商向生产商支付的促销补偿不同于其他文献中所谓的"特许费"。尽管这里的促销补偿与特许费一样，是相对通道费的反方向支付，但由于促销效果较小，生产商促销给整个渠道带来的收益增量不大，所以在现实中，零售商支付促销补偿不一定是以现金转移的形式，而很可能就是为生产商提供一些场地、设备、人员、结算等方面的便利。第二，随着促销效果下降，零售商与生产商的议价空间逐渐缩小，极限情况下零售商愿意支付和生产商索要支付都趋于 0（参见附表 6-1 中的数值模拟结果），因此生产商促销的可能性也趋于 0。在这种情况下，零售商分销不会出现促销活动,或由其他分销模式取而代之(如厂家专卖店)。

从以上分析可以推断,大零售商比小零售商更有可能索取通道费,并不一定是由于前者具有议价势力,也可能是由于前者进行了更多的促销活动,带来了更大的销售业绩提升。通道费只是一种渠道协调机制,有些情况下是最优协调机制,有些情况下反方向的促销补偿是最优协调机制,还有些情况下不需要此类协调机制。于是,我们可以得到以下命题:

命题 6-2 通道费之所以出现,不一定或不完全是为了传递产品质量及需求信息或实现零售商议价权力,而是作为零售商货架业绩的补偿机制,激励促销活动,增加渠道总利润,帮助实现渠道最优的促销安排。

以上命题就是本章给出的有关通道费的另一种解释,即通道费是生产商补偿零售商促销服务的一种形式。当然,如前文所述,这种补偿形式是可逆转的,即零售商向生产商支付促销补偿。

第三节 福利效应分析

这一部分将对没有促销、零售商促销和生产商促销三种情况下的福利效应进行比较。社会福利包括两个部分:一部分是企业福利,可用渠道利润来表示;另一部分是消费者福利,可用消费者剩余来表示。前文已经讨论了企业福利(渠道利润)的变化,结果表明,促销(无论是零售商促销还是生产商促销)始终能增加渠道利润,并且渠道成员间的补偿协议能够实现渠道利润最大化。以下集中讨论消费者福利的变化。

如前所述,一些文献在非对称信息或零售商市场势力的逻辑下预测通道费抬高批发价格,缓和零售竞争,导致更高的零售价格,并且学者们大多直接根据零售价格来判断消费者福利变化,零售价格上升代表消费者福利下降,零售价格下降代表消费者福利上升。事实上,仅根据零售价格判断消费者福利是不准确的,还需考虑其他的零售服务(如本章所说的促销),更高价格也许意味着更好的零售服务,不一定导致购买量减少。根据标准的微观经济理论,消费者剩余是度量消费者福利的恰当指标。由于这里假定了斜率为"−1"的需求函数,所以消费者剩余为

$$CS_i^* = (q_i^*)^2/2, \quad i=o, r, m$$

根据前文模型的均衡结果直接比较 CS_o^*、CS_r^* 和 CS_m^* 可得

$$CS_r^* - CS_o^* = \frac{4\xi-1}{32(2\xi-1)^2}(v-c)^2 > 0 \tag{6-10}$$

$$CS_m^* - CS_o^* = \frac{2\xi+1}{32\xi^2}(v-c)^2 > 0 \tag{6-11}$$

$$CS_r^* - CS_m^* = \frac{(1-\xi)(4\xi^2+\xi-1)}{32\xi^2(2\xi-1)^2}(v-c)^2 \begin{cases} >0 & if \quad \xi<1 \\ =0 & if \quad \xi=1 \\ <0 & if \quad \xi>1 \end{cases}$$

$$\tag{6-12}$$

从式(6-10)和式(6-11)可以直接得出结论,促销始终能增加消费者剩余。原因在于,促销作为一种有价值的零售服务,提高了消费者对产品的评价,增加了消费者效用,尽管有可能抬高均衡的零售价格,但同时也增加了均衡需求量。根据标准的需求理

论,这时候的变化不是沿着需求曲线滑动,而是需求曲线本身的移动。从式(6-12)可以看出,零售商促销与生产商促销对消费者剩余的相对效应是不确定的,具体依赖于促销效果(ξ 的取值)。为了直观地显示促销效果对消费者剩余的影响,我们根据附表6-1中的数值模拟结果,以促销效果 ξ 为横坐标画出三种情况下的消费者剩余曲线,如图 6-3 所示。

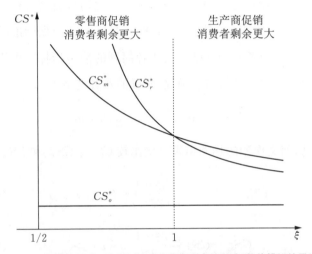

图 6-3 促销效果(与 ξ 反方向)对消费者剩余的影响(数值模拟结果)

在图 6-3 中,CS_o^*、CS_r^* 和 CS_m^* 分别表示没有促销、零售商促销和生产商促销时的消费者剩余。可以看出,零售商促销或生产商促销时消费者剩余始终高于没有促销时的水平,并且在促销效果较好时($\xi<1$ 的左边区域)零售商促销导致更高的消费者剩余,在促销效果较差时($\xi>1$ 的右边区域)生产商促销导致更高的消费者剩余。结合前文分析结果,消费者福利效应与企业福利效应的变化趋势一致,对企业最优的促销安排对消费者也是最优的。

另外，我们还可以进一步讨论销售量和价格的变化。根据前文所给出的消费者剩余公式（$CS_i^* = (q_i^*)^2/2$），销售量与图 6-3 中消费者剩余的变化趋势一致，无须赘述。至于批发价格，前文模型分析结果表明，始终保持不变。至于零售价格，根据前文模型的均衡结果很容易得到：$p_r^* > p_o^*$；$p_m^* > p_o^*$；当 $\xi < 1$ 时 $p_r^* > p_m^*$，当 $\xi > 1$ 时 $p_r^* < p_m^*$。实际上零售价格与图 6-3 中消费者剩余的变化趋势也是一致的。这说明促销导致了零售价格上升，但不能说明零售价格上升与通道费有关，它们都是促销的结果，后者是由于补偿促销成本的需要，前者是由于促销提供更多的零售服务。再者，即便没有通道费，比如在 $\xi < 1/\sqrt{3}$ 或 $\xi > 1$ 的情况下，促销也会导致更高的零售价格。于是，我们可以得出以下命题：

命题 6-3　促销活动不改变批发价格，抬高零售价格，增加销售量和消费者剩余，总体上改进了消费者福利。但通道费（或促销补偿）并不必然导致零售价格上升，只是帮助实现最优的促销安排，间接地改进了消费者福利。

第四节　本 章 小 结

本章基于简单的博弈模型分析了产品促销效果对最优渠道促销安排的影响。在不同的促销安排下，零售商和生产商有不同的利润最大化选择，而产品促销效果对最优的渠道促销安排起着关键性的作用。对于促销效果较好的产品，更有可能出现零售商促销，但随着促销效果下降，为了激励零售商实施促销活动，生产商可能向零售商支付通道费作为补偿，以提高渠道总利润和渠道成员利润。这种机制在通道费成因上给出了另一种解释:补偿零售商提升货架业绩所承担的促销成本,帮助实现最优的促销安排。针对消费者剩余的扩展分析表明,渠道最优的促销安排与消费者剩余最大的促销安排是一致的,渠道成员实现利润最大化的同时也实现了消费者福利最大化,因为更多的通道费带来的高水平促销服务最终提高了消费者剩余。因此,在本章的研究视角下,通道费作为一种货架业绩的补偿机制,在实现了更高渠道利润的同时,也提升了消费者福利。

另外,在本章模型中,对于渠道促销活动的发生,通道费补偿既不是必要条件,也不是充分条件:在促销效果很好的情况下,没有通道费零售商也会实施促销;在促销效果很差的情况下,激励零售商实施促销所需的通道费数额很大,以至于生产商用通道费激励零售商促销还不如自己促销;只有在促销效果处于某个中间范围时,通道费才可能成为生产商对零售商的货架业绩的补偿机制,因为只有在这个特定范围,才有零售商促销较之生产商促销,降低了零售商利润但提高了渠道总利润,从而给了生产商支付通道费以实现帕累托改进的空间。这一结论有助于解释不同产品、品类上零供合作模式的差异。

最后,针对通道费的政策规制问题,本章的研究从理论上支持了商务部《零售商供应商公平交易管理办法》中允许"收取促销服务费"的规定。但从政策操作层面上看,如何界定"促销服务费"还有待进一步的讨论。

附表 6-1　算例结果($\nu=1.2$, $c=1$)

ξ	π_{or}^*	π_{mr}^*	π_{rr}^*	π_{om}^*	π_{rm}^*	π_{nm}^*	Π_o^*	Π_r^*	Π_m^*	CS_o^*	CS_r^*	CS_m^*
0.501 0	0.002 5	0.022 4	1.252 5	0.005 0	2.505 0	0.005 0	0.007 5	3.757 5	0.027 4	0.001 3	313.751 3	0.011 2
0.502 0	0.002 5	0.022 4	0.627 5	0.005 0	1.255 0	0.005 0	0.007 5	1.882 5	0.027 4	0.001 3	78.751 3	0.011 2
0.503 0	0.002 5	0.022 3	0.419 2	0.005 0	0.838 3	0.005 0	0.007 5	1.257 5	0.027 3	0.001 3	35.140 1	0.011 2
0.504 0	0.002 5	0.022 3	0.315 0	0.005 0	0.630 0	0.005 0	0.007 5	0.945 0	0.027 3	0.001 3	19.845 0	0.011 1
0.505 0	0.002 5	0.022 2	0.252 5	0.005 0	0.505 0	0.005 0	0.007 5	0.757 5	0.027 2	0.001 3	12.751 3	0.011 1
0.506 0	0.002 5	0.022 1	0.210 8	0.005 0	0.421 7	0.005 0	0.007 5	0.632 5	0.027 1	0.001 3	8.890 1	0.011 1
0.507 0	0.002 5	0.022 1	0.181 1	0.005 0	0.362 1	0.005 0	0.007 5	0.543 2	0.027 1	0.001 3	6.557 4	0.011 0
0.508 0	0.002 5	0.022 0	0.158 8	0.005 0	0.317 5	0.005 0	0.007 5	0.476 3	0.027 0	0.001 3	5.040 3	0.011 0
0.509 0	0.002 5	0.022 0	0.141 4	0.005 0	0.282 8	0.005 0	0.007 5	0.424 2	0.027 0	0.001 3	3.998 2	0.011 0
0.510 0	0.002 5	0.021 9	0.127 5	0.005 0	0.255 0	0.005 0	0.007 5	0.382 5	0.026 9	0.001 3	3.251 3	0.011 0
0.520 0	0.002 5	0.021 4	0.065 0	0.005 0	0.130 0	0.005 0	0.007 5	0.195 0	0.026 4	0.001 3	0.845 0	0.010 7
0.530 0	0.002 5	0.020 8	0.044 2	0.005 0	0.088 3	0.005 0	0.007 5	0.132 5	0.025 8	0.001 3	0.390 1	0.010 4
0.540 0	0.002 5	0.020 3	0.033 8	0.005 0	0.067 5	0.005 0	0.007 5	0.101 3	0.025 3	0.001 3	0.227 8	0.010 2
0.550 0	0.002 5	0.019 9	0.027 5	0.005 0	0.055 0	0.005 0	0.007 5	0.082 5	0.024 9	0.001 3	0.151 3	0.009 9
0.560 0	0.002 5	0.019 4	0.023 3	0.005 0	0.046 7	0.005 0	0.007 5	0.070 0	0.024 4	0.001 3	0.108 9	0.009 7
0.570 0	0.002 5	0.019 0	0.020 4	0.005 0	0.040 7	0.005 0	0.007 5	0.061 1	0.024 0	0.001 3	0.082 9	0.009 5

续表一

ξ	π_{or}^{*}	π_{mr}^{*}	π_{rr}^{*}	π_{om}^{*}	π_{rm}^{*}	π_{mm}^{*}	Π_{o}^{*}	Π_{r}^{*}	Π_{m}^{*}	CS_{o}^{*}	CS_{r}^{*}	CS_{m}^{*}
0.5774	0.0025	0.0187	0.0187	0.0050	0.0373	0.0050	0.0075	0.0560	0.0237	0.0013	0.0696	0.0093
0.5800	0.0025	0.0186	0.0181	0.0050	0.0363	0.0050	0.0075	0.0544	0.0236	0.0013	0.0657	0.0093
0.5900	0.0025	0.0182	0.0164	0.0050	0.0328	0.0050	0.0075	0.0492	0.0232	0.0013	0.0537	0.0091
0.6000	0.0025	0.0178	0.0150	0.0050	0.0300	0.0050	0.0075	0.0450	0.0228	0.0013	0.0450	0.0089
0.6100	0.0025	0.0174	0.0139	0.0050	0.0277	0.0050	0.0075	0.0416	0.0224	0.0013	0.0384	0.0087
0.6200	0.0025	0.0171	0.0129	0.0050	0.0258	0.0050	0.0075	0.0388	0.0221	0.0013	0.0334	0.0085
0.6300	0.0025	0.0167	0.0121	0.0050	0.0242	0.0050	0.0075	0.0363	0.0217	0.0013	0.0294	0.0084
0.6400	0.0025	0.0164	0.0114	0.0050	0.0229	0.0050	0.0075	0.0343	0.0214	0.0013	0.0261	0.0082
0.6500	0.0025	0.0161	0.0108	0.0050	0.0217	0.0050	0.0075	0.0325	0.0211	0.0013	0.0235	0.0081
0.6600	0.0025	0.0158	0.0103	0.0050	0.0206	0.0050	0.0075	0.0309	0.0208	0.0013	0.0213	0.0079
0.6700	0.0025	0.0155	0.0099	0.0050	0.0197	0.0050	0.0075	0.0296	0.0205	0.0013	0.0194	0.0078
0.6800	0.0025	0.0153	0.0094	0.0050	0.0189	0.0050	0.0075	0.0283	0.0203	0.0013	0.0178	0.0076
0.6900	0.0025	0.0150	0.0091	0.0050	0.0182	0.0050	0.0075	0.0272	0.0200	0.0013	0.0165	0.0075
0.7000	0.0025	0.0147	0.0088	0.0050	0.0175	0.0050	0.0075	0.0263	0.0197	0.0013	0.0153	0.0074
0.7100	0.0025	0.0145	0.0085	0.0050	0.0169	0.0050	0.0075	0.0254	0.0195	0.0013	0.0143	0.0073
0.7200	0.0025	0.0143	0.0082	0.0050	0.0164	0.0050	0.0075	0.0245	0.0193	0.0013	0.0134	0.0071

续表二

ξ	π_{or}^*	π_{mr}^*	π_{rr}^*	π_{om}^*	π_{rm}^*	π_{mm}^*	Π_o^*	Π_r^*	Π_m^*	CS_o^*	CS_r^*	CS_m^*
0.730 0	0.002 5	0.014 0	0.007 9	0.005 0	0.015 9	0.005 0	0.007 5	0.023 8	0.019 0	0.001 3	0.012 6	0.007 0
0.740 0	0.002 5	0.013 8	0.007 7	0.005 0	0.015 4	0.005 0	0.007 5	0.023 1	0.018 8	0.001 3	0.011 9	0.006 9
0.750 0	0.002 5	0.013 6	0.007 5	0.005 0	0.015 0	0.005 0	0.007 5	0.022 5	0.018 6	0.001 3	0.011 3	0.006 8
0.760 0	0.002 5	0.013 4	0.007 3	0.005 0	0.014 6	0.005 0	0.007 5	0.021 9	0.018 4	0.001 3	0.010 7	0.006 7
0.770 0	0.002 5	0.013 2	0.007 1	0.005 0	0.014 3	0.005 0	0.007 5	0.021 4	0.018 2	0.001 3	0.010 2	0.006 6
0.780 0	0.002 5	0.013 0	0.007 0	0.005 0	0.013 9	0.005 0	0.007 5	0.020 9	0.018 0	0.001 3	0.009 7	0.006 5
0.790 0	0.002 5	0.012 8	0.006 8	0.005 0	0.013 6	0.005 0	0.007 5	0.020 4	0.017 8	0.001 3	0.009 3	0.006 4
0.800 0	0.002 5	0.012 7	0.006 7	0.005 0	0.013 3	0.005 0	0.007 5	0.020 0	0.017 7	0.001 3	0.008 9	0.006 3
0.810 0	0.002 5	0.012 5	0.006 5	0.005 0	0.013 1	0.005 0	0.007 5	0.019 6	0.017 5	0.001 3	0.008 5	0.006 2
0.820 0	0.002 5	0.012 3	0.006 4	0.005 0	0.012 8	0.005 0	0.007 5	0.019 2	0.017 3	0.001 3	0.008 2	0.006 2
0.830 0	0.002 5	0.012 2	0.006 3	0.005 0	0.012 6	0.005 0	0.007 5	0.018 9	0.017 2	0.001 3	0.007 9	0.006 1
0.840 0	0.002 5	0.012 0	0.006 2	0.005 0	0.012 4	0.005 0	0.007 5	0.018 5	0.017 0	0.001 3	0.007 6	0.006 0
0.850 0	0.002 5	0.011 8	0.006 1	0.005 0	0.012 1	0.005 0	0.007 5	0.018 2	0.016 8	0.001 3	0.007 4	0.005 9
0.860 0	0.002 5	0.011 7	0.006 0	0.005 0	0.011 9	0.005 0	0.007 5	0.017 9	0.016 7	0.001 3	0.007 1	0.005 8
0.870 0	0.002 5	0.011 6	0.005 9	0.005 0	0.011 8	0.005 0	0.007 5	0.017 6	0.016 6	0.001 3	0.006 9	0.005 8
0.880 0	0.002 5	0.011 4	0.005 8	0.005 0	0.011 6	0.005 0	0.007 5	0.017 4	0.016 4	0.001 3	0.006 7	0.005 7

续表三

ξ	π_{or}^*	π_{mr}^*	π_{rr}^*	π_{cm}^*	π_{rm}^*	π_{mm}^*	Π_o^*	Π_r^*	Π_m^*	CS_o^*	CS_r^*	CS_m^*
0.890 0	0.002 5	0.011 3	0.005 7	0.005 0	0.011 4	0.005 0	0.007 5	0.017 1	0.016 3	0.001 3	0.006 5	0.005 6
0.900 0	0.002 5	0.011 1	0.005 6	0.005 0	0.011 3	0.005 0	0.007 5	0.016 9	0.016 1	0.001 3	0.006 3	0.005 6
0.910 0	0.002 5	0.011 0	0.005 5	0.005 0	0.011 1	0.005 0	0.007 5	0.016 6	0.016 0	0.001 3	0.006 2	0.005 5
0.920 0	0.002 5	0.010 9	0.005 5	0.005 0	0.011 0	0.005 0	0.007 5	0.016 4	0.015 9	0.001 3	0.006 0	0.005 4
0.930 0	0.002 5	0.010 8	0.005 4	0.005 0	0.010 8	0.005 0	0.007 5	0.016 2	0.015 8	0.001 3	0.005 8	0.005 4
0.940 0	0.002 5	0.010 6	0.005 3	0.005 0	0.010 7	0.005 0	0.007 5	0.016 0	0.015 6	0.001 3	0.005 7	0.005 3
0.950 0	0.002 5	0.010 5	0.005 3	0.005 0	0.010 6	0.005 0	0.007 5	0.015 8	0.015 5	0.001 3	0.005 6	0.005 3
0.960 0	0.002 5	0.010 4	0.005 2	0.005 0	0.010 4	0.005 0	0.007 5	0.015 7	0.015 4	0.001 3	0.005 4	0.005 2
0.970 0	0.002 5	0.010 3	0.005 2	0.005 0	0.010 3	0.005 0	0.007 5	0.015 5	0.015 3	0.001 3	0.005 3	0.005 2
0.980 0	0.002 5	0.010 2	0.005 1	0.005 0	0.010 2	0.005 0	0.007 5	0.015 3	0.015 2	0.001 3	0.005 2	0.005 1
0.990 0	0.002 5	0.010 1	0.005 1	0.005 0	0.010 1	0.005 0	0.007 5	0.015 2	0.015 1	0.001 3	0.005 1	0.005 1
1.000 0	0.002 5	0.010 0	0.005 0	0.005 0	0.010 0	0.005 0	0.007 5	0.015 0	0.015 0	0.001 3	0.005 0	0.005 0
1.010 0	0.002 5	0.009 9	0.005 0	0.005 0	0.009 9	0.005 0	0.007 5	0.014 9	0.014 9	0.001 3	0.004 9	0.005 0
1.020 0	0.002 5	0.009 8	0.004 9	0.005 0	0.009 8	0.005 0	0.007 5	0.014 7	0.014 8	0.001 3	0.004 8	0.004 9
1.030 0	0.002 5	0.009 7	0.004 9	0.005 0	0.009 7	0.005 0	0.007 5	0.014 6	0.014 7	0.001 3	0.004 7	0.004 9
1.040 0	0.002 5	0.009 6	0.004 8	0.005 0	0.009 6	0.005 0	0.007 5	0.014 4	0.014 6	0.001 3	0.004 6	0.004 8

续表四

ξ	π_{or}^*	π_{mr}^*	π_{rr}^*	π_{om}^*	π_{rm}^*	π_{mm}^*	Π_o^*	Π_r^*	Π_m^*	CS_o^*	CS_r^*	CS_m^*
1.0500	0.0025	0.0095	0.0048	0.0050	0.0095	0.0050	0.0075	0.0143	0.0145	0.0013	0.0046	0.0048
1.0600	0.0025	0.0094	0.0047	0.0050	0.0095	0.0050	0.0075	0.0142	0.0144	0.0013	0.0045	0.0047
1.0700	0.0025	0.0094	0.0047	0.0050	0.0094	0.0050	0.0075	0.0141	0.0144	0.0013	0.0044	0.0047
1.0800	0.0025	0.0093	0.0047	0.0050	0.0093	0.0050	0.0075	0.0140	0.0143	0.0013	0.0043	0.0046
1.0900	0.0025	0.0092	0.0046	0.0050	0.0092	0.0050	0.0075	0.0139	0.0142	0.0013	0.0043	0.0046
1.1000	0.0025	0.0091	0.0046	0.0050	0.0092	0.0050	0.0075	0.0138	0.0141	0.0013	0.0042	0.0046
1.1100	0.0025	0.0090	0.0045	0.0050	0.0091	0.0050	0.0075	0.0136	0.0140	0.0013	0.0041	0.0045
1.1200	0.0025	0.0090	0.0045	0.0050	0.0090	0.0050	0.0075	0.0135	0.0140	0.0013	0.0041	0.0045
1.1300	0.0025	0.0089	0.0045	0.0050	0.0090	0.0050	0.0075	0.0135	0.0139	0.0013	0.0040	0.0044
1.1400	0.0025	0.0088	0.0045	0.0050	0.0089	0.0050	0.0075	0.0134	0.0138	0.0013	0.0040	0.0044
1.1500	0.0025	0.0087	0.0044	0.0050	0.0088	0.0050	0.0075	0.0133	0.0137	0.0013	0.0039	0.0044
1.1600	0.0025	0.0087	0.0044	0.0050	0.0088	0.0050	0.0075	0.0132	0.0137	0.0013	0.0039	0.0043
1.1700	0.0025	0.0086	0.0044	0.0050	0.0087	0.0050	0.0075	0.0131	0.0136	0.0013	0.0038	0.0043
1.1800	0.0025	0.0085	0.0043	0.0050	0.0087	0.0050	0.0075	0.0130	0.0135	0.0013	0.0038	0.0043
1.1900	0.0025	0.0085	0.0043	0.0050	0.0086	0.0050	0.0075	0.0129	0.0135	0.0013	0.0037	0.0042
1.2000	0.0025	0.0084	0.0043	0.0050	0.0086	0.0050	0.0075	0.0129	0.0134	0.0013	0.0037	0.0042

续表五

ξ	π_{or}^*	π_{mr}^*	π_{rr}^*	π_{on}^*	π_{rm}^*	π_{mn}^*	Π_o^*	Π_r^*	Π_m^*	CS_o^*	CS_r^*	CS_m^*
1.210 0	0.002 5	0.008 3	0.004 3	0.005 0	0.008 5	0.005 0	0.007 5	0.012 8	0.013 3	0.001 3	0.003 6	0.004 2
1.220 0	0.002 5	0.008 3	0.004 2	0.005 0	0.008 5	0.005 0	0.007 5	0.012 7	0.013 3	0.001 3	0.003 6	0.004 1
1.230 0	0.002 5	0.008 2	0.004 2	0.005 0	0.008 4	0.005 0	0.007 5	0.012 6	0.013 2	0.001 3	0.003 5	0.004 1
1.240 0	0.002 5	0.008 2	0.004 2	0.005 0	0.008 4	0.005 0	0.007 5	0.012 6	0.013 2	0.001 3	0.003 5	0.004 1
1.250 0	0.002 5	0.008 1	0.004 2	0.005 0	0.008 3	0.005 0	0.007 5	0.012 5	0.013 1	0.001 3	0.003 5	0.004 1
1.260 0	0.002 5	0.008 0	0.004 1	0.005 0	0.008 3	0.005 0	0.007 5	0.012 4	0.013 0	0.001 3	0.003 4	0.004 0
1.270 0	0.002 5	0.008 0	0.004 1	0.005 0	0.008 2	0.005 0	0.007 5	0.012 4	0.013 0	0.001 3	0.003 4	0.004 0
1.280 0	0.002 5	0.007 9	0.004 1	0.005 0	0.008 2	0.005 0	0.007 5	0.012 3	0.012 9	0.001 3	0.003 4	0.004 0
1.290 0	0.002 5	0.007 9	0.004 1	0.005 0	0.008 2	0.005 0	0.007 5	0.012 2	0.012 9	0.001 3	0.003 3	0.003 9
1.300 0	0.002 5	0.007 8	0.004 1	0.005 0	0.008 1	0.005 0	0.007 5	0.012 2	0.012 8	0.001 3	0.003 3	0.003 9
1.310 0	0.002 5	0.007 8	0.004 0	0.005 0	0.008 1	0.005 0	0.007 5	0.012 1	0.012 8	0.001 3	0.003 3	0.003 9
1.320 0	0.002 5	0.007 7	0.004 0	0.005 0	0.008 0	0.005 0	0.007 5	0.012 1	0.012 7	0.001 3	0.003 2	0.003 9
1.330 0	0.002 5	0.007 7	0.004 0	0.005 0	0.008 0	0.005 0	0.007 5	0.012 0	0.012 7	0.001 3	0.003 2	0.003 8
1.340 0	0.002 5	0.007 6	0.004 0	0.005 0	0.008 0	0.005 0	0.007 5	0.012 0	0.012 6	0.001 3	0.003 2	0.003 8

续表六

ξ	π_{or}^*	π_{mr}^*	π_{rr}^*	π_{om}^*	π_{rm}^*	π_{nm}^*	Π_o^*	Π_r^*	Π_m^*	CS_o^*	CS_r^*	CS_m^*
1.350 0	0.002 5	0.007 6	0.004 0	0.005 0	0.007 9	0.005 0	0.007 5	0.011 9	0.012 6	0.001 3	0.003 2	0.003 8
1.360 0	0.002 5	0.007 5	0.004 0	0.005 0	0.007 9	0.005 0	0.007 5	0.011 9	0.012 5	0.001 3	0.003 1	0.003 8
1.370 0	0.002 5	0.007 5	0.003 9	0.005 0	0.007 9	0.005 0	0.007 5	0.011 8	0.012 5	0.001 3	0.003 1	0.003 7
1.380 0	0.002 5	0.007 4	0.003 9	0.005 0	0.007 8	0.005 0	0.007 5	0.011 8	0.012 4	0.001 3	0.003 1	0.003 7
1.390 0	0.002 5	0.007 4	0.003 9	0.005 0	0.007 8	0.005 0	0.007 5	0.011 7	0.012 4	0.001 3	0.003 0	0.003 7
1.400 0	0.002 5	0.007 3	0.003 9	0.005 0	0.007 8	0.005 0	0.007 5	0.011 7	0.012 3	0.001 3	0.003 0	0.003 7
2	0.002 5	0.005 6	0.003 3	0.005 0	0.006 7	0.005 0	0.007 5	0.010 0	0.010 6	0.001 3	0.002 2	0.002 8
4	0.002 5	0.003 9	0.002 9	0.005 0	0.005 7	0.005 0	0.007 5	0.008 6	0.008 9	0.001 3	0.001 6	0.002 0
8	0.002 5	0.003 2	0.002 7	0.005 0	0.005 3	0.005 0	0.007 5	0.008 0	0.008 2	0.001 3	0.001 4	0.001 6
20	0.002 5	0.002 8	0.002 6	0.005 0	0.005 1	0.005 0	0.007 5	0.007 7	0.007 8	0.001 3	0.001 3	0.001 4
100	0.002 5	0.002 6	0.002 5	0.005 0	0.005 0	0.005 0	0.007 5	0.007 5	0.007 6	0.001 3	0.001 3	0.001 3
500	0.002 5	0.002 5	0.002 5	0.005 0	0.005 0	0.005 0	0.007 5	0.007 5	0.007 5	0.001 3	0.001 3	0.001 3

第七章 电商情境下的通道费问题[1]

第一节 问题描述

前面的章节分析了在零售商主导的渠道关系下,实体零售商运用渠道控制权收取通道费对渠道利润及消费者福利的影响。随着电商的强势兴起,市场份额不断提高,这对实体零售商的盈利构成了强有力的冲击,渠道关系已经发生了急剧变革,消费者的消费习惯也发生了很大的改变。那么,引入电商渠道竞争,分析电商收取通道费的新形式及其经济影响,就非常有必要。

电商渠道主要可以分为三类:第一类是生产商自建的网络直销渠道,由生产商自己销售,如格力电器、联想、小米等建立的网上商城;第二类是垂直电商渠道,即生产商将产品批发给网络零售商,由网络零售商负责销售,如亚马逊、天猫超市、京东商城等;第三类是纯电商平台,即平台负责帮忙销售并从销售利润中提取分成。本文不考虑第一类和第三类电商渠道,仅分析第二类电商

---

[1] 鲍鼎.不同渠道权力结构下的零供渠道关系研究[D].南京审计大学,2019.注:鲍鼎是本课题负责人李陈华的硕士研究生,参与了本课题的研究,在课题研究基础上完成了其硕士论文。本章引用了其硕士论文的一个章节。

渠道的出现对渠道关系所造成的影响。类似于很多实体零售商所收取的通道费,很多大型电商通常也会收取注册费用,即在商户入驻平台之初缴纳一笔固定的费用。罗切特和梯若尔(Rochet and Tirole,2003,2006)、阿姆斯特朗(Armstrong,2006)对生产商承担接入电商平台的固定费用进行了研究,发现电子商务企业也会采取结合注册费的两部定价模式。[1]虽然叫法不同,但从本质上讲,两种固定费用的经济学含义是一样的。

表 7-1　模型参数及含义说明

参数	含　义　说　明
p	p_{Rp} 为实体零售商的商品零售价格,p_{Ro} 为电商的商品零售价格
q	q_{Rp} 为实体零售商商品的市场需求;q_{Ro} 为电商商品的市场需求
θ	θ_p 为实体零售商的议价权力,θ_o 为电商的议价权力
a	商品潜在需求($a>0$)
β	实体零售商与电商产品间交叉价格弹性系数
δ	消费者的渠道选择偏好
w	w_p 为实体零售得到的批发价格,w_o 为电商得到的批发价格
S	S_p 为生产商支付给实体零售商的通道费,S_o 为生产商支付给电商的平台注册费
π_M	π_{Mp} 为实体零售渠道中的生产商利润;π_{Mo} 为电商渠道中的生产商利润
π_R	π_{Rp} 为实体零售商的利润;π_{Ro} 为电商的利润
Π_3	Π_{3p} 为实体零售渠道总利润,Π_{3o} 为电商渠道总利润

基于以上现实与研究背景,为了集中分析两种不同零售业态之间的竞争,这里通过构建上游一个生产商、下游一个实体零售

──────────

[1]　Rochet, J., and J. Tirole. 2003. "Platform Competition in Two-sided Markets." *Journal of the European Economic Association*,1(4):990-1029; Rochet, J., and J. Tirole. 2006. "Two-sided Markets: A Progress Report." *RAND Journal of Economics*, 37 (3): 645-667; Armstrong, M. 2006. "Competition in Two-sided Markets." *RAND Journal of Economics*,37(3):668-691.

商和一个电商的渠道关系模型,利用两部定价这种纵向约束方式,研究电商的出现对渠道利润及消费者福利的影响。本章所用到的参数及其含义如表 7-1 所示。

第 二 节　模　型　分　析

一、市场结构假定

这里假设上游有一个垄断的生产商 M,它生产单一的产品,边际生产成本为 0,下游有两个不同业态的零售商 R_p 和 R_o,其中 R_p 为实体零售商,R_o 为电商,实体零售商与电商分属于两个不同的零售业态,两者之间存在诸多的差异。本文为了集中于从纵向约束的角度分析电商对渠道关系所造成的影响,参考鄂尔江等(Erjiang et al.,2016)和梁喜等(2018)的研究[1],假设实体零售商与电商之间的交叉价格弹性为 β,并通过引入消费者渠道选择偏好 $\delta(\delta \in (0,1))$ 来代表两种零售业态之间的差异性,δ 越大,代表消费者越偏好于通过实体零售渠道购物,$1-\delta$ 越大,代表消费者越偏好于通过电商渠道购物。

在这种市场结构中,两类零售商的需求函数分别为:

$$q_{Rp} = \delta a - p_{Rp} + \beta p_{Ro} \tag{7-1}$$

$$q_{Ro} = (1-\delta)a - p_{Ro} + \beta p_{Ro} \tag{7-2}$$

该渠道控制权结构下的博弈分为两个阶段:第一阶段,生产商

---

[1] Erjiang, E., P. Geng, T. Xin, and Chen Q. 2016. "Online Cooperative Promotion and Cost Sharing Policy under Supply Chain Competition." *Mathematical Problems in Engineering*, 1-11;梁喜、蒋琼、郭瑾.不同双渠道结构下制造商的定价决策与渠道选择[J].中国管理科学,2018,26(7):97—107.

分别与实体零售商和电商制定两部定价合约(w_p, S_p)，(w_o, S_o)，这里的w_p和w_o分别表示实体零售商与电商所支付给生产商的批发价格，S_p表示生产商支付给实体零售商的通道费，S_o表示生产商支付给电商的平台注册费；第二阶段，实体零售商与电商分别制定各自的商品零售价格p_{Rp}和p_{Ro}。

此时生产商、零售商的利润函数分别为：

$$\pi_M = \pi_{Mp} + \pi_{Mo}$$

$$= w_p(\delta a - p_{Rp} + \beta p_{Ro}) + w_o[(1-\delta)a - p_{Ro} + \beta p_{Rp}] - S_p - S_o \tag{7-3}$$

$$\pi_{Rp} = (p_{Rp} - w_p)(\delta a - p_{Rp} + \beta p_{Ro}) + S_p \tag{7-4}$$

$$\pi_{Ro} = (p_{Ro} - w_o)[(1-\delta)a - p_{Ro} + \beta p_{Rp}] + S_o \tag{7-5}$$

现实当中实体零售商与电商的成本种类繁多且差异较大，不仅有批发成本，还包括货架成本、获客成本、促销成本，等等。本文为了兼顾产业现实性与模型的可处理性，参考传和金（Chun and Kim，2005）的研究[1]，将所有成本统一体现在所支付的批发价格中，同时假设两者所支付的批发价格是不同的，这也能够在一定程度上代表两种零售业态成本的不同。

二、动态博弈求解

根据逆向归纳法，在博弈的第二阶段，两类零售商的问题是：

[1] Chun, S. H., and J. C. Kim. 2005. "Pricing Strategies in B2C Electronic Commerce: Analytical and Empirical Approaches." *Decision Support Systems*, 40(2): 375-388.

$$\max_{pRp} \pi_{Rp} = (p_{Rp} - w_p)(\delta a - p_{Rp} + \beta p_{Ro}) + S_p \qquad (7\text{-}6)$$

$$\max_{pRo} \pi_{Rp} = (p_{Ro} - w_o)[(1-\delta)a - p_{Ro} + \beta p_{Rp}] + S_o \qquad (7\text{-}7)$$

根据一阶条件$\dfrac{\partial \pi_{Rp}}{\partial p_{Rp}} = 0$，$\dfrac{\partial \pi_{Ro}}{\partial p_{Ro}} = 0$可得最优零售价格为：

$$p_{Rp} = -\frac{a\beta + 2a\delta - a\beta\delta + 2w_p + \beta w_p}{-4+\beta^2} \qquad (7\text{-}8)$$

$$p_{Ro} = -\frac{2a - 2a\delta + a\beta\delta + 2w_o + \beta w_p}{-4+\beta^2} \qquad (7\text{-}9)$$

将式(7-8)和式(7-9)分别代入式(7-3)、式(7-4)、式(7-5)可以得到生产商、零售商的利润函数为：

$$\pi_{Mp} = \frac{-(-4+\beta^2)S_p - w_p[a(\beta+2\delta-\beta\delta)+(-2+\beta^2)w_p+\beta w_o]}{-4+\beta^2}$$

$$(7\text{-}10)$$

$$\pi_{Mo} = \frac{-(-4+\beta^2)S_o - w_o[a(2+(-2+\beta)\delta)+(-2+\beta^2)w_o+\beta w_p]}{-4+\beta^2}$$

$$(7\text{-}11)$$

$$\pi_{Rp} = \frac{(-4+\beta^2)^2 S_p + [a(\beta+2\delta-\beta\delta)+(-2+\beta^2)w_p+\beta w_o]^2}{(-4+\beta^2)^2}$$

$$(7\text{-}12)$$

$$\pi_{Ro} = \frac{(-4+\beta^2)^2 S_o + [a(2+(-2+\beta)\delta)+(-2+\beta^2)w_o+\beta w_p]^2}{(-4+\beta^2)^2}$$

$$(7\text{-}13)$$

在博弈的第一阶段，生产商与两类零售商针对两部定价合约(w_p, S_p)，(w_o, S_o)进行纳什议价谈判。其中θ_p和θ_o分别代

表实体零售商和电商针对生产商的议价权力(θ_p, θ_o)，$1-\theta_p$ 和
$1-\theta_o$ 则代表生产商针对两者的议价权力。θ_p 和 θ_o 越大则代表
零售商的议价权力越强，反之亦然。这里同样参考第四章模型的
求解方法，这种情况下的纳什议价相当于求解：

$$(w_p, S_p) = \operatorname{argmax}(\pi_{Rp})^{\theta_p}(\pi_{Mp})^{1-\theta_p} \tag{7-14}$$

$$(w_o, S_o) = \operatorname{argmax}(\pi_{Ro})^{\theta_o}(\pi_{Mo})^{1-\theta_o} \tag{7-15}$$

针对(w_p, S_p)、(w_o, S_o)的一阶条件为：

$$\left\{\begin{array}{l}
\theta_p\pi_{Mp}\dfrac{\partial\pi_{Rp}}{\partial w_p}+(1-\theta_p)\pi_{Rp}\dfrac{\partial\pi_{Mp}}{\partial w_p}=0 \\[2mm]
\theta_p\pi_{Mp}\dfrac{\partial\pi_{Rp}}{\partial S_p}+(1-\theta_p)\pi_{Rp}\dfrac{\partial\pi_{Mp}}{\partial S_p}=0 \\[2mm]
\theta_o\pi_{Mo}\dfrac{\partial\pi_{Ro}}{\partial w_o}+(1-\theta_o)\pi_{Ro}\dfrac{\partial\pi_{Mo}}{\partial w_o}=0 \\[2mm]
\theta_o\pi_{Mo}\dfrac{\partial\pi_{Ro}}{\partial S_o}+(1-\theta_o)\pi_{Ro}\dfrac{\partial\pi_{Mo}}{\partial S_o}=0
\end{array}\right\} \tag{7-16}$$

根据式(7-16)联立四元一次方程组可求解均衡的 w_p、S_p、
w_o、S_o 分别为：

$$w_p = \frac{2a\beta^3+4a\beta^2\delta-2a\beta^3\delta-a\beta^4\delta}{16-12\beta^2+\beta^4} \tag{7-17}$$

$$w_o = \frac{4a\beta^2-a\beta^4-4a\beta^2\delta+2a\beta^3\delta+a\beta^4\delta}{16-12\beta^2+\beta^4} \tag{7-18}$$

$$S_p = \frac{(2-\beta^2)(-2a\beta-4a\delta+2a\beta\delta+a\beta^2\delta)^2(-2+\beta^2+2\theta_p)}{(16-12\beta^2+\beta^4)^2}$$

$$\tag{7-19}$$

$$S_o = \frac{(2-\beta^2)(-4a+a\beta^2+4a\delta-2a\beta\delta-a\beta^2\delta)^2(-2+\beta^2+2\theta_o)}{(16-12\beta^2+\beta^4)^2}$$

$$(7\text{-}20)$$

根据式(7-17)和式(7-18)可以发现,实体零售商与电商支付给生产商的批发价格并不一样,这也符合本章模型开始部分的假设,这里批发价格的不同包含了前文所交代的经营成本的不同。进一步分析可以发现,之所以导致两者经营成本出现不同,这可能是由两者经营业态的差异性所导致的,一方面相比较于实体零售商而言,电商不需要固定的经营场所,没有货架空间成本;另一方面相比较于电商而言,实体零售商能够给顾客提供更好的购物体验,退换货风险以及维护与消费者之间渠道关系的成本较小,在本文的模型中,这些成本的不同通过消费者的渠道选择偏好得以体现。

根据式(7-19)和式(7-20)可以得出实体零售商得到的通道费与电商得到的注册费大小,将两种费用的大小做比值得到:

$$\frac{S_p}{S_o} = \frac{(-2a\beta-4a\delta+2a\beta\delta+a\beta^2\delta)^2(-2+\beta^2+2\theta_p)}{(-4a+a\beta^2+4a\delta-2a\beta\delta-a\beta^2\delta)^2(-2+\beta^2+2\theta_o)}$$

$$(7\text{-}21)$$

这里令

$$A = (-2a\beta-4a\delta+2a\beta\delta+a\beta^2\delta)^2$$

$$B = (-4a+a\beta^2+4a\delta-2a\beta\delta-a\beta^2\delta)^2$$

将 A 与 B 相减得到

$$A-B = a^2(16-12\beta^2+\beta^4)(-1+2\delta)$$

根据该结果可以发现,两类零售商在与生产商讨价还价的过程中所得到的固定费用的大小,不仅取决于两者议价权力的大小,还与消费者的渠道选择偏好有关,在通道费区间中,当消费者更加偏好于通过实体零售渠道购物时,如果此时实体零售商的议价权力与电商的议价权力相当或者更大,那么相比电商收取的平台注册费而言,实体零售商索要的通道费数额会更大。反之则反是。

第三节　均衡与福利分析

一、两部定价的均衡分析

1. 批发价格的均衡分析。首先分析零售商议价权力及消费者的渠道选择偏好对两部定价合约的影响。由式(7-17)和式(7-18)可以发现,两类零售商的议价权力 θ_p 和 θ_o 均不影响其与生产商共同确立的均衡批发价格 w_p 和 w_o,该结论与第四章的结论一致。这里将 w_p 和 w_o 分别对消费者对实体零售渠道的选择偏好 δ 求一阶导数可以得到:

$$\frac{\partial w_p}{\partial \delta} = \frac{4a\beta^2 - 2a\beta^3 - a\beta^4}{16 - 12\beta^2 + \beta^4} \tag{7-22}$$

$$\frac{\partial w_o}{\partial \delta} = \frac{-4a\beta^2 + 2a\beta^3 + a\beta^4}{16 - 12\beta^2 + \beta^4} \tag{7-23}$$

由于 $\beta \in (0, 1)$,所以

$$16 - 12\beta^2 + \beta^4 > 0$$

同理

$$4a\beta^2 - 2a\beta^3 - a\beta^4 = a\beta^2(4 - 2\beta - \beta^4) > 0$$

所以

$$\frac{\partial w_p}{\partial \delta} > 0 \left(\frac{\partial w_p}{\partial (1-\delta)} < 0 \right)$$

$$\frac{\partial w_o}{\partial \delta} < 0 \left(\frac{\partial w_o}{\partial (1-\delta)} > 0 \right)$$

也就是说,如果消费者对实体零售渠道的选择偏好程度增加,那么实体零售商支付给生产商的批发价格就越高,相反其竞争对手电商支付给生产商的批发价格反而越低。反过来说,如果消费者对电商零售渠道的偏好程度增加,那么电商支付给生产商的批发价格就越高,相反其竞争对手实体零售商支付给生产商的批发价格反而越低。随着零售商的零售渠道受到消费者的偏好程度增加,零售商不会与生产商针对批发价格进行讨价还价,相反他们会将批发价格确定为最大化渠道利润的水平上,避免造成双重加价的损失。而另一个零售商由于越来越多的消费者偏好通过竞争对手的零售渠道购物,相反会希望通过争取更大的批发价格优惠来提高自身利润。

2. 固定费用的均衡分析。接下来对固定费用进行定性分析。根据式(7-19)和式(7-20)的结果,可以发现这里的临界议价权力与第四章分析得到的临界议价权力结果一致,即虽然此时消费者在两个渠道之间存在选择偏好,但这并不影响零供博弈过程中出现通道费或者是特许费的概率,这里分析固定费用时不再对零售商的议价权力做过多的分析,着重分析消费者的渠道选择偏好对两个零售渠道中固定费用的影响。将 S_p 和 S_o 分别对 δ 求一阶导数可以得到:

$$\frac{\partial S_p}{\partial \delta} = \frac{2a^2(2-\beta^2)(-4+2\beta+\beta^2)(-2\beta-4\delta+2\beta\delta+\beta^2\delta)(-2+\beta^2+2\theta_p)}{(16-12\beta^2+\beta^4)^2}$$

$$(7\text{-}24)$$

$$\frac{\partial S_o}{\partial \delta} = \frac{2a^2(2-\beta^2)(4-2\beta-\beta^2)[(1-\delta)(\beta^2-4)-2\beta\delta](-2+\beta^2+2\theta_o)}{(16-12\beta^2+\beta^4)^2}$$

$$(7\text{-}25)$$

因为 $a>0$，δ 和 $\beta \in (0,1)$，所以

$$(-4+2\beta+\beta^2)<0$$

$$-2\beta-4\delta+2\beta\delta+\beta^2\delta = [-2\beta(1-\delta)-\delta(4-\beta^2)]<0$$

$$1-(\delta)(\beta^2-4)-2\beta\delta<0$$

因此当 θ_p 和 $\theta_o > \dfrac{2-\beta^2}{2}$ 时，$\dfrac{\partial S_p}{\partial \delta}>0$，$\dfrac{\partial S_o}{\partial \delta}<0$，即当零售商的议价权力较强，均衡结果是生产商向零售商支付通道费（注册费）时，随着消费者对某个零售渠道的偏好程度增大，那么该零售渠道中的零售商就能向生产商索要更多的通道费（注册费）。当 θ_p 和 $\theta_o < \dfrac{2-\beta^2}{2}$ 时，$\dfrac{\partial S_p}{\partial \delta}<0$，$\dfrac{\partial S_o}{\partial \delta}>0$，即当生产商的议价权力较强，均衡结果是零售商向生产商支付特许费时，随着消费者对某个零售渠道的偏好程度增强，那么在该零售渠道中的生产商就能够向零售商收取更多的特许费。

取 $a=10$，$\beta=0.5$，$\theta_p=\theta_o=0.9$ 或 0.7，对 S_p 和 S_o 进行数值模拟并将结果展示在图 7-1 和图 7-2 中。图 7-1 中实线代表实体零售商向生产商支付的特许费与消费者渠道选择偏好的关系，虚线代表电商向生产商支付的特许费与消费者渠道选择偏好的关系；图 7-2 中实线代表生产商向实体零售商支付的通道费与消费

者渠道选择偏好的关系,虚线代表生产商向电商支付的平台注册费与消费者渠道选择偏好的关系。

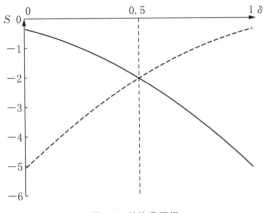

图 7-1　特许费区间

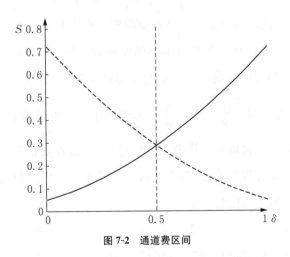

图 7-2　通道费区间

　　由于消费者在实体零售商与电商之间的渠道选择偏好是一个"此消彼长"的关系。因此观察图 7-1 和图 7-2 可以看出,第一,不管是在特许费区间还是在通道费(注册费)区间中,两个零售渠道

中的固定费用 S 的数额随着消费者对该渠道选择偏好程度的增加而增加。第二,两个零售渠道中的固定费用数额的大小与消费者渠道选择偏好有关,如果消费者对某个零售渠道的偏好程度更强,那么该零售渠道中的固定费用数额就更大。当消费者对两个零售渠道的偏好程度相当时,两个零售渠道中的固定费用的大小相等。

命题 7-1　如果消费者对某个零售渠道的选择偏好程度更强,该零售渠道中均衡时两部定价合约中固定费用的数额就更大。

该结论的经济学含义在于如果均衡结果是零售商向生产商支付特许费,那就代表在这种商品上生产商的议价权力更强,相比较于零售商的流通渠道而言,生产商的商品就显得更加重要,对于消费者而言,更看重的是商品本身的价值而不是通过何种零售渠道购买。因此在这种类型的商品上,大型零售商更愿意并且也有能力通过支付特许费的方式来获得商品,从而达到进一步扩大市场份额、增强竞争力的目的,而小型零售商则难以承担这样一笔固定费用的支出。而如果均衡结果是生产商向零售商支付通道费,那就代表在这种商品上零售商的议价权力更强,相比较于商品本身,零售商的货架空间、商品流通渠道就显得更加重要,因此对于消费者渠道选择偏好程度更高的零售商,生产商愿意支付更高的通道费(注册费)来获得这条商品流通渠道。而产业现实情况是电商渠道正逐渐受到消费者的认可,因此不难预测未来随着电商的市场份额进一步增加,实体零售商所能够收取的通道费将逐渐减少。

结合上文的分析:$\frac{\partial w_p}{\partial \delta}>0\left(\frac{\partial w_p}{\partial (1-\delta)}<0\right)$, $\frac{\partial w_o}{\partial \delta}<0\left(\frac{\partial w_o}{\partial (1-\delta)}>0\right)$。

可以发现,随着消费者对某个渠道选择偏好程度的增加,零售商不会倾向于与生产商针对批发价格讨价还价,因为这样会造成双重加价的渠道损失,而是会利用与生产商制定的两部定价合约中固定费用的大小来实现自身利润的最大化。

从产业现实来看,使用两部定价合约(通道费或者平台注册费)最多的,渠道矛盾爆发也最多的产品是快速消费品。由于快速消费品具有单位价值低和专业性不强的特点,这就意味着无论是从投资规模上看,还是从产品技术上看,快速消费品行业的门槛都比较低。鉴于此,快速消费品就成为整个制造业当中对销售渠道依赖性较强的行业之一,这意味着,该行业的生产商必须要能够寻找到高效的销售渠道,才能立足市场,否则"生得容易,消失得也快"。而所谓高效的销售渠道,首先要具备的条件就是销量规模大,这样才能实现销售中的规模经济。而要获得足够大的销售规模,就必须要获得消费者的认可,只有消费者愿意通过该零售渠道购物,该渠道的零售商才能获得市场份额,才有条件向生产商收取通道费或者平台注册费,而随着该零售渠道受到越来越多消费者的认可,生产商就更加不能失去这个渠道,才会愿意支付通道费或者平台注册费。

二、渠道利润的均衡分析

上文分析了零售商议价权力及消费者渠道选择偏好对两部定价合约的影响,这里分析两者对渠道成员利润的影响。将式(7-17)、式(7-18)、式(7-19)和式(7-20)的均衡结果代入生产商与零售的利润函数可以得到:

$$\pi_{Mp} = \frac{2a^2(2-\beta^2)[2\beta(-1+\delta)-4\delta+\beta^2\delta]^2(1-\theta_p)}{(16-12\beta^2+\beta^4)^2} \quad (7\text{-}26)$$

$$\pi_{Rp} = \frac{2a^2(2-\beta^2)[2\beta(-1+\delta)-4\delta+\beta^2\delta]^2\theta_p}{(16-12\beta^2+\beta^4)^2} \quad (7\text{-}27)$$

$$\pi_{Mo} = \frac{2a^2(2-\beta^2)[4+\beta^2(-1+\delta)-4\delta+2\beta\delta]^2(1-\theta_o)}{(16-12\beta^2+\beta^4)^2}$$

$$(7\text{-}28)$$

$$\pi_{Ro} = \frac{2a^2(2-\beta^2)[4+\beta^2(-1+\delta)-4\delta+2\beta\delta]^2\theta_o}{(16-12\beta^2+\beta^4)^2} \quad (7\text{-}29)$$

结合式(7-26)和式(7-27)可以发现,在实体零售商的渠道中,渠道总利润与实体零售商的议价权力无关,在该渠道中,实体零售商的利润随着其议价权力的增大而增大,生产商的利润随着实体零售商议价权力的增大而减小;特别当实体零售商的议价权力大于$\frac{1}{2}$时,实体零售商的利润大于生产商的利润,反之,实体零售商的利润小于生产商的利润。也就是说实体零售商的议价权力并不影响渠道总利润,而只会改变渠道成员在渠道利润中所获得的份额大小。同理,根据式(7-28)和式(7-29),在电商渠道中也能得出相同的结论。

下面分析消费者的渠道选择偏好对渠道成员利润的影响,将式(7-26)、式(7-27)、式(7-28)和式(7-29)分别对消费者的渠道选择偏好δ求一阶导得到:

$$\frac{\partial \pi_{Mp}}{\partial \delta} = \frac{4a^2(2-\beta^2)(-4+2\beta+\beta^2)[2\beta(-1+\delta)-4\delta+\beta^2\delta](1-\theta_p)}{(16-12\beta^2+\beta^4)^2}$$

$$(7\text{-}30)$$

$$\frac{\partial \pi_{Mo}}{\partial \delta}=\frac{4a^2(2-\beta^2)(-4+2\beta+\beta^2)[4+\beta^2(-1+\delta)-4\delta+2\beta\delta](1-\theta_o)}{(16-12\beta^2+\beta^4)^2}$$

$$(7\text{-}31)$$

$$\frac{\partial \pi_{Rp}}{\partial \delta}=\frac{4a^2(2-\beta^2)(-4+2\beta+\beta^2)[2\beta(-1+\delta)-4\delta+\beta^2\delta]\theta_p}{(16-12\beta^2+\beta^4)^2}$$

$$(7\text{-}32)$$

$$\frac{\partial \pi_{Ro}}{\partial \delta}=\frac{4a^2(2-\beta^2)(-4+2\beta+\beta^2)[4+\beta^2(-1+\delta)-4\delta+2\beta\delta]\theta_o}{(16-12\beta^2+\beta^4)^2}$$

$$(7\text{-}33)$$

类似于前文的分析，由于 $a>0$，δ 和 $\beta\in(0，1)$，所以

$$-4+2\beta+\beta^2<0$$

$$2\beta(-1+\delta)-4\delta+\beta^2\delta=2\beta\underset{\leqslant0}{(-1+\delta)}-\underset{>0}{(4\delta-\beta^2\delta)}<0$$

因此

$$\frac{\partial \pi_{Rp}}{\partial \delta}>0\left(\frac{\partial \pi_{Rp}}{\partial(1-\delta)}<0\right)$$

$$\frac{\partial \pi_{Ro}}{\partial \delta}<0\left(\frac{\partial \pi_{Ro}}{\partial(1-\delta)}>0\right)$$

该结论的经济学含义是，如果消费者更偏向于通过实体零售渠道购物，实体零售商在与生产商签订合约中所获得的利润也就越大，但会因此侵蚀竞争电商的利润，反之则反是。现实情况是，越来越多的消费者正转向通过电商渠道购物，实体零售商的利润空间不断下降。结合上文的分析，在通道费区间内 $\frac{\partial S_p}{\partial(1-\delta)}<0$，因此实体零售商利润的减少有很大一部分原因可能是由于所收通道费数额的减少所造成的，现实当中收取通道费的零售企业以

连锁超市为主,而在超市所经营的各类商品中,又以日用品、食品类收取通道费最为普遍。

为了验证该均衡结果的结论,同时兼顾数据的可得性,选取我国零售业上市公司中的华联综超、三江购物、百联股份以及中百集团2011—2017年的财务报告,选取华联综超、三江购物财务报告中日用品、食品收入在超市主营业务收入中的占比作为通道费数额的替代指标,选取百联股份和中百集团财务报告中超市业务收入占比作为超市零售业态利润变化指标并将结果展示在图7-3和图7-4中。根据这两个图可以看出,2011—2017年间,超市业务中最为依赖通道费的两个品类食品和日用品的收入占比在不断下降,同时,以收取通道费盈利为主的超市业务收入占比不断下降;另外,2011—2017年是网络零售逐渐受到消费者认可、市场份额飞速提升的7年,这可以说明,随着电商的市场份额不断提高,传统超市的通道费盈利模式将难以为继,需要通过渠道变革、更新技术及经营理念来找到新的盈利模式。

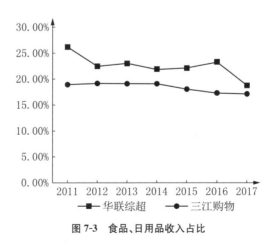

图7-3　食品、日用品收入占比

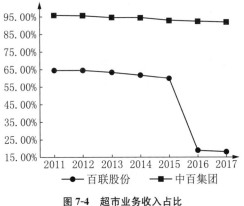

图 7-4　超市业务收入占比

　　如果分析渠道选择偏好对生产商利润的影响也能得出类似的结论：

$$\frac{\partial \pi_{Mp}}{\partial \delta} > 0 \left(\frac{\partial \pi_{Mp}}{\partial (1-\delta)} < 0 \right)$$

$$\frac{\partial \pi_{Mo}}{\partial \delta} < 0 \left(\frac{\partial \pi_{Mo}}{\partial (1-\delta)} > 0 \right)$$

　　命题 7-2　随着消费者对某个零售渠道的选择偏好程度增加,会增大该渠道中渠道成员的利润,减少另一个零售渠道中渠道成员所获得的利润。

现实经营中,信息不对称是常态,为了避免由不确定性所造成的损失,降低交易成本,消费者常常会根据购买者人数的多少来选择商品或者服务。人们通常认为,销量更大的产品和服务,其性价比也更高,所以在价格相同的情况下,购买者越多,即受到消费者普遍信赖的商品会被认为品质更好,而这又会进一步为其带来更多的消费者和更大的市场份额,这就是口碑效应,因此对某个零售渠道中的成员来说,随着消费者对该渠道认可程度的提高,渠道中的成员都能因此而获利。

接下来对两条零售渠道的利润进行比较,通过将式(7-26)和
式(7-27)的结果相加得到实体零售渠道的利润,将式(7-28)和式
(7-29)的结果相加得到电商渠道的利润,将两者的利润相减得到:

$$\Pi_{3P} - \Pi_{3O} = \frac{2a^2(2-\beta^2)(-1+2\delta)}{(16-12\beta^2+\beta^4)} \tag{7-34}$$

通过观察式(7-34)可以发现,两个渠道的利润差与消费者的
渠道选择偏好有关,这里取 $a=10$,$\beta=0.5$,将两个渠道的利润差
对消费者渠道选择偏好进行数值模拟并将结果展示在图 7-5 中。
根据图 7-5 可以看出,当消费者对两个渠道的选择偏好无差异时
(即 $\delta=0.5$),两个渠道的利润相等;当消费者更偏向于通过实体
零售渠道购物时(即 $\delta>0.5$),实体零售渠道的利润要大于电商渠
道的利润;当消费者更偏向于通过电商零售渠道购物时(即 $\delta<$
0.5),电商渠道的利润要大于实体零售渠道的利润。

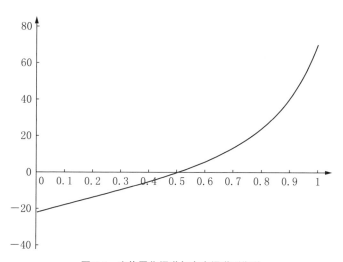

图 7-5 实体零售渠道与电商渠道利润差

接下来分析渠道总利润,将两个渠道成员的利润相加得到两个渠道的总利润:

$$\Pi_3 = \frac{2a^2(2-\beta^2)\{[2\beta(-1+\delta)-4\delta+\beta^2\delta]^2+[4+\beta^2(-1+\delta)-4\delta+2\beta\delta]^2\}}{(16-12\beta^2+\beta^4)^2}$$

$$(7\text{-}35)$$

结合上文的分析,发现该渠道控制权结构下的渠道总利润与零售商的议价权力无关,这里将式(7-35)对消费者的渠道选择偏好求一阶导数得到:

$$\frac{\partial \Pi_3}{\partial \delta} = \frac{4a^2(2-\beta^2)(-1+2\delta)}{(-4-2\beta+\beta^2)^2} \qquad (7\text{-}36)$$

根据式(7-36)可以发现,当$\delta=\frac{1}{2}$时,$\frac{\partial \Pi_3}{\partial \delta}=0$;当$\frac{1}{2}<\delta<1$时,$\frac{\partial \Pi_3}{\partial \delta}>0$;当$0<\delta<\frac{1}{2}$时,$\frac{\partial \Pi_3}{\partial \delta}<0$。这里取$a=10$,$\beta=0.5$,将渠道总利润对消费者渠道选择偏好进行数值模拟并将结果展示在图7-6中。

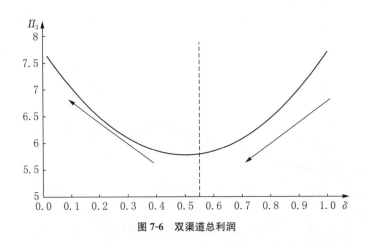

图 7-6　双渠道总利润

命题 7-3　随着越来越多的消费者偏好于通过电商渠道
购物，双渠道的总利润是逐渐减少的，当消费者对两个渠道
的选择偏好无差异时，渠道总利润达到最低，只有当消费者偏
好更加偏好于电商渠道购物时，渠道总利润才会逐渐增大。

该命题可以理解为随着越来越多的消费者偏好于通过电商
渠道购物，实体零售商逐渐感到危机，会想尽各种办法留住消费
者，而最常见的应对办法便是通过低价来吸引消费者，从而会不
可避免地与电商进入残酷的价格竞争阶段，实体零售商希望用低
价留住消费者，电商希望继续用低价优势扩大市场份额，因此整
体零售市场的价格会下降，从而造成了渠道利润的损失。这里用
网络零售的市场份额间接代表消费者的渠道选择偏好，截至 2018
年底，电商占社会消费品零售总额的比重达到 23.39%，远未达到
一半，因此渠道总利润还将随着电商市场份额的增加继续减少。

为了进一步印证该结论，这里将式（7-36）中的渠道总利润与
第四章中的渠道总利润做差得到：

$$\Pi_3 - \Pi_2 = 2a^2(2-\beta^2) \cdot$$

$$\frac{[(-16+4\beta^2-\beta^4)(1+2\delta-2\delta^2)-(32\beta-8\beta^3)(1-\delta+\delta^2)]}{(16-12\beta^2+\beta^4)^2}$$

$$(7\text{-}37)$$

取 $a=10$，对两种不同渠道下的渠道总利润差进行数值模拟，
并将数值模拟的结果展示在图 7-7 中。由图 7-7 可以看出，电商
渠道出现后的渠道总利润恒小于仅存在实体零售渠道时的渠道
总利润。相比较于实体零售商渠道内的竞争而言，电商渠道的出
现造成了渠道总利润的损失。随着越来越多的消费者偏向于通
过电商渠道购物，电商的市场份额不断增大，加剧了实体零售商

与电商渠道之间的价格竞争,实体零售商希望通过降低价格守住市场份额,电商则希望通过低价优势继续扩大市场,从而造成了零售渠道内部的消耗,使渠道总利润不断减小。

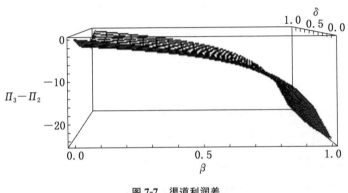

图 7-7　渠道利润差

为了验证模型结果的可靠性并结合数据的可得性,本文选取2011—2017 年网络零售额占社会消费品零售总额的比重代表消费者对电商渠道的选择偏好程度并展示在图 7-8 中,选取商业零售全行业平均销售利润率作为渠道总利润的代理指标并展示在图 7-9 中。

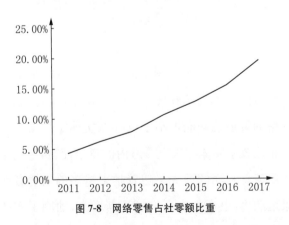

图 7-8　网络零售占社零额比重

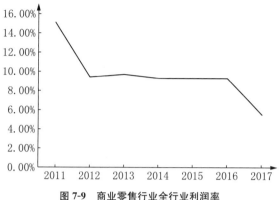

图 7-9　商业零售行业全行业利润率

从图 7-8 和图 7-9 可以看出,一方面网络零售占社会消费品零售总额的比重不断提升,另一方面,商业零售行业全行业的平均销售利润率不断下降。该行业的经验结果验证了模型的结论,即电商市场份额的提高,造成了零售行业总利润的不断下降。

三、消费者福利分析

上文分析了零售商的议价权力及消费者渠道选择偏好对两部定价合约及渠道利润的影响,这里站在消费者的角度,分析当电商强势兴起,造成渠道关系急剧变革后,对消费者会产生怎样的影响,主要从商品零售价格的角度来进行分析。

将上文得到的均衡结果代入式(7-8)和式(7-9)可以得到:

$$p_{Rp} = -\frac{2a[2\beta(-1+\delta) - 4\delta + \beta^2\delta]}{16 - 12\beta^2 + \beta^4} \tag{7-38}$$

$$p_{Ro} = \frac{2a[4 + \beta^2(-1+\delta) - 4\delta + 2\beta\delta]}{16 - 12\beta^2 + \beta^4} \tag{7-39}$$

根据式(7-38)和式(7-39)不难看出,两类零售商的商品零售价格并不受其议价权力 θ_p 和 θ_o 的影响。同时将式(7-38)和式(7-39)

分别对消费者的渠道选择偏好求一阶导数可以得到：

$$\frac{\partial p_{Rp}}{\partial \delta}=\frac{2a(4-2\beta-\beta^2)}{16-12\beta^2+\beta^4}>0\left(\frac{\partial p_{Rp}}{\partial(1-\delta)}<0\right) \quad (7\text{-}40)$$

$$\frac{\partial p_{Ro}}{\partial \delta}=\frac{2a(-4+2\beta+\beta^2)}{16-12\beta^2+\beta^4}<0\left(\frac{\partial p_{Ro}}{\partial(1-\delta)}>0\right) \quad (7\text{-}41)$$

根据式(7-40)和式(7-41)可以看出，随着更多的消费者偏好于通过网络渠道购物，电商商品的零售价格会提高，但会迫使其竞争对手实体零售商降低商品零售价格。

为了分析消费者渠道选择偏好的具体影响，这里将两类零售商的市场价格相减得到

$$p_{Rp}-p_{Ro}=\frac{a(2-4\delta)}{-4-2\beta+\beta^2}$$

当$\frac{1}{2}<\delta<1$时，$p_{Rp}-p_{Ro}>0$，实体零售商所售产品的市场价格大于电商的价格；当$\delta=\frac{1}{2}$时，$p_{Rp}-p_{Ro}=0$，实体零售商与电商的价格一致没有差别；当$0<\delta<\frac{1}{2}$时，$p_{Rp}-p_{Ro}<0$，电商所售产品的价格大于实体零售商的价格。

为了进一步比较电商渠道出现后对消费者福利的影响，将这里的实体零售渠道的商品零售价格与第四章中电商出现之前的零售价格相减得到：

$$\Delta p=\frac{2a[2\beta(2-\delta)+(4-\beta^2)(1+\delta)]}{16-12\beta^2+\beta^4} \quad (7\text{-}42)$$

命题7-4　电商渠道的出现导致了实体零售渠道商品零售价格的下降。

由于 $0<\delta<1$，$0<\beta<1$，所以式(7-42)恒大于 0，即电商渠道出现后，实体零售商商品的零售价格在下降。电商的崛起对实体零售商造成了巨大的冲击，给渠道关系带来了深远的影响。一方面随着越来越多的消费者偏好于通过电商渠道购物，电商的市场份额逐渐扩大，实体零售商为了留住消费者，不得不降低商品零售价格来与电商进行竞争，这可能会间接提高实体零售渠道购物的消费者福利；同时当消费者对电商的认可度还没有超过实体零售商时，通过电商渠道购物要比通过实体零售渠道给消费者带来更大的福利，产业现实中也确实如此，电商渠道之所以能够吸引消费者的一个很大原因就是价格优势；另一方面，随着越来越多的消费者偏好于通过电商渠道购物，电商的市场份额逐渐扩大，实体零售商的市场份额不断被蚕食，电商所售产品的零售价格会不断提高，最终造成通过电商渠道购物的消费者福利降低；当消费者对电商渠道的选择偏好超过实体零售渠道时，相比较于通过实体零售渠道购物，通过电商渠道购物会给消费者造成福利损失。只有当消费者在两个渠道之间的选择偏好无差异时，通过两个不同渠道购物对消费者而言才是无差异的。根据中国电子信息研究中心公布的数据显示，截至 2018 年底，网络电商占社会消费品零售总额的比重达到 23.9%，可以认为大部分消费还是更加偏好于通过实体零售渠道购物，因此对广大消费者来说，通过网络渠道购物还能继续享受低价福利。

第四节　本 章 小 结

本章通过构建上游一个生产商、下游一个实体零售商和一个电商的渠道关系模型,分析了两类零售商的议价权力及消费者的渠道选择偏好对渠道利润、消费者福利的影响。根据博弈论的方法求解模型得出了这种渠道关系下的均衡市场价格、均衡固定费用和均衡利润,通过分析均衡结果可以发现:(1)随着消费者对某个零售渠道选择偏好程度的增加,该零售渠道中的零售商与生产商制定的两部定价合约中的批发价格、固定费用就越高,相反其竞争对手与生产商制定的两部定价合约中的批发价格、固定费用就越低。(2)零售商的议价权力越大,其向生产商索要的通道费数额就会越大,零售商自身的利润会增大,生产商的利润会减小;零售商的议价权力只会改变渠道利润在渠道成员之间的分配,并不会影响渠道总利润。(3)随着消费者对某个零售渠道选择偏好程度的增加,该零售渠道中渠道成员的利润会增加,但会侵蚀另一个零售渠道中的渠道成员利润;渠道总利润的大小取决于具体的消费者渠道选择偏好,电商崛起的初期,渠道总利润是不断减小的,只有当消费者对网络电商的渠道选择偏好程度超过实体零售商后,渠道总利润才会逐渐增大。(4)随着消费者对某个零售渠道选择偏好程度的增加,会提高该渠道中商品的零售价格,但会降低其竞争对手的零售价格。(5)相比较于实体零售商主导型渠道关系,电商出现后会造成渠道总利润的损失以及实体零售渠道商品零售价格的下降。

第八章　通道费的经济本质:进一步的解释

　　根据马克思流通费用理论,零售商收取的通道费是供应商对其纯粹流通费用的补偿。这是因为零售企业作为商品销售的中间商,虽不直接涉及产品生产,但其成本结构同样十分复杂,不仅包括店铺租金和商业店员的工资,还包括公共设备设施使用费和建筑物内营业空间的维护费用,以及货架及各类设备折旧、商店设计和广告费用、流动资金的利息等费用。另外,大型连锁超市实行的自选销售模式还会带来较高的损耗率和盗窃率,同样抬高了企业的运营成本。根据马克思的流通费用理论,由于商业部门不创造价值和剩余价值,纯粹流通费用需要通过生产商进一步让渡剩余价值的方式得到补偿,否则商业部门便无法获得平均利润。零售商的运营成本多属于纯粹流通费用,在理论上也需要以更低产品进价的方式得到补偿。在实践中,这种更低的产品进价或体现为在常规的进价外获取通道费,形成更低的实际进价,从而使零售商获得合理的利润水平。本章从现代零售企业供给零售服务的角度,进一步论证通道费在一定程度上构成了零售服务的价值实现方式。

第一节　零售机能转换

一、零售的传统职能

马克思早在《资本论》第三卷第十六章中就提出:"只要流通中的资本的这种机能,竟独立化为一个特殊资本的特殊机能,并由分工,固定为特殊资本家所赋有的机能,商品资本就变成为商品经营资本或商业资本了。"[1]这里马克思已经谈到了商业资本的机能问题。由此,我们可以将零售机能界定为零售资本在商品价值实现过程中所发挥的机制与功能。

传统上认为,零售机能主要体现为在生产者与消费者、批发者与消费者之间的媒介商品交换。因此,传统的政治经济学者认为商业劳动属于非生产性劳动,不创造使用价值和价值,只是发挥商品价值实现的功能。[2]因此,部分学者对零售活动创造价值秉持质疑态度,大都认为零售领域完成商品形态转移的劳动耗费属于"纯粹流通费用",是对剩余产品或价值的一种扣除。也有学者提出了不同的观点,认为纯粹商业劳动也创造价值[3],社会主义商品流通劳动创造价值。[4]正如马克思在生产性流通费用方面的论述,"在什么程度上之内运输业以及商品在可分配形态上的保存和分配,可视为在流通过程之内继起的生产过程"。由此

---

[1] 马克思.资本论[M].北京:人民出版社,2018.

[2] 骆耕漠.论商业劳动的非生产性质[J].中国社会科学,1986(1):43—56.

[3] 程贤章.试论纯粹商业劳动创造商品价值[J].商业经济研究,1986(2):4—7+33.

[4] 俞明仁.试论社会主义流通劳动创造价值和商业利润的来源[J].经济研究,1986(11):30—33.

可见,流通领域的劳动既包括"纯粹流通性劳动",也包括"生产性劳动"。当代流通产业的发展让学者们逐步认识到,流通劳动过程所提供出的劳动成果中可能不是一般意义上的物质产品,更多意义上是一种服务或劳务,但他们的具体劳动实现了物质产品的使用价值,并在实现的过程中也增加了产品的使用价值。[1]流通领域的社会必要劳动也需要加入商品价值的决定[2]。应从社会生产关系的角度认识流通领域劳动的性质及其重要性[3]。在马克思看来,商品、价值关系是私人劳动与社会劳动矛盾的结果。离开了这种特定的经济关系,就无所谓商品和价值。[4]流通领域中商品的保管和运输以及其他给消费者提供服务的劳动,属于生产性劳动在流通领域的延伸。这些劳动提供了新的使用价值,或使用价值具有新的时间、空间与服务形态,因而创造价值的生产性劳动。[5]

在零售活动组织化经营的条件下,零售领域中商品在可分配形态上的保存和分配劳动逐步凸显。零售资本已经不再满足成为产业资本主导的价值分享者,而是通过大规模投资人力资本实现零售知识积累,提高零售服务的专业化程度,及时发现与产业资本合作的潜在获利机会,零售资本也相应具有了深刻的生产者

---

[1]　魏农建.马克思劳动价值论与流通劳动的生产性[J].上海大学学报(社会科学版),2003(6):42—49.

[2]　刘向东.流通过程的社会必要劳动也加入商品价值的决定[J].经济理论与经济管理,2004(1):61—65.

[3]　张洪平.论流通领域劳动的生产性与非生产性[J].当代经济研究,2005(4):7—11.

[4]　宋则.马克思市场学说研究[J].财贸经济,2016(11):18—33.

[5]　鲁品越.流通费用、交易成本与经济空间的创造——《资本论》微观流通理论的当代建构[J].财经研究,2016(1):40—50.

服务内涵。[1]因此,零售机能不仅包含媒介商品交换的价值实现,还包括价值创造,并且这一部分价值创造追加到商品中并得到补偿。

二、零售服务的现代职能

上述研究可以帮助我们从零售劳动服务生产的角度理解零售创造价值的功能。那么,零售企业面向消费者提供零售服务劳动是否创造价值呢? 这就需要从服务商品化的角度去论证。在马克思所处的时代,服务的商品化未普遍展开,服务业在经济发展中的地位也未凸显,零售业的发展远没有展现服务供给的组织化、规模化特征。因此,在马克思流通理论框架中,零售创造价值的职能自然没有充分展开,当然也不必要展开。值得注意的是,在 20 世纪七八十年代,日本服务业的蓬勃发展促使经济学者提出了"扩张学说",即服务劳动生产无形的使用价值,并以此为载体而形成价值。[2]

不管是马克思主义经济学还是西方经济学,都承认人类自由而全面的发展是最终目的。实现目的的手段在于生产力的发展,在于财富的创造。马克思主义唯物史观认为,经济基础决定上层建筑,只有当社会创造财富的能力提高到一定程度,才能为人们节约大量的劳动时间,留足自由活动的时间。可见,人类生产与生活需要的满足是"自由而全面发展"的前提,也是人类社会演进的动力。

---

[1] 丁宁.零售商对制造商行使纵向约束的绩效——基于生产者服务视角的区域与行业的实证研究[J].财贸经济,2010(2):104—109.

[2] 谭晓军、刘锋.日本学者关于服务劳动性质的争论——在马克思经济学视角下的研究[J].国外理论动态,2006(7):13—14+39.

在辩证唯物主义的哲学基础上,马克思提出了劳动价值论。他将人类社会的财富定义为物质性商品的庞大堆积,以商品为分析起点,运用辩证法和抽象力,从价值与使用价值的矛盾运动方面展开,并进一步延伸至资本主义生产过程,从而发现了价值的来源是物质生产劳动。资本主义私人占有制的生产关系下,劳动创造的价值在支付劳动力价值之后,剩余价值被资本所有者占有。这样一种由生产方式决定的分配方式在社会化大生产条件下会导致价值生产与价值实现的永恒矛盾,从而对资本主义制度进行了病理学分析。

马克思主义经济学对商品的定义是:"商品是用来交换的、能够满足人们某种需要的劳动产品。"马克思本人所处的 19 世纪中期,社会经济的活动主要是有形物质生产劳动,服务劳动尚未凸显。因此,马克思关于"使用价值是价值的物质承担者"的理论抽象符合实践需要。随着人类社会从工业经济发展到信息经济,无形产品或服务蓬勃发展,不断满足人类的生产与生活需要。服务是客观存在的,可以给人们带来使用价值。人类社会发展到现在,我们不得不承认,财富除了表现为庞大的有形商品堆积,也表现为细致的服务。由劳动者提供的服务能否满足人们的某种需要,并且可以用来交换,因此,服务符合政治经济学意义上的商品定义。

从哲学意义上讲,"物质是对一切可感知事物的共同本质的抽象"。这并没有排除服务的物质属性。正如物理学中的电磁场,服务是可以感知的,并能够给人们带来使用价值,因此,服务属于物质的特殊形态。从价值定义看,马克思认为,"同商品体的可感觉的粗糙的对象性正好相反,在商品体的价值对象中连一个自然物质原子都没有"。价值实体凝结的是抽象劳动。随着服务业的竞争不断加剧,服务劳动者提供的服务劳动也存在社会必要劳动时间,因而决定了服务价值的形成。有学者认为,马克思所提出的"使用价值是价值的物质承担者"只是"使用价值是价值的对象承担者"的一种特定形式。[1]

服务活动或过程给消费者带来效用的满足,具有使用价值,只不过表现出来的形式不具有时空固定性,但是在服务的价值对象中也是"连一个自然物质原子都没有",这符合马克思的经典定义。服务劳动既创造了使用价值,又通过市场交换取得了交换价值的形式。服务也是一种物质,只不过是无形的,体现在物理环境、服务劳动与消费者的互动之中。与有形商品一样,服务也具有价值与使用价值。

承认关于物质的哲学定义,并直面服务业地位的上升,可以发现服务的商品化是现代社会经济发展过程中的客观现象,是生产力发展与消费需求升级的必然结果。零售服务也是如此。随着生产社会化的发展,商品在生产过程中越来越表现为迂回的特征,中间商品被最终商品生产的资本所有者购买之后投入生产过程,变现为不变资本或可变资本的形态。服务既可以独立地作为中间商品被生产过程消费,并最终将价值转移到最终商品之中,并通过最终商品的价值实现得到补偿。从零售过程来看,生产过程的延续服务,例如保管与分配服务,作为中间商品,在最终商品的价值实现中得到补偿。这些服务的耗费属于"生产性流通费用"。

服务也可以在最终产品的物质形态生产出来之后嵌入其中,

---

[1] 李慧中.论商业服务和银行服务的劳动价值创造[J].复旦学报(社会科学版),2014,56(5):120—124.

与具有同样物质形态的产品有所区别，形成新的最终商品。决定商品属性的不再仅仅是物质形态，还包括附着在其物质形态上的无形服务。零售业的发展实践使得零售服务的商品属性在零售活动组织化、消费需求升级化的条件下进一步显现。零售服务供给与需求的共同作用，使得零售服务的交换价值逐步显现，从而零售机能由纯粹媒介一般商品交换逐步转向供给零售服务，并且在供给零售服务的过程中，传统的自营零售业态逐步基于服务供给质量的提升获得市场竞争优势。

第二节　零售服务的流通运行

一、零售服务的供给及其动因

不管是批发资本，还是零售资本，马克思流通理论都认为，商人资本都是先买后卖，不仅可以帮助生产者提早把他的商品转换为货币，并且使他的商品资本循环与周转速度加快。这肯定了商人资本在社会总资本循环与周转过程的作用，同时马克思也注意到了危机的可能性。因为，产业资本收到货币之后，并不表明商业资本就已经将商品卖出，而是可能成为库存。

零售机能转换是零售资本追求剩余价值最大化的结果。马克思在《资本论》第三卷中关于商人资本历史的考察表明，商品经营资本的机能在于专门媒介商品交换，其存在只需有单纯的商品流通和货币流通为条件。商人资本的形态变化是 G-W-G'。商人利润是让渡利润，由先买后卖的商品交换行为作为实现载体。零售资本发挥商人资本的职能，理应获得商业利润，按照马克思的分析，这是由产业资本所让渡的利润。在竞争的条件下，利润平均化的规律发挥作用,等量资本获得等额利润。

零售资本与产业资本一样,也有集中的趋势。这是社会分工与零售资本逐利竞争的结果。社会分工促进了生产力的发展,也为零售资本集中提供了技术条件。为了获得更多的利润,零售资本的经营活动日益组织化,通过技术、劳动等生产要素的共同作用在一定的空间生产零售服务本身,并向市场持续性、常态化地供给零售服务。例如,零售企业大规模投资于销售网络建设,通过门店复制和连锁化经营大幅度地提高消费者购物的便利性,提高消费者多样化选择的空间。

零售服务主要由零售过程的劳动者生产出来,其供给质量取决于零售资本所有者对于零售过程的组织化管理与协调。在市场竞争条件下,零售资本为了获得超额利润,通过提高零售服务的生产率,使零售服务生产的个别劳动时间低于社会必要劳动时间。在此过程中,零售商的资本有机构成也逐步提高,即零售活动由劳动密集型向技术密集型转换。例如我国综合零售单店从业人数从 2005 年的 25.67 人下降到 2015 年的 20.21 人;家用电器及电子产品从 77 人下降到 36.22 人、五金家具等行业从 134.38 人下降到 34.83 人。连锁化、一体化、线上线下融合等新型零售业态开始出现,这些组织创新都是为了生产出更高水平的零售服务,实现零售资本价值最大化。

在供给零售服务的过程中,大型零售商集中了大量消费一般商品的市场需求。对于产业资本来说,商品经由大型零售商分销,可以实现生产领域个别劳动时间的节约。当个别劳动时间低于社会必要劳动时间,产业资本可以实现超额利润。大型零售商也相应拥有超额利润分配的诉求,并且其获得的利润份额在很大程度上来源于零售服务的交换价值。可见,零售资本作为零售服务流通主体的逐利性形成了零售服务升级的驱动力量。正是因为面对最终的消费者,零售资本可以比批发资本更加充分地发挥商品资本的流通机能,获得更高的利润。从现实看,1999—2004年,中国零售企业与批发企业主营业务利润率之差未出现明显的分化;2005—2015年,零售企业与批发企业主营业务利润率之差在时间趋势上持续分化。这一客观事实,从侧面印证了中国零售业全面开放之后,大型跨国零售企业的进入在整体上提升了零售业的服务水平,并获取了大部分渠道利益。

二、零售服务与一般商品的叠加运行

随着消费需求高度个性化、多样化以及高级化,消费革命导致整个社会消费与生产出现异质化结构特征,时间效用、地点效用日益成为消费者效用构成的主要因素。在零售服务供给组织化的条件下,作为协调商品生产与消费矛盾的零售企业已经不再是纯粹的买卖中介,其传统的商品流通职能已经演变为 G-Wt(A;Pm;W)…M…W′-G′。这里 W 指的是采购的商品;A 指的是零售空间内的劳动者,Pm 指的是各种用于商品交换的物质设施。M 指的是零售空间内部的管理和组织过程,主要包括商品的分类、上架、包装以及购物环境塑造等。W′指的是消费者购买的包含零售服务的商品,而不再是生产者最初生产出来的商品 W。

从价值论的意义上看,这为零售组织内部劳动创造价值提供了依据。零售服务与生产有形物质产品的劳动一样,提供零售服务的劳动也是创造价值的。与其他独立性较强的服务不同,零售服务与一般商品流通交织在一起,从而在一定程度上遮蔽了其自身的流通过程及其价值规律。

实践中大型零售企业通过投资活动与服务创新生产出零售服务,一方面提升消费过程效率,降低消费过程成本。另一方面,嵌入商品使用价值,形成新的商品形态,从而创造市场需求。因此,零售资本的利润来源不仅仅是产业资本让渡的价值,还包括零售劳动提供零售服务所创造的价值。这部分价值与零售企业所媒介的一般商品交换的价值交织在一起,通过消费者的购买过程最终得以实现。由此可见,传统的纯粹商品流通过程分化为一般商品与零售服务的融合流通过程,一般商品的购买过程同时也是零售服务的价值实现过程。

第三节 通道费的经济本质再论

一、零售服务的价值实现

在马克思所处的时代,零售机能主要表现为媒介一般商品交换,其作为服务供给的现代职能并不突出。此时忽略其服务供给的职能未尝不可。但是马克思科学区分了商品资本的流通机能与商品经营资本,"商品资本流通上的这种事项,一部分,会与商人资本或商品经营资本的真正的机能相混同;一部分,会在实地上,与这种资本的真正的机能相结合,不过随着社会分工的发展,商人资本的机能,将加工为纯粹的,而与商品资本在流通上的机能相分离、相独立"。我们的理解是马克思在这里所论述的商人资本主要是纯粹媒介商品交换的资本。

零售机能转换正是商品资本的流通机能在现代零售业发展实践下的丰富与展开,也是商人资本机能与零售服务生产资本机能的深度融合。因此，零售机能转换是指零售资本由传统意义的纯粹媒介一般商品交换转换为通过零售服务供给的组织化、常态化，直接为消费者创造使用价值。零售服务本身成为零售企业的产出，由零售企业的劳动创造，并作为商品嵌入由零售资本所媒介的一般商品流通过程。

　　嵌入一般商品流通过程的零售服务是零售企业生产出来的无形产品，既可以售卖给消费者，也可以售卖给生产者或批发商，进而取得交换价值的形式。一方面，零售服务与进入流通过程的一般商品叠加融合成为新的商品。消费者不仅要为商品本身的使用价值支付货币，也要为零售空间内部劳动创造的无形服务支付一定的货币。另一方面，供应商，可能是生产商，也可能是批发商，其与零售商的交换不再是纯粹的有形物质商品的交换，而是有形物质商品与零售服务的双向交换。并且商品与货币的转换顺序在时间上并不必然存在一致性。

　　在零售服务与流通客体的叠加融合过程中，零售企业不仅凭借商人资本的传统职能获得了产业资本为了价值实现所让渡的利润，而且凭借生产资本的现代职能获得了零售服务的交换价值。零售企业为了获得零售服务的价值补偿，采取零售服务的逆向化定价。即通过向供应商收取费用实现零售服务的交换价值。这种定价方式事实上反映了零售机能升级的获利特征。如若不然，则无法与传统零售面向消费者的正向价格加成相区别。

二、通道费：零售服务的逆向定价

　　在当代零售发展实践中，作为供应商的生产者或批发商经常是先付通道费给零售商，并且在零售商销售完商品之后还要支付一定的返点,甚至承担三个月到六个月的账期。这表明,在零售商尚未支付供应商的有形物质商品的交换价值之前,供应商首先向零售商支付零售服务的交换价值。这意味着尽管消费者是零售服务的主要消费者,但是零售服务价值也可能通过零售商与一般商品的供应商之间的交换来实现。供应商向零售商支付的通道费或进场费,是零售服务逆向定价的表现形式,这种表现形式已经在实践中普遍存在,因此需要在理论上仔细澄清其形成机理。

零售服务逆向定价是为了更好地实现零售服务的交换价值。这是因为消费者在零售空间享受的某些零售服务并不能排除别的消费者消费。因此,零售商直接面向消费者定价存在一定的困难,即面向消费者定价本身存在一定的实施成本,零售商不会直接向消费者收取零售服务的费用。与此同时,面向消费者的零售服务很难形成垄断,即便零售企业直接面向消费者对零售服务进行定价,为了应对零售环节的资本竞争,零售企业也需要降低服务定价水平。

零售商向消费者提供的零售服务可以聚集大量消费需求,这可以提高商品向货币转换的速度,节约供应商生产和流通的个别劳动时间。按照马克思的劳动价值论,当个别劳动时间低于社会必要劳动时间时,资本所有者就可以获得超额利润。因此,零售商可以面向供应商对零售服务进行逆向化定价,因此,供应商代替消费者支付了零售服务的交换价值。传统零售机能的"先买后卖"演变为"先卖后买",即零售机能升级之后,零售企业通过向消费者供给低价优质的零售服务,创造了市场需求。在此基础上,向一般商品的供应商销售零售服务,取得零售服务的交换价值。

供应商购买零售服务之后,获得了面向消费者销售商品的市场空间，降低了商品向货币转化的风险，节约了生产领域的个别劳动时间，并且可以将支付给零售商的通道费分摊到所销售的商品总量中，获得了合理的商品定价加成。消费者通过购买一般商品间接地购买了零售服务。换句话说，消费者所面临的单一价格既体现了商品的交换价值也体现了服务的交换价值，只不过服务的交换价值是一种"影子价格"。在通道费一定的条件下，供应商商品定价加成随着销售的商品总量增加而下降，因此，零售服务定价的逆向化与零售服务的市场创造效应相互叠加，从而更好地促进一般商品与零售服务的价值实现。

需要指出的是，市场上部分零售企业过度依赖联营的服务收费在很大程度上背离了零售的本质。虽然其提供的服务对消费者也具有一定的使用价值，但是由于积累的高额流通成本转嫁给消费者，在很大程度上损害了消费者利益，这是需要加以规制的。

第四节　零售模式转型

前文分析表明，在新的实践条件下，将零售服务作为独立的经济范畴纳入马克思流通理论并进行拓展分析，可以对零售业发展实践中的业态创新、技术密集度提高以及盈利模式等问题提供一致性的理论解释。零售商收取通道费应保持必要的限度，并且需要进一步顺应零售机能转换的趋势，着眼于实现商人资本职能与生产资本职能的有机结合，既获得产业资本让渡的价值，又获得零售服务作为商品的交换价值，从而获取更多的渠道利益，赢得市场竞争的新空间。

一、全渠道整合对接消费者需求

零售商可以基于线上与线下一体化的渠道整合对接消费者需求。从消费的方面来看,当社会劳动生产率提高之后,社会必要劳动逐渐减少,人们用于自由活动的时间增多,人们的消费模式必将发生变化,实体零售的服务供给需要注重消费者体验和休闲需求。与此同时,实体零售在互联网条件下需要积极把握商业模式创新的机会,在消费者搜寻、体验、购买等消费活动中进行服务创新,为消费者创造时间效用和空间效用,增进消费者福利。例如,百货店、大卖场进行商业模式创新,发展线上到线下的"全渠道"经营,打通线上线下的丰富增值服务,进而提升消费流量黏性与转化率。

二、角色转型促进更多价值实现

零售商可以通过有效匹配商品与服务提升价值创造能力。一方面,为了满足消费者个性化、多样化的需求,实体零售需要提升面向全球供应商的采购管理能力与效率,建立以零售企业为主导的跨境商品分销平台,实现消费需求的快速匹配,扮演好商品资源管理商与零售服务供给商的双重角色,从而分享全球渠道价值,克服全球价值链低端锁定的困境。[1]另一方面,在新零售时代,零售商对于供应链的管理应当更加注重数据对企业战略决策的重要性。互联网时代下,大数据将逐渐取代原本由随机样本估测总体的技术,使得信息更加真实准确。供应链的长鞭效应证

---

[1] 任保全、刘志彪、任优生.全球价值链低端锁定的内生原因及机理——基于企业链条抉择机制的视角[J].世界经济与政治论坛,2016(5):1—23.

明，信息可得性在供应链优化的所有环节都十分重要，如零售商
与供应商存货信息共享、运输与分销渠道信息、物流与消费者满
意度信息、消费者意见反馈信息，等等。因此，加强与供应商的合
作，获取更多的数据，而不是单纯的收取通道费，是新零售时代零
售商的长期生存之道。

三、合作竞争优化渠道利益关系

以零售服务价值最大化为目标构建合作竞争的渠道利益关
系。零售商可以通过构建合作竞争的渠道利益关系实现零售服
务价值的最大化。实体零售通过提供零售服务不断降低消费过
程成本，从而获得渠道议价权力，并将其资本化为渠道利益。零
售商获得议价权力之后，可以通过供应链联盟的组织创新，先与
供应商合作创造利益，并在不损害供应商利益的情况下获取更多
的渠道利益，从而实现帕累托改进。为此实体零售需要注重信息
技术的应用，在非正规制度和正规制度的双重约束下构建合作竞
争型的渠道组织模式，在渠道利益分配合理化的基础上实现零售
服务价值的最大化。

第五节　本　章　小　结

著名经济学家孙冶方(1963)曾提出："社会主义政治经济学的
任务，就不能仅仅限于揭示流通过程的一般规律，而且要对流通过
程的组织形式、流通渠道等具体问题加以详细具体研究。"[1]面对

---

[1]　孙冶方.社会主义经济的若干理论问题[M].北京：人民出版社，1979.

消费需求升级以及现代服务业在国民经济中的地位逐步上升，本章侧重于从零售资本组织化经营所生产出来的直接满足消费者需要的零售服务，去论证零售价值创造的机能，并揭示作为一种无形商品的零售服务本身的流通运行规律。

这样一种尝试可以加深对马克思流通理论的理解，并可对当代流通发展实践中出现的新事物进行解释。例如，在商品价值实现面临的时间、空间与集散上的矛盾运动过程中，大型零售商逐渐在流通渠道利益分配中占据主导地位。关于这一问题的分析，前面章节主要是应用西方经济学的产业组织理论对零售企业获得议价势力或买方势力的原因、收取通道费及其福利影响进行分析，并提出对零售商特定经营行为的政策规制建议。本章运用马克思流通理论从质的层面进一步解释了通道费的经济本质。

第九章 通道费的政策讨论

通道费的规制是一个有意思的问题,因为通道费和特许费同属于渠道成员间的固定费用转移支付,本质上并无差异,但特许费经历 100 多年至今仍大行其道,而通道费自 20 世纪 80 年代在美国产生以来就饱受争议。尤其在 21 世纪初通道费进入中国后,这一"国际惯例"与国内百货业的一些经营元素相融合,形成了更为复杂的、给供应商带来更大负担的"通道费模式",通道费由此成为工商矛盾的焦点并延续至今。而如何通过政策规制缓解工商矛盾,提供公平的交易环境,提高市场运行效率,迫切需要理论界提供建议。本章将在对通道费的经济后果以及国内外现有规制政策系统阐述的基础上,基于政策经验和理论研究成果,对通道费的选择性规制策略进行讨论。

第一节 通道费的经济后果

一、有益后果

根据业界对通道费的态度和观点,结合通道费已有理论成果和我们的研究,通道费的合理性表现在以下几个方面。

第一，通道费平衡了稀缺货架的供求关系。基于分工和专业化原理，生产商和消费者通常不直接见面，而是通过零售商等中间渠道销售产品。在计划经济时代或商品经济发展的早期，由于进入市场的产品种类和数量不够丰富，零售商的货架空间相对充裕，不存在生产商关于货架空间或销售通道的竞争，通道费也就无法存在；而在商品经济发达的今天，为了不断地适应甚至创造消费者需求，各种新产品层出不穷，已经大大超过了零售渠道的承载能力，货架空间十分稀缺，通道费由此产生，并承担了调节稀缺货架资源配置的功能。在这种情况下，如果通道费被禁止，则有限的货架提供给谁、不提供给谁就成为问题。在经济学意义上，这类似于最高限价产生的超额需求，而此时的超额需求只有通过场外交易来解决。反映在零供交易领域，这一对货架空间的超额需求，只会通过供应商和零售商采购人员的私下交易解决，即通过商业贿赂获得货架。因此，作为一种平衡供求关系的机制，通道费的存在有着明确的合理性。

第二，通道费提升了渠道利润。已有从合约设计角度进行通道费研究的成果大多都得出这一结论，即通道费是实现更大渠道利润或实现纵向一体化利润的手段，即用包含通道费的合约解决外部性问题或激励问题，从而将蛋糕做大，进而用通道费切分做大了的蛋糕。通道费的这一作用实际上类似于特许费通常起到的作用，本质上是一种挖掘市场效率、实现帕累托改进的机制设计。例如，通道费通常伴随着高进价，而高进价给生产商带来了更大的边际利润，从而激励其做出更高水平的销售努力，并最终提升了渠道效率和消费者福利。不过，通道费的这一合理性并没有在业界得到普遍认可，这或是因为实际的通道费用结构过于庞杂,已让某一种通道费的积极作用变得无关紧要了。

第三,通道费提升了产品质量。根据我们的研究,作为预付费的通道费是一种质量筛选机制,在一定的议价权力保证下,通道费可以确保更高质量的产品进入市场,从而改善市场运行效率。在现实中,收取通道费的大型连锁超市确实比小商铺、夫妻店的产品质量更有保证,也印证了这一点,即低质量厂商由于在支付通道费后无利可图,从而自动退出市场。因此,作为一种质量筛选机制的通道费,是有其合理性的。

另外,还有一些研究认为,通道费的合理性在于改善了市场中的信息不对称,即对于新产品,生产商比零售商在产品的市场前景上拥有更多信息,进而拥有较好市场前景的生产商会通过主动支付通道费,将自己从其他厂商中区分出来,从而在零售商的货架中获得一席之地。但是,这一解释有两点与现实不符:第一,至少在国内零售业,主动支付通道费的供应商几乎没有,而围绕通道费产生的零供矛盾比比皆是;第二,由于零售商直接面对市场,更加了解消费者需求及其变化,加之其可以对产品进行试销,没有理由认为零售商在产品市场前景上拥有较少信息。事实上,布鲁姆等(Bloom et al.,2000)学者对业界的访谈结果,也证实了生产商比零售商拥有更多信息的论断是不被业界所认可的。[1]

二、有害后果

通道费虽然在某些层面有其合理性,但通道费的弊端是客观

---

[1] Bloom, P. N., G. Gundlach, and J. Cannon. 2000. "Slotting Allowances and Fees: School of Thought and the Views of Practicing Managers." *Journal of Marketing*, 64(2):92-108.

存在的,加之零售商可能围绕通道费滥用市场势力,提出一些并非合理合法的交易条件,通道费的危害更加不容忽视。

第一,对供应商的损害。通道费主要损害了中小供应商的利益。因为中小供应商在与大型零售商的博弈中往往处于劣势地位,大型零售商凭借其占据的销售渠道对供应商收取名目繁多的费用。很多时候,这些费用并不在合同中写明,而是零售商随意收取作为利润来源,但这些中小供应商为了货架空间不得不承担这些费用,并给自身正常的生产经营活动带来了极大的压力,甚至带来资金链断裂而破产的风险。同时,通道费还影响了大型供应商和中小供应商之间的竞争。大型供应商能够凭借其市场力量少缴甚至不缴通道费,而中小供应商则要面对零售商的种种盘剥,利润空间受到压缩,从而在竞争中处于更加不利的地位。另外,通道费通常附加一些其他的交易条件,主要包括"账期"和无条件退货。供应商不仅需要先行支付通道费,还无法得到商品货款,甚至一些零售商一年才给供应商结款一次。产品如果卖不出去,还要无条件回收。这些交易条件让中小供应商苦不堪言,引发了激烈的零供矛盾。

第二,对消费者的损害。从价格方面来讲,通道费将带来更高的价格。原因有三,一是通道费通常对应着高进价,而高进价又会传导至终端价格;二是通道费使一些企业无力应付,退出市场,从而削弱了生产商层面的竞争,导致价格上涨;三是通道费直接构成了零售商利润,放松了零售商的竞争环境,从而使零售商不再专注于低价策略,因为高价带来的前台毛利的损失可以通过后台毛利(通道费)得到弥补。因此,通道费一定导致更高的零售价,现实中超市在一些品类(如儿童玩具、休闲食品、酒水饮料)上的价格明显高于批发市场或自营电商平台,也印证了这一点。从产品多样性方面来说,一些厂商因为无力支付通道费而退出市场,且零售商会为了获取通道费而故意限制货架空间,因此通道费下的产品多样性水平降低了。进而,无论是更高的价格,还是更低的多样性水平,都损害了消费者福利。

第三,对零售商的损害。如前所述,通道费不仅是一种收费行为,也伴随着账期和无条件退货等交易条款,通道费和相关交易条款统称为"通道费模式"。在这一模式下,零售商不再以"一手交钱一手交货"的形式购进产品,进而,零售商可以将有限的资金用于店铺扩张,从而进一步提升规模和市场势力,在零供谈判中占据更大的优势地位,强化"通道费模式",形成路径依赖。另外,在很多品类上的无条件退货也使零售商不再承担销售风险,如果"惊险的跳跃"没有完成,摔碎的不是零售商,而是生产商。在这种情况下,零售商便没有激励通过更专业的采购、更精细的品类管理、更好的服务促进产品的销售。进而,零售商作为专门买卖商品的中间商,其"买"和"卖"的核心能力丧失了,最终从专业化的商人退化为货架出租商。因此,这种低成本、低风险的通道费模式虽然使零售商在当前取得了规模和利润,但一旦"渠道为王"的时代过去,丧失核心能力的零售商将会迅速被市场淘汰。联华超市的母公司上海百联的董事长陈晓宏曾尖锐地指出,"通道费就是鸦片",也反映出业界对此的忧虑。

第四,对政府税收的损害。通道费作为一种避税机制已经为理论界所注意,即通道费下的高进价,带来了更高的进项税抵扣,从而达到了避税的效果。[1]除此之外,如果考虑现实中各类违法

---

[1] 李骏阳.通道费的避税效应与规制[J].南方经济,2008(10):25—32;李骏阳.对收取通道费原因的分析——基于我国零售企业的赢利模式研究[J].管理学报,2009,6(12):1691—1695.

违规的通道费,则对政府税收的损害更加突出。如前所述,通道费是零售商重要的利润来源,但通道费的收取有着私密性和随意性,并不总体现为零售商的账面利润,进而政府能够征收的企业所得税就会下降,政府税收受到侵害。

可见,通道费虽然有其合理性,但它损害了竞争,降低了消费者福利,侵害了政府税收,也影响了零售业自身的发展。基于此,各国都出台政策,对通道费及其附带的商业模式进行了一定程度的限制。

第二节 国外的政策经验

一、美国

美国既是通道费的产生地,也是供应商反制通道费的阵地。美国供应商第一次联合反对缴纳通道费是在 2000 年 4 月 14 日,美国面包协会、玉米面饼协会和口香糖供应商认为通道费严重影响了他们的竞争能力,要求联邦贸易委员会(FTC)尽快针对通道费建立一个明确的指导方针。美国联邦贸易委员会于 2001 和 2003 年发起了两次调查,只表示"通道费因品类而异",且没有实际研究证明通道费影响了企业之间的竞争。但是当通道费涉及以下几种情况时,会受到联邦贸易委员会的审查:第一,当相互竞争的几家大型零售商在通道费费用和货架分配方面达成一致的协议时;第二,当零售商串谋将某些供应商排除在货架之外时;第三,当通道费被用作价格歧视时。在具体实践中,有些州判定通道费违法,有些州判定通道费没有违法,各地裁决因具体情况而异,在行业层面目前只有联邦烟酒火药管理局在 1995 年禁止酒类产品零售商收取通道费。可见，在美国，通道费并非"本身违法"（pe se illegal），对通道费的规制是相对宽松的，只有在其明确成为排除竞争的工具时，才会受到规制。

二、法国

法国的零售市场起步较早，市场发展水平也较高，国内不乏家乐福、欧尚集团、菲纳逊斯这些零售巨头。1985 年，法国引进德国相对优势地位滥用的概念，在新的竞争法《8611243 号价格与竞争的自由命令》中将相对地位滥用确定为一项独立的反竞争行为。这是针对 20 世纪 80 年代法国零售商滥用市场优势地位的行为而制定的。相关法律规定如下。

第一，反对不正当竞争。禁止企业或集团滥用国内市场支配地位或供应商对该企业或集团的经济依赖。这里的"滥用"行为包括：（1）当供应商拒绝缴纳不合理的通道费时，零售商会以产品销路不好为由将该供应商的产品下架；（2）零售商单方面决定或变更与供应商之间的贸易条件，提出不合理的要求，如果供应商拒绝不合理的条件，零售商转而和其他供应商合作，甚至联合其他零售商抵制该供应商。

第二，禁止差别对待。如果零售商以不同的销售条件对待不同的供应商，则被看作歧视行为，该零售商会受到处罚；如果零售商要终止与供应商的合作，必须要书面告知供应商，不得随意将供应商除名；如果供应商与零售商之间合同发生分歧，当事人可提起民事诉讼，行政机关和检察院也可代表中小供应商到法院提起诉讼，并传讯利用相对优势地位的负责人。

从法国的法律法规中可以看出，法国对供应商的保护较为具体和全面,尽管没有明令禁止零售商收取通道费,但是以《价格与竞争的自由命令》为基础形成的《公平交易法》对零售商的随意收费行为进行了有效限制,维护了市场竞争秩序。

三、日本

为避免具有强大购买力的零售企业对供应商实施有失公平的交易行为,日本公平贸易委员会在 2005 年 5 月 13 日出台了《关于大规模零售企业在与供货厂商交易中采取的不公正交易方法的告示》,取代了 1954 年公布的《关于百货店业采取特定不公正交易方法的告示》(以下简称《告示》)。新的《告示》主要有以下几点内容。

第一,禁止不正当的退货。只有当商品出现瑕疵或与实际预定的不相符时才可以退货。

第二,禁止不合理的压价。禁止大型零售商在采购商品后要求供应商降价的行为,但在某种情况下比如商品销量不好需要降价时,供应商也要承担一部分责任。

第三,禁止对特价商品压价。禁止大型零售商对其用于特价销售所采购的商品要求供应商以明显低于正常价格水平的价位提供。

第四,禁止拒绝已经预定好的特定商品。禁止大规模零售企业指示供货企业以特别规格、设计型号等采购特定商品,签订合同后,在不存在应由该供货企业承担责任的事由的情况下,拒绝接收全部或部分该商品的行为。但如果事先征得该供货企业同意,或由该大规模零售企业承担损失的情况除外。

第五,禁止大型零售商派遣员工为供应商工作并要求供应商提供工资。

第六,禁止大型零售商收受不正当的经济利益。禁止零售商向供应商索取不必要的费用,即使是在一定程度上可以使商品促销的赞助费或者有利于供货企业削减成本的物流使用费等。

第七,禁止在要求被拒绝时对供应商采取不利的行为。禁止大型零售商以要求不被满足为理由,对供货企业推迟付款、减少交易数量、停止交易或其他的不利行为。

由此可见,日本在大型零售商滥用优势地位问题上有着非常明确的法律规定。著名的"三越事件""罗森事件"都来自日本公平贸易委员会基于以上法律法规的判决,成为通道费规制的典型案例。

四、英国

英国主要依靠竞争法来防止大型零售商优势地位滥用的情况。2000 年,英国竞争委员会发现大型零售商比小型零售商更具有优势,而且大型零售商的行为损害了供应商的竞争力,因此英国公平署在 2002 年实施了《超级市场执业准则》(以下简称《准则》)来规范大型零售商的行为。以下为《准则》中与通道费相关的内容。

第一,零售商不得要求供应商支付营业费用。

第二,零售商不得向供应商间接或直接索要以下五种类型的费用。(1)去往新供货商处采购调查的费用;(2)艺术设计或包装设计的费用;(3)超市员工工资状况改善的费用;(4)零售商市场调研的费用;(5)新店开张的费用或其他店铺维修、重新开张的费用。

第三,对于新商品而言,零售商不得直接或间接地以要将新商品加入目录为由向供应商索要费用,但是如果这笔费用用于促销商品的除外。

可以看出,英国对通道费相关行为的干预强于美国,但明显弱于日本。这与英国自由资本主义的精神和普通法的传统是分不开的。

五、德国

德国作为一个大陆法系国家,特别注重法律法规的制定完善。德国于 2005 年 7 月 15 日公布了《反限制竞争法》,在该竞争法中涉及零售商滥用相对优势地位的主要是第十九条和第二十条,具体内容如下。

第一,关于市场支配地位的界定:(1)市场上没有其他竞争者或没有面临实质上的竞争;(2)相对于其他竞争者自身处于相对突出的地位;(3)1 个企业至少占有 1/3 的市场份额;(4)3 个或 3 个企业以下组成的整体占有 1/2 的市场份额;(5)5 个或 5 个企业以下组成的整体占有 2/3 的市场份额。满足以上五个条件之一的即认定其具有市场支配地位。

第二,关于滥用市场地位的界定:(1)没有实质性正当理由严重损害市场内其他竞争者的利益;(2)提出的报酬或其他交易条件与市场上其他供应商要求的报酬或交易条件相差甚远,且无正当理由。当出现以上两种情况时则被视为滥用市场地位。

第三,关于对滥用市场地位的限制:(1)不得在同类企业均可参与的商业交易中无正当理由直接或间接地给予同类企业不公平的待遇；（2）当供应者依赖于需求者时，禁止向被依赖企业在无正当理由的情况下提出各种不合理的要求或交易条件。

德国的《反限制竞争法》对滥用相对优势地位的企业做出了规制，但或由于相关法律法规的针对性和可操作性不强，德国企业在实际中运用这些法律法规反制零售商的事例并不常见。

六、韩国

韩国在1985年公布了《禁止垄断和公平交易法》，并在2001年对其中的大型零售商不公正交易行为类型和标准进行了修订。相关内容如下。

第一，禁止不正当的退货；

第二，禁止大型零售商在购买供应商的商品之后不正当地减少商品的价款；

第三，禁止不正当的退款；

第四，禁止为了降价销售强迫供应商明显低于正常价格供应商品；

第五，禁止不正当的拒绝收货；

第六，禁止向供应商索要与销售无关的其他费用，比如店铺装修费、新店开业费、节日庆祝费等。

韩国对通道费的政策与日本相似，都详细规定了大型零售商被禁止的行为。相关政策落实有效，比如家乐福被韩国的公平交易委员会先后3次罚款，金额高达100万美元，对大型零售商滥用市场势力的行为起到了震慑作用。

第三节　中国的政策尝试

一、地方政府层面

　　国内的第一家超市是诞生在上海的联华超市，相应地，国内最早产生通道费问题并引发争议和规制也在上海。2002 年 9 月，上海市工商行政管理局发布了《关于超市收费的意见》（以下简称《意见》）及《超市收费合同示范文本》。该《意见》首先对超市收费进行了定义[1]："超市收费是指超市在商品定价外，向供货商直接收取或从应付货款中扣除，或以其他方式要求供货商额外负担的各种费用。"进而规定，当零售商向供应商收取费用时，必须遵循以下原则：(1)公平合理的收费，即收费需要与其用途相符，收费后的服务要与其金额相匹配，收费必须与其分担销售风险相关；(2)公开约定收费，即收费的项目、用途标准等必须向供应商公开；(3)公平规范收费，即保持收费的稳定性、透明性和可预见的变动。同时，《意见》禁止零售商对供应商收取以下五种不正当费用：(1)要求供应商负担与其商品销售无关的费用；(2)要求供应商负担的费用金额超过供应商可直接获得的商业利益；(3)完全出于达到超市本身财务指标的目的，而要求供货商负担的费用；(4)以各种名义向供应商滥收费用，从中获取不当收费；(5)以罚款的名义，向供货商收取费用。《意见》还要求工商行政管理部门和其他行政管理部门加强合同监督，规范收费，查处超市变相

---

　　[1]　上海市商业委员会、上海市工商行政管理局.关于规范超市收费的意见(沪商委〔2002〕210 号)[E]. http://scjss. mofcom. gov. cn/aarticle/as/200504/20050400069518. html.

摊派(即要求供应商给零售商与销售无关的赞助和捐赠)。

北京市于2005年2月施行了《北京市商业零售企业进货交易行为规范》,其中关于通道费做了如下规定[1]:(1)零售商与供货商订立的合同应当明确合同各方的权利与义务,包括购进商品的品种、质量、规格、数量、时间、地点、结算方式、结账期、合同解除条件、违约责任、合同争议解决方式及各方共同约定的其他条款。对合同条款有争议的,应按照合同目的、交易习惯及诚实信用原则,确定其条款的真实意思;(2)禁止零售商利用其在市场中所处的相对优势地位订立显失公允的格式条款;(3)直接影响供货商商业利润或利益的促销活动,应事先征求供货商的意见;(4)零售商与供货商在协议中明确约定促销活动的参加办法、经营风险负担、回扣比例、费用分担、售后服务等;(5)零售商不得借新店开业、店庆、节日庆典等名义向供货商强行索取赞助费用;不得重复设置或变相设置收费项目;禁止在合同以外强行收取与供货商业务无直接关联的费用;禁止在无合同约定或收费项目、金额未达成一致的情况下,擅自克扣供货商结算货款;(6)零售商必须严格按照合同约定的结算方式、时间及地点与供货商进行货款结算,规范履约行为。比如在合同中明确结账日期的起止时期,不得压榨供应商的货款作为企业融资的渠道阻碍商品流通,不得故意拖延结算。

之后,成都市、杭州市、重庆市、沈阳市也相继制定有关通道费的规制政策。从这些地方性的规定来看,地方政府在一定程度

[1] 北京市商业委员会、北京市工商行政管理局.关于规范商业零售企业进货交易行为有关问题的通知[J].全国商情·商业经理人,2002(9):5—6.

上认可对通道费的收取,但也禁止一些与销售无关的费用,比如新店开业费、店铺装修费、店庆费、赞助费等。这些政策规定在一定程度上约束了零售商滥用优势地位的行为,对促进公平有序的市场交易秩序产生了积极作用。

二、国家层面

随着对通道费关注度的提高,2006 年 10 月,商务部、国家发改委、公安部、国家税务总局、国家工商行政管理总局五部委联合下发《零售商供应商公平交易管理办法》(以下简称《办法》)。《办法》共 26 条,详细规定了零售商被禁止的各种行为和违反规定的处罚。有关通道费的条文总结如下[1]。

第一,禁止零售商滥用优势地位从事以下行为:(1)与供应商签订特定商品的供货合同,双方就商品的特定规格、型号、款式等达成一致后,又拒绝接收该商品。但具有可归责于供应商的事由,或经供应商同意、零售商负责承担由此产生的损失的除外;(2)要求供应商承担事先未约定的商品损耗责任;(3)事先未约定或者不符合事先约定的商品下架或撤柜的条件,零售商无正当理由将供应商所供货物下架或撤柜的;但是零售商根据法律法规或行政机关依法做出的行政决定将供应商所供货物下架、撤柜的除外;(4)强迫供应商无条件销售返利,或者约定以一定销售额为销售返利前提,未完成约定销售额却向供应商收取返利的;(5)强迫供应商购买指定的商品或接受指定的服务。

---

[1] 中国商务部.零售商供应商公平交易管理办法(商务部 2006 年第 17 号令) [E]. 2006. http://www.mofcom.gov.cn/aarticle/swfg/swfgbh/201101/20110107352488.html.

第二,禁止零售商直接或间接收取以下费用:(1)以签订或续签合同为由收取的费用;(2)要求已经按照国家有关规定取得商品条码并可在零售商经营场所内正常使用的供应商,购买店内码并收取费用;(3)向使用店内码的供应商收取超过实际成本的条码费;(4)店铺改造、装修时,向供应商收取的未专门用于该供应商特定商品销售区域的装修、装饰费;(5)未提供促销服务,以节庆、店庆、新店开业、重新开业、企业上市、合并等为由收取的费用;(6)其他与销售商品没有直接关系、应当由零售商自身承担或未提供服务而收取的费用。

第三,禁止零售商以下列原因延迟支付供应商货款:(1)供应商的个别商品未能及时供货;(2)供应商的个别商品的退换货手续尚未办结;(3)供应商所供商品的销售额未达到零售商设定的数额;(4)供应商未与零售商续签供货合同;(5)零售商提出的其他违反公平原则的事由。

第四,若发生以下原因供应商有权拒绝退货:(1)供应商的个别商品未能及时供货;(2)供应商的个别商品的退换货手续尚未办结;(3)供应商所供商品的销售额未达到零售商设定的数额;(4)供应商未与零售商续签供货合同;(5)零售商提出的其他违反公平原则的事由。

《办法》几乎禁止了除"促销服务费"外的一切通道费用。《办法》出台后,为适应相关规制,零售业通道费结构大为精简:早期的通道费包括条码费、进场费、堆头费、货架费、销售保底费、促销服务费、折扣促销费、销售返利、节庆费、店庆费、新店开业费、合同(续签)费等各种名目繁多的费用,而《办法》出台后,业界在"明面上"收取的费用只有端头费、堆头费、海报费等"促销服务费"。

但《办法》并没有收到预期效果,通道费在业界仍大行其道。2010年,联华超市因在扣点问题上和卡夫食品没有谈拢,将卡夫旗下全系列产品从联华系统内的 2000 多家直营店下架。2013 年,北京金坛食品有限公司因超市收取的通道费数额巨大,且零供合同语焉不详,一纸诉状将物美超市告上法庭。中央电视台《经济半小时》节目还对该事件做了专题报道,从而使零售商的通道费行为再次被推上了风口浪尖。

《办法》没有起到预期效果的原因是多方面的,如通道费在业界已固化为一种商品模式。但从《办法》本身而言,主要原因是该《办法》缺乏足够的法律效力,难以作为法院判决的依据。事实上,一些零售商因明显违规行为而被告上法院,但最终的处理结果往往是法院调解。另外,零售商可以通过改变费用的名目规避《办法》的限制。如按照《办法》的规定,"合同费"是禁止收取的,但零售商会在合同文本中"促销服务费"一栏填上和供应商约定的"合同费",从而绕过《办法》的规制。针对上述情况,商务部于2015 年启动了《零售商供应商公平交易管理条例》的立法工作,该条例至今仍未出台,而理论研究滞后或是主要原因。

第四节　通道费规制的选择性方案

严格来说,通道费规制问题分为两个层次。第一个层次的问题是,对于通道费相关的市场行为,尤其是"滥用市场支配地位"的形式,政府应如何规制;第二个层次的问题是,对于零售商收取的各类通道费费用,哪些应受到规制,哪些应不予规制。学者们大多将这两个问题混为一谈了。事实上,第一个问题是执法问题,即政府如何有效地对通道费相关的各种违规、违法行为进行约束;而第二个问题是立法问题,即哪些通道费用应明令禁止,哪些通道费用应予以认可。[1]

一、通道费相关的市场行为的规制

早期的通道费研究多将通道费视为"滥用市场势力"的行为,如吴小丁(2004)认为,通道费就是零售商在买方垄断条件下的"优势地位滥用"行为,是一种典型的"市场失灵"。[2]学术界之所以将通道费等同于"优势地位滥用",是因为早期的通道费名目过多,难以考察各类通道费背后的收费机制,从而将通道费视为零售商滥用优势地位进行的"乱收费"也就理所当然了。而在规制策略上,学者们往往大量引用美、日、法等国在反垄断上的法律法规和执法手段,并指出《反垄断法》是规制零售商"滥用市场势力"的根本途径。显然,这类通道费研究给出的政策建议已无时效性,因为《反垄断法》已经颁布,而通道费相关的滥用市场势力行为依然存在。在下文中,我们将介绍零售商主要的几种"滥用市场势力"的行为,并讨论当前法律体系对这些行为的规制力度。

根据我们对零供交易环节的实地调研,我们发现通道费相关违规、违法行为主要存在如下三类:

1. 商业贿赂或场外交易。在通道费模式下,必然存在为了通道费费率高低的场外交易,即供应商为了获得更低的扣点或更好

---

[1]　王庚.零售商通道费的形成机理和福利效应——兼论国内零售业盈利模式转型[D].中国人民大学,2016.

[2]　吴小丁.大型零售店"进场费"与"优势地位滥用"规制[J].吉林大学社会科学学报,2004(5):119—125.

的陈列,而对零售企业相关人员(主要是采购系统负责人)进行商业贿赂。永辉超市张轩松曾说"中国零售业发展的核心问题是腐败",通道费模式下的商业贿赂之普遍可见一斑。

2. 零供合同语焉不详。零供交易合同文本语焉不详、存在"潜规则"是零售业的普遍现象。比如,合同文本在关于"保底"的约定上,普遍存在这样的条款:"甲乙双方约定,乙方在甲方年度销售额( )万元以内,在达到销售额时,乙方按照( )%直接冲抵货款。"显然,该条款只约定了当销售额达标时的扣点率,而当销售额未达标时的扣点却没有说明。但零售商会在签合同时口头告知供方,"( )万元以内"中的销售额就是保底,当未达到保底销售额时即按该保底进行扣点。出现这种情况的原因是,《零售商供应商公平交易管理办法》明确规定"保底"是违规的,为了规避规制,零售商便普遍制定了这种语焉不详的合同文本。

3. 零售商以中断交易为要挟,进行事后或合同外收费,或拖欠、克扣供应商货款。零售企业相关人员利用手中权力要挟供应商的情况在现实中极为常见,一旦双方在诸如扣点、账期、陈列、海报等问题上出现冲突,零售商往往通过"封码"、清退等手段逼迫供应商就范。零售商"滥用市场势力"在这一点上体现得淋漓尽致。

对于零售商的上述市场行为,现有法律已经对其违法性做出了明确规定。对于商业贿赂,《反不正当竞争法》在第八条明确规定:单位或个人在账外暗中收受回扣的,以受贿论处。对于合同文本语焉不详,《合同法》第十四条明确规定:要约内容须具体确定。而对于零售商以中断交易为要挟,提出各种不合理要求,《反垄断法》第十七条明确规定:禁止具有市场支配地位的经营者滥用市场支配地位。其中滥用市场支配地位的行为包括"没有正当理由，拒绝与交易相对人进行交易""没有正当理由，在交易时附加不合理的交易条件"。由此可见，零售商常见的不合理的市场行为都是违法行为。然而，这些违法行为在很大程度上已成为整个行业的"潜规则"。这种情况的出现主要有两方面的原因。第一，上述法律的适用性较广，而针对性不强，加之市场参与者法律知识和法律意识的缺失，这种普适性法律难以在实际操作中对零售商市场行为形成有效约束；第二，在市场监管中，相应的执法机构、执法程序不健全，弱势的供应商缺少一个畅通的维权渠道。因此，要解决零供交易中的违法违规问题，一是要出台更有针对性的法规条文，二是要进一步明确执法主体，解决在零供交易监管上的"九龙治水"问题。

二、通道费本身的规制

在《零售供应商公平交易管理办法》颁布之后，零售商的后台费用结构大为精简，从而使考察各类通道费的形成机理成为可能。根据已有的研究成果，以及本文的研究，我们发现各类通道费都有其特定的收费机理，如销售返利是零售商规避销售风险的手段、合同费是零供双方根据自身力量分割交易收益的工具等。这意味着通道费本身不再是零售商"滥用市场支配地位"的体现，而是有一定的"合理性"。当然，通道费的收费机理是否"合理"不应是规制与否的主要评判标准，判断通道费是否应受到规制应取决于通道费是否提高了价格、降低了消费者福利、排挤了上游供应商或同业竞争对手，即基于各类通道费的福利影响制定规制策略。

当下业内通道费主要有五种,分别是合同费、新品费、销售返利、优质货架费和促销服务费,其中优质货架费有时也归入促销服务费,但由于我们在第六章对零售商的促销努力进行了专门研究,因此下文中的促销服务费专指零售商做出某种努力(如专人促销)、产生随努力程度增加的成本而收取的费用。下面分别对各类费用的规制予以讨论。

根据刘向东、李子文、王庚(2015),刘向东、王庚、李子文(2015)研究,销售返利在具体实施中是一种"保底返利",即在销售达到零售商要求的"保底额"时,收取销售额的比例,在销售没有达到保底时,按约定的保底额收取返利。[1]这种收费行为实际上是零售商规避销售风险、实现"旱涝保收"的手段,它是对供应商的一种压榨。但这种收费模式是零售商在拥有较大市场势力却不具备一定运营能力时的阶段性选择,随着信息技术的发展和"渠道为王"时代的远去,零售商会主动摒弃这种费用。因此,在这类费用上,应以规制为辅,鼓励和引导零售商主动摒弃为主。

对于端头费、海报费等优质货架费,它通常对应这样的操作流程:供应商首先根据自身需求申请"上海报"或"上端头",进而零售商根据自身对商品销售的判断决定挑选哪些"海报商品"或"端头商品",且每期海报或端头是明码标价的。可见,优质货架费实际上是一种"广告位费",它是零供之间在商品买卖之外的另一类交易,即零售商作为卖方为供应商提供服务,供应商作为买方支付相应的报酬。在这个意义上,优质货架费只是零售商的一

---

[1] 刘向东、王庚、李子文.国内零售业盈利模式研究——基于需求不确定性的零供博弈分析[J].财贸经济,2015(9):80—91;刘向东、李子文、王庚.超市通道费:现实与逻辑[J].商业经济与管理,2015(2):5—11.

笔"其他业务收入",是否应将其纳入"通道费"的范畴都是值得商榷的。另外,学者们对优质货架费福利效应的研究有着相容的结论,即只要优质货架能够提高产品的市场容量,则就具有积极的福利效应。因此,优质货架费或促销服务费不应受到规制。

合同费、新品费、促销服务费分别是本书第五章、第六章、第七章的研究对象。根据我们的研究结果,合同费根源于零售商的议价权力,它是零供之间基于议价权力分割交易收益的工具,虽然提升了渠道总利润,但带来了更低的消费者福利和"扶强凌弱"的反竞争效应。因此,作为零售商议价权力实现工具的合同费,应该受到规制。

新品费则是零售商更换现有在售产品的利润补偿机制,即使零售商没有议价权力,也可以基于现有产品的高质量、高货架业绩,向供应商索取一笔费用作为更换产品的补偿并形成通道费。这类新品费也是一种质量筛选机制,当零售商拥有一定议价权力时,可以确保带来更高质量的产品并提升消费者福利。另外,根据已有研究,新品费还是解决工商之间信息不对称,以及零供风险共担的手段。如果规制了新品费,则对于供应商,限制了其将自身产品区分出来的手段;对于零售商,独自承担了产品"失败"的风险;对于消费者,增加了其购买到低劣商品的可能。因此,新品费的合理性应在规制政策中予以体现。

对于促销服务费,根据我们的研究,它是供应商对零售商促销时货架业绩的补偿,它激励零售商主动承担促销任务,从而实现了更高的渠道利润和消费者剩余。因此,对于促销服务费,政府不应予以规制。当然,这里再次涉及对于"促销服务费"的界定问题。只有零售商承诺为商品促销做出努力,如提供更多的专人促销、更频繁的店内广告、更专业的商品陈列,基于此约定的转移支付才可以被称为"促销服务费"。

　　总之,在当前通道费收费结构下,不同费用的形成机理和经济后果是截然不同的:新品费、优质货架费、促销服务费有着合理的收费逻辑,它们或是零售商在稀缺货架下更换产品的补偿,或是零售商向供应商提供增值服务所进行的收费,并最终带来了积极的福利效果;合同费和销售返利则根源于零售商的议价权力或市场势力,并带来了消极的福利效果。因此,政府在通道费问题上应采取的选择性规制策略是:对新品费、优质货架费、促销服务费的合理性予以认可;对销售返利采取引导为主,规制为辅;对合同费进行严格规制。另外,在实际操作中,应注意规制策略的可操作性,避免零售商通过变更费用名目来规避规制的情况。

第十章　结论及进一步研究的方向

第一节　主　要　结　论

本研究针对国内外商品流通实践中出现的零售商向供应商收取通道费现象,在文献研究的基础上,坚持马克思主义流通理论的指导,并借鉴运用新产业组织理论模型,从通道费的经济起因、经济影响、经济本质、政策规制等方面展开了相对系统的研究,主要结论如下。

一、理论

1. 通道费是流通渠道控制权向零售商转移的体现,具有一定的合理性。零售商收取通道费是需求不确定条件下承担风险、促销成本的补偿,但零售商也不能滥用市场相对优势地位,收取名目繁多的通道费,严重挤压供应商利润空间。

2. 渠道效率方面,由于在通道费合约下,双方议定的批发价格始终能保持在渠道最优的水平,议价权力通过通道费这一转移支付来实现,此时的渠道不仅能实现个体最优,而且可以同时实现总体最优,在这个意义上通道费提升了渠道效率;通道费既是实现议价权力的利润分割机制,又是更换在售产品的利润补偿机制,更是一种产品质量的筛选机制。在这一质量筛选机制下,通道费的福利效应是不确定的,因此相关的规制策略应保持谨慎。

3. 为了激励零售商实施促销活动,生产商可能向零售商支付通道费作为补偿,以提高渠道总利润和渠道成员利润。这种机制在通道费成因上给出了另一种解释:补偿零售商提升货架业绩所承担的促销成本,帮助实现最优的促销安排。通道费作为一种货架业绩的补偿机制,在实现了更高渠道利润的同时,也提升了消费者福利。

4. 电商渠道正逐渐受到消费者的认可,随着电商的市场份额进一步增加,实体零售商所能够收取的通道费将逐渐减少,电商收取的通道费采取了新的表现形式,对渠道利润和消费者福利产生了深刻的影响。

5. 现代零售组织化程度越来越高,零售服务在一定程度上表现出零售企业的产出属性。零售商收取的通道费既是对其支付纯粹流通费用的补偿,也在一定程度上构成了零售服务的价值实现。

二、政策

1. 在现代零售模式下,通道费既是生产商对商人资本纯粹流通费用的补偿,也是零售商提供的零售服务的价值实现方式。零售商收取通道费应保持必要的限度,并且零售商需要进一步顺应零售机能转换的趋势,着眼于实现商人资本职能与生产资本职能的有机结合,加强供应链管理,既获得产业资本让渡的价值,又获得零售服务作为商品的交换价值,从而获取更多的渠道利益,赢得市场竞争的新空间。

2. 通道费作为渠道合约的一项重要内容,与其他条件(如批发价格、零售价格、生产商广告、零售商促销、销量返点等)存在互补或替代关系,但并非所有行业、所有企业或所有产品都收取/支付通道费,费用数额和类别也各不相同,充分体现了收费差异性。因此,通道费需要选择性的政策规制,一方面需要对收费形式本身进行选择性规制,另一方面需要对不同行业、企业、产品及业态(电商与实体店)进行选择性规制。

第二节　进一步研究的方向

一、模型研究

在讨论货架业绩补偿的时候,相关模型只对通道费或促销补偿给出了一个分布范围而不是一个确定值,这涉及零售商与生产商之间的议价。因此,未来构建新的博弈模型并纳入渠道成员的议价权力,将是一个非常重要的扩展方向。再者,从产品属性角度考虑促销效果,假定促销效果差异在于产品属性而不在于促销主体,但实际上生产商促销与零售商促销可能具有不同的效果,尤其对于科技含量较高的新产品,生产商的促销效果可能更好。因此,考虑生产商与零售商不同的促销效果也是一个非常有潜力的研究方向。

二、经验研究

本文侧重理论模型研究,在经验方面存在一定的不足。尽管从实业界访谈和实地观测获得了部分证据,但仍不足以支持严格的经验分析,通道费与其他变量的经验关系还依赖于未来的大样本数据采集。一些经验分析得出通道费与更高零售价格有关,但不足以表明通道费损害了消费者福利,消费者剩余才是度量消费者福利的恰当指标。相关性并不一定意味着因果联系,因果性需要更严格的经验验证。另外,对通道费的多案例比较研究也是未来经验研究的方向。

参 考 文 献

［1］鲍鼎.不同渠道权力结构下的零供渠道关系研究［D］.南京审计大学，2019.

［2］北京市商业委员会、北京市工商行政管理局.关于规范商业零售企业进货交易行为有关问题的通知［J］.全国商情・商业经理人，2002(9)：5—6.

［3］曹芳.博弈论视角下零售商通道费福利效果研究［J］.商业经济研究，2016(1)：34—35.

［4］曹家为.我国流通组织和流通渠道的设计与选择［J］.中国流通经济，2003，17(5)：13—17.

［5］陈浩、李凯.产业组织视角下零售商通道费行为［J］.东北大学学报(自然科学版)，2011，32(6)：895—899.

［6］程贤章.试论纯粹商业劳动创造商品价值［J］.商业经济研究，1986(2)：4—7＋33.

［7］代建生、孟卫东.风险规避下具有促销效应的收益共享契约［J］.管理科学学报，2014(5)：25—34.

［8］丁宁.零售商对制造商行使纵向约束的绩效——基于生产者服务视角的区域与行业的实证研究［J］.财贸经济，2010(2)：104—109.

［9］董春艳、张闯.渠道权力结构与进场费的作用关系——基于中国家电渠道的案例研究［J］.中国工业经济，2007(10)：119—126.

［10］董烨然.通道费：大型零售商发掘市场效率的一种机制设计［J］.财贸经济，2012(3)：94—102.

［11］杜少甫、朱贾昂、高冬、杜婵.Nash 讨价还价公平参考下的供应链优化决策［J］.管理科学学报，2013(3)：68—72＋81.

［12］范波、孟卫东、代建生.双边道德风险下基于 CVaR 的回购合同协调模型［J］.系统工程学报，2016，31(1)：78—87.

［13］国务院办公厅.关于推动实体零售创新转型的意见［E］.2016. http://

www.gov.cn/zhengce/content/2016-11/11/content_5131161.htm.

[14] 侯玉梅、田歆、马利军、张明莉、郑涛. 基于供应商促销与销售努力的供应链协同决策[J].系统工程理论与实践,2013(12):3087—3094.

[15] 胡本勇、曲佳莉. 基于双重努力因素的供应链销量担保期权模型[J].管理工程学报,2015(1):74—81+113.

[16] 胡学庆."通道费"的界定、合理性及利弊分析[J].上海经济研究,2008(8):50—56.

[17] 姬小利.伴随销售商促销努力的供应链契约设计[J].中国管理科学,2006(4):46—49.

[18] 纪宝成、李陈华.我国流通产业安全:现实背景、概念辨析与政策思路[J].财贸经济,2012(9):5—13.

[19] 纪宝成等.商品流通论——体制与运行[M].北京:中国人民大学出版社,1991.

[20] 蒋慧芳.我国零售业未来发展呈现六大特点[N].中国商报,2020-11-19.

[21] 孔群喜、石奇.通道费的市场规则:基于弱自然垄断行业特征的解释[J].商业经济与管理,2010(6):5—11.

[22] 李陈华、王庚.产品质量、议价权力与通道费[J].商业经济与管理,2019(11):5—17.

[23] 李陈华、晏维龙、徐振宇、庄尚文.促销效果、最优促销安排及其福利效应[J].商业经济与管理,2018(2):5—15.

[24] 李陈华、杨振.不确定需求下的议价权力与通道费[Z].工作论文,2017.

[25] 李陈华.零售商议价势力及其福利效应——兼论通道费的起因[J].财贸研究,2014(1):61—69.

[26] 李陈华.流通企业规模效率研究[M].北京:经济科学出版社,2010.

[27] 李飞、胡赛全、詹正茂.零售通道费形成机理——基于中国市场情境的多业态、多案例研究[J].中国工业经济,2013(3):124—136.

[28] 李慧中.论商业服务和银行服务的劳动价值创造[J].复旦学报(社会科学版),2014,56(5):120—124.

[29] 李晶.公益性抢劫? ——从商业伦理角度看超市通道费现象[J].中国科技信息,2005(20):5—9.

[30] 李骏阳.对收取通道费原因的分析——基于我国零售企业的赢利模式研究[J].管理学报,2009,6(12):1691—1695.

[31] 李骏阳.通道费的避税效应与规制[J].南方经济,2008(10):25—32.

[32] 李骏阳.通道费与协调工商关系的机制研究[J].财贸经济,2007(1):98—103.

[33] 李凯、李伟、马亮.买方抗衡势力条件下的特许费、通道费研究[J].产经

评论,2016,7(1):35—49.

[34] 李伟、李凯.零售商买方势力一定会导致通道费吗?——基于纵向市场结构的合作博弈分析[J].产经评论,2014,5(6):92—103.

[35] 李伟、彭迅一.中小供应商应对大型超市滥用优势地位的对策[J].商业经济研究,2015(31):31—32.

[36] 李玉峰、郑栋伟、陈宏民.基于返点机制的大型零售商通道费作用机制研究[J].经济经纬,2013(3):101—106.

[37] 李玉峰、郑栋伟、陈宏民.基于谈判能力与网络效应的零售业通道费研究[J].广东商学院学报,2010,25(6):40—45.

[38] 厉无畏、王玉梅.上海超市:问题与比较[J].上海经济研究,1996(Z1):63—65.

[39] 梁喜、蒋琼、郭瑾.不同双渠道结构下制造商的定价决策与渠道选择[J].中国管理科学,2018,26(7):97—107.

[40] 林娜.通道费的经济学分析——基于转轨期间中国的案例[J].产业经济研究,2009(6):80—87.

[41] 刘鹤.加快构建以国内大循环为主体、国内国际双循环相互促进的新发展格局[N].人民日报,2020-11-25(006).

[42] 刘磊、刘畅、乔忠.中日超市通道费盈利模式发展差异研究[J].中国流通经济,2012,26(1):75—80.

[43] 刘向东、李子文、王庚.超市通道费:现实与逻辑[J].商业经济与管理,2015(2):5—11.

[44] 刘向东、沈健.我国的通道费:理论发展与规制策略[J].管理世界,2007(7):164—165.

[45] 刘向东、沈健.我国通道费的经济学分析与规制政策评述[J].商业经济与管理,2008(2):16—23.

[46] 刘向东、王庚、李子文.国内零售业盈利模式研究——基于需求不确定性的零供博弈分析[J].财贸经济,2015(9):80—91.

[47] 刘向东.流通过程的社会必要劳动也加入商品价值的决定[J].经济理论与经济管理,2004(1):61—65.

[48] 鲁品越.流通费用、交易成本与经济空间的创造——《资本论》微观流通理论的当代建构[J].财经研究,2016(1):40—50.

[49] 骆耕漠.论商业劳动的非生产性质[J].中国社会科学,1986(1):43—56.

[50] 马克思.资本论[M].北京:人民出版社,2018.

[51] 莫申江、王重鸣.国外商业伦理研究回顾与展望[J].外国经济与管理,2009,31(7):16—22+42.

[52] 庞增荣、刘小群.我国商贸流通服务业对经济发展方式转变的助推作用

[J].商业经济研究,2017(13):11—12.

[53] 浦徐进、龚磊、张兴.考虑零售商公平偏好的促销努力激励机制设计[J].系统工程理论与实践,2015(9):2271—2279.

[54] 浦徐进、朱秋鹰、蒋力."农超对接"供应链的纵向合作研究——通道费、收入分享和 Pareto 改进[J].西北农林科技大学学报(社会科学版),2012,12(6):50—54.

[55] 邱力生、黄茜.试析通道费对国民经济运行安全的影响[J].财贸经济,2007(7):121—126.

[56] 邱若臻、黄小原.供应链渠道协调的收入共享契约模型[J].管理学报,2006(2):148—152.

[57] 邱毅、郑勇军.商贸平台的垄断势力与垄断行为研究:基于通道费视角[J].商业经济与管理,2013(7):13—19.

[58] 邱毅.网络交易平台运营商垄断行为的政府规制[J].中国流通经济,2014(5):88—94.

[59] 曲创、臧旭恒.供应商规模、产品差异与通道费定价策略[J].财经问题研究,2010(12):36—39.

[60] 任保全、刘志彪、任优生.全球价值链低端锁定的内生原因及机理——基于企业链条抉择机制的视角[J].世界经济与政治论坛,2016(5):1—23.

[61] 上海市商业委员会、上海市工商行政管理局.关于规范超市收费的意见(沪商委〔2002〕210 号)[E]. http://scjss. mofcom. gov. cn/aarticle/as/200504/20050400069518.html.

[62] 申成霖、卿志琼、张新鑫.零售商竞争环境下分散式供应链的定价与交货期联合决策模型[J].中国管理科学,2010(3):38—44.

[63] 盛朝迅.基于业态变异视角的我国百货业盈利模式思考[J].商业经济与管理,2011(2):14—20.

[64] 石奇、孔群喜.接入定价、渠道竞争与规制失败[J].经济研究,2009(9):116—127.

[65] 宋则、常东亮、王水平、王雪峰、丁宁.我国商贸流通服务业战略问题前沿报告[J].商业时代,2012(15):4—6.

[66] 宋则.马克思市场学说研究[J].财贸经济,2016(11):18—33.

[67] 孙冶方.社会主义经济的若干理论问题[M].北京:人民出版社,1979.

[68] 谭晓军、刘锋.日本学者关于服务劳动性质的争论——在马克思经济学视角下的研究[J].国外理论动态,2006(7):13—14+39.

[69] 唐宏祥、何建敏、刘春林.一类供应链的线性转移支付激励机制研究[J].中国管理科学,2003(12):29—34.

[70] 陶金国、胡文佳.通道费的生产及其对生产商利润影响——基于品牌价

值视角的研究[J].商业经济与管理,2012(6):23—29.

[71] 汪浩.零售经济学引论[M].北京:北京大学出版社,2010.

[72] 汪浩.通道费与零售商市场力量[J].经济评论,2006(1):29—34.

[73] 王道平、谷春晓、张博卿.风险规避和信息不对称下双渠道供应链的定价决策研究[J].工业工程与管理,2016,21(4):20—25+34.

[74] 王庚、黄雨婷.零售商通道费的福利研究——基于时间序列和面板数据的实证分析[J].产业经济评论(山东大学),2016,15(4):96—121.

[75] 王庚.零售商通道费的形成机理和福利效应——兼论国内零售业盈利模式转型[D].中国人民大学,2016.

[76] 王庚.零售商通道费福利效应研究[J].当代财经,2016(5):68—75.

[77] 王蒙、杨蕙馨.通道费与产品创新程度的关系分析[J].广东社会科学,2012(2):38—45.

[78] 王平、赵亚平.跨国零售滥用市场优势地位的规制评述[J].北京工商大学学报(社会科学版),2008(6):6—10.

[79] 王晓东、张昊.论独立批发商职能与流通渠道利益关系的调整[J].财贸经济,2011(8):81—86.

[80] 王晓东.商品流通渠道的整合与优化[J].经济理论与经济管理,2003(7):41—44.

[81] 王晓红.互联网发展报告中的商机[J].知识经济,2020(17):70—76.

[82] 王永培、袁平红.大型零售商收取通道费合理吗?——来自信号传递模型的解释[J].商业经济与管理,2011(7):5—12.

[83] 魏农建.马克思劳动价值论与流通劳动的生产性[J].上海大学学报社会科学版,2003(6):42—49.

[84] 巫景飞、李骏阳.《零售商供应商公平交易管理办法》有效性分析与经济学反思[J].商业经济与管理,2008(11):14—20.

[85] 吴小丁.大型零售店"进场费"与"优势地位滥用"规制[J].吉林大学社会科学学报,2004(5):119—125.

[86] 吴志艳、魏农建、谢佩洪.通道费在中国是显示市场势力还是促进市场效率?[J].上海对外经贸大学学报,2015,22(6):54—62.

[87] 习近平.决胜全面建成小康社会,夺取新时代中国特色社会主义伟大胜利——在中国共产党第十九次全国代表大会上的报告[N].人民日报,2017-10-28(1-5).

[88] 谢莉娟、黎莎、王晓东.中国零售业自营与联营问题的流通经济学分析[J].商业经济与管理,2019(5):5—14.

[89] 谢勇、向莉、陈双、王红卫.供应链返利与惩罚契约研究[J].系统工程学报,2013(5):625—632.

[90] 晏维龙、韩耀、杨益民.城市化与商品流通的关系研究:理论与实证[J].经济研究,2004(2):75—83.

[91] 晏维龙.生产商主导还是流通商主导——关于流通渠道控制的产业组织分析[J].财贸经济,2004(5):11—17+95.

[92] 杨联民、王丹尼.小协会讨伐连锁大鳄[N].中华工商时报,2003-7-22.

[93] 杨平宇、李骏阳.基于制造商主动支付通道费的供应链协调研究[J].统计与决策,2011(9):47—50.

[94] 杨汝梁、孙元欣.零售商差异收取新产品通道费问题研究[J].商业研究,2014(8):171—176.

[95] 叶冉.我国流通服务业与制造业的产业关联与融合[J].商业经济研究,2015(33):4—6.

[96] 依绍华.我国超市通道费问题研究[J].价格理论与实践,2012(4):20—21.

[97] 应珊珊、朱蓓、高洁.基于制造商投资和讨价还价模型的零售通道费形成机理研究[J].经济理论与经济管理,2016(12):83—92.

[98] 于霞.大型超市的非对称定价研究——基于双边市场视角[J].价格月刊,2013(11):72—75.

[99] 俞明仁.试论社会主义流通劳动创造价值和商业利润的来源[J].经济研究,1986(11):30—33.

[100] 岳中刚、石奇.通道费的规制失灵:基于双边市场的研究[J].商业经济与管理,2009(9):5—10.

[101] 岳中刚.纵向压榨抑或市场治理——基于通道费规制失效的分析[J].财经问题研究,2009(10):52—57.

[102] 张闯、夏春玉.渠道权力:依赖、结构与策略[J].经济管理,2005(2):64—70.

[103] 张洪平.论流通领域劳动的生产性与非生产性[J].当代经济研究,2005(4):7—11.

[104] 张奎霞、郑成武.多业态市场情绪下我国零售通道费的形成机理分析[J].商业经济研究,2017(6):14—16.

[105] 张龙、宋士吉、刘连臣、吴澄.带有供需双方促销努力的供需链合同问题研究[J].清华大学学报(自然科学版),2003(9):1226—1229.

[106] 张赞、郁义鸿.零售商垄断势力、通道费与经济规制[J].财贸经济,2006(3):60—65+97.

[107] 赵守婷、张菊亮.新产品供应链协调[J].中国管理科学,2016(2):134—143.

[108] 赵亚平、庄尚文.跨国零售买方势力阻碍中国产业升级的机制及对策研

究[J].宏观经济研究,2008(10):49—54.

[109] 郑栋伟、陈宏民、杨剑侠.基于谈判机制的优质货架与通道费[J].管理评论,2012,24(1):99—107.

[110] 中共中央、国务院.关于新时代加快完善社会主义市场经济体制的意见[E]. 2020. http://www.gov.cn/zhengce/2020-05/18/content_5512696.htm.

[111] 中国商务部.零售商供应商公平交易管理办法(商务部2006年第17号令)[E]. 2006. http://www.mofcom.gov.cn/aarticle/swfg/swfgbh/201101/20110107352488.html.

[112] 周洪洋、柳思维.通道费的多学科视角解读[J].湖南商学院学报,2016,23(2):71—78.

[113] 周勤、朱有为.中国制造业和商业关系演化:总量分析[J].中国工业经济,2005(8):50—55.

[114] 朱如梦、樊秀峰.零售商与制造商合作双赢的经济学分析[J].商业经济与管理,2004(4):19—22.

[115] 庄尚文、赵亚平.跨国零售买方势力的福利影响与规制思路——以通道费为例的模型分析[J].财贸经济,2009(3):113—118+137.

[116] 庄尚文.流通渠道及其主导权研究:评述与展望[J].世界经济与政治论坛,2008(5):98—102.

[117] 庄尚文.论零售商主导下的供应链联盟[D].南京财经大学,2006.

[118] 左文进.双边市场框架下通道费的形成和定价策略[J].商业经济研究,2017(10):24—26.

[119] Aaker, David A., and James M. Carman. 1982. "Are You Overadvertising?" *Journal of Advertising*, 22(4):57-70.

[120] Aalberts, Robert J., and L. Lynn Judd. 1991. "Slotting in the Retail Grocery Business: Does It Violate the Public Policy Goal of Protecting Businesses Against Price Discrimination?" *Depaul Law Review*, 40(2):397-416.

[121] *Advertising Age*. 1987. "Grocer 'Fee' Hampers New Product Launches." August 3, page 1.

[122] Aghion, P., and P. Bolton. 1987. "Contracts as a Barrier to Entry." *American Economic Review*, 77(3):388-401.

[123] Akcay, V., and B. Tan. 2008. "On the Benefits of Assortment-based Cooperation among Independent Producers." *Production and Operations Management*, 17(6):626-640.

[124] Albion, Mark S. 1983. *Advertising's Hidden Effects*. Boston: Auburn

House, Chapter 10.

[125] Albion, Mark S., and Paul Farris. 1981. *The Advertising Controversy*. Boston: Auburn House.

[126] Alm, Richard, and W. Michael Cox. 1998. "The Right Stuff: America's Move to Mass Customization." *Annual Report*, Federal Reserve Bank of Dallas, pages 3-26.

[127] Anderson, S., and A. de Palma. 1992. "Multiproduct Firms: A Nested Logit Approach." *Journal of Industrial Economics*, 40(3):261-276.

[128] Areni, Charles, Dale Duhan, and Pamela Kiecker. 1999. "Point-of-Purchase Displays, Product Organization, and Brand Purchase Likelihoods." *Journal of the Academy of Marketing Science*, 27(4):428-441.

[129] Armstrong, M. 2006. "Competition in Two-sided Markets." *RAND Journal of Economics*, 37(3):668-691.

[130] Aydin, G., and W.H. Hausman. 2009. "The Role of Slotting Fees in the Coordination of Assortment Decisions." *Production and Operations Management*, 18(6):635-652.

[131] Bagwell, Kyle, and Garey Ramey. 1989. "Oligopoly Limit Pricing." *RAND Journal of Economics*, 22(2):155-172.

[132] Banks, Jeffrey S., and Joel Sobel. 1987. "Equilibrium Selection in Signaling Games." *Econometrica*, 55(3):647-662.

[133] Baumol, W.J., and D.F. Bradford. 1970. "Optimal Departures from Marginal Cost Pricing." *American Economic Review*, 60(3):265-283.

[134] Becker, Gary S., and Kevin M. Murphy. 1993. "A Simple Theory of Advertising as a Good or Bad." *Quarterly Journal of Economics*, 108(4):941-964.

[135] Beggs, A.W. 1994. "Mergers and Malls." *Journal of Industrial Economics*, 42(4):419-428.

[136] Bergen, M., S. Dutta, and S. Shugan. 1996. "Branded Variants: A Retail Perspective." *Journal of Marketing Research*, 33(1):9-19.

[137] Bernheim, B.D., and M. Whinston. 1985. "Common Marketing Agency as a Device for Facilitating Collusion." *RAND Journal of Economics*, 16(2):269-281.

[138] Bessen, Jim. 1993. "Riding the Marketing Information Wave." *Harvard Business Review*, 71.

[139] Bester, H. 1985. "Screening vs. Rationing in Credit Markets with Imperfect Information." *American Economic Review*, 75(4):850-855.

[140] Binmore, K., A. Rubinstein, and A. Wolinsky. 1986. "The Nash Bargaining Solution in Economic Modeling." *RAND Journal of Economics*, 17(2):176-188.

[141] Blattberg, Robert C., and Alan Evin. 1987. "Modelling the Effectiveness and Profitability of Trade Promotions." *Marketing Science*, 6(2): 124-146.

[142] Bloom, P. N. 2002. "Role of Slotting Fees and Trade Promotions in Shaping How Tobacco Is Marketed in Retail Stores." *Tobacco Control*, 10(4):340-344.

[143] Bloom, P. N., and J. Cannon. 1991. "Are Slottrng Allowances Legal under the Antitrust Laws?" *Journal of Public Policy and Marketing*, 10(1):167-186.

[144] Bloom, P. N., G. Gundlach, and J. Cannon. 2000. "Slotting Allowances and Fees: School of Thought and the Views of Practicing Managers." *Journal of Marketing*, 64(2):92-108.

[145] Bonanno, G., and J. Vickers. 1988. "Vertical Separation." *Journal of Industrial Economics*, 36(3):257-265.

[146] Bone, P.F., K.F. France, and R. Riley. 2006. "A Multifirm Analysis of Slotting Fees." *Journal of Public Policy & Marketing*, 25(2):224-237.

[147] Bonnet, C., and P. Dubois. 2010. "Inference on Vertical Contracts between Manufacturers and Retailers Allowing for Nonlinear Pricing and Resale Price Maintenance." *RAND Journal of Economics*, 41(1): 139-164.

[148] Brennan, M. J., and E. S. Schwartz. 1985. "Evaluating Natural Resource Investments." *Journal of Business*, 58(2):135-157.

[149] Bronsteen, Peter, Kenneth G. Elzinga, and David E. Mills. 2005. "Price Competition and Slotting Allowances." *Antitrust Bulletin*, 50(2):267-284.

[150] Bulow, J.I., J.D. Geanakoplos, and P.D. Klemperer. 1985. "Multimarket Oligopoly: Strategic Substitutes and Complements." *Journal of Political Economy*, 93(3):488-511.

[151] Cachon, C., and M. Lariviere. 2005. "Supply Chain Coordination with Revenue Sharing Contracts: Strengths and Limitations." *Management Science*, 51(1):30-44.

[152] Cachon, C., C. Terwiesch, and Y. Xu. 2005. "Retail Assortment Plan-

ning in the Presence of Consumer Search." *Manufacturing & Service Operations Management*, 7(4):330-346.

[153] Cachon, Gerard P. 2003. "Supply Chain Coordination with Contracts." *Handbooks in Operations Research and Management Science*. North Holland, Amsterdam.

[154] Cachon, Gerard P., and A. Gurhan Kok. 2007. "Category Management and Coordination in Retail Assortment Planning in the Presence of Basket Shopping Consumers." *Management Science*, 53(6):934-951.

[155] Caillaud, B., and P. Rey. 1995. "Strategic Aspects of Vertical Delegation." *European Economic Review*, 39(3-4):421-431.

[156] Camerer, Colin F., George Loewenstein, and Matthew Rabin (eds). 2003. *Advances in Behavioral Economics*. Princeton: Princeton University Press.

[157] Canadian Competition Bureau. 2002. "The Abuse of Dominance Provisions as Applied to the Canadian Grocery Sector." Available at http://strategis.ic.gc.ca/pics/ct/ct02465e.pdf(accessed May 10, 2010).

[158] Cannon, Joseph P., and Paul N. Bloom. 1991. "Are Slotting Allowances Legal under Antitrust Laws?" *Journal of Public Policy and Marketing*, 10(1):167-186.

[159] Cannondale Associates. 2003. *Trade Promotion, Spending and Merchandising: Industry Study*. Industry Survey Report. Wilton, Conn.: Cannondale Associates.

[160] Cappo, Joe. 2003. "How Retailer Power Changes Marketing." Advertising Age, 74(29):16.

[161] Caprice, S., and V. von Schlippenbach. 2013. "One-stop Shopping as a Cause of Slotting Fees: A Rent-shifting Mechanism." *Journal of Economic and Management Strategy*, 22(3):468-487.

[162] Chen, K., and W. Hausman. 2000. "Technical Note: Mathematical Properties of the Optimal Product Line Selection Problem Using Choice-based Conjoint Analysis." *Management Science*, 46(2):327-332.

[163] Chen, Y., and M. Riordan. 2007. "Price and Variety in the Spokes Model." *The Economic Journal*, 117(522):897-921.

[164] Chen, Z., and R. Lent. 1992. "Supply Analysis in an Oligopsony Model." *American Journal of Agricultura Economics*, 74(4):973-979.

[165] Chen, Z., and T.W. Ross. 2003. "Cooperating Upstream while Competing Downstream: A Theory of Input Joint Ventures." *International*

Journal of Industrial Organization, 21(3):381-397.

[166] Chintagunta, P.K., and D. Jain. 1992. "A Dynamic Model of Channel Member Strategies for Marketing Expenditures." *Marketing Science*, 11(2):168-188.

[167] Cho, In-Koo, and David Kreps. 1987. "Signaling Games and Stable Equilibria." *Quarterly Journal of Economics*, 102(2):179-221.

[168] Chu, Woosik, and Wujin Chu. 1990. "Signaling Quality by Selling Through a Reputable Retailer An Example of Renting the Reputation of Another Agent." Marketing Center Working Paper No.90-2, MIT, Cambridge, MA.

[169] Chu, Wujin, and Paul R. Messinger. 1993. "Product Proliferation, Slotting Allowances, and Information: Sources of Retailer Clout." Unpublished manuscript. St. Louis, Mo: Washington University.

[170] Chu, Wujin. 1991. "Oligopolistic Entry Deterrence, Limit Pricing and the Public Goods Nature of Entry Deterrence." Marketing Center Working Paper No.91-3, MIT, Cambridge, MA.

[171] Chu, Wujin. 1992. "Demand Signaling and Screening in Channels of Distribution." *Marketing Science*, 11(4):327-347.

[172] Chun, S.H., and J.C. Kim. 2005. "Pricing Strategies in B2C Electronic Commerce: Analytical and Empirical Approaches." *Decision Support Systems*, 40(2):375-388.

[173] Clarke, R., S. Davies, P. Dobson, and M. Waterson. 2002. *Buyer Power and Competition in European Food Retailing*. Edward Elgar, Cheltenham.

[174] Coase, R. "The Nature of the Firm." *Economica*, 1937, 4(16):386-405.

[175] Copple, Brandon. 2002. "Shelf Determination." *Forbes*, 169(9):130-132, 134, 136, 138, 140, 142.

[176] Cotterill, R. 1986. "Market Power in the Retail Food Industry: Evidence from Vermont." *Review of Economics and Statistics*, 68(3):379-386.

[177] Coughian, Anne T. 1985. "Competition and Cooperation in Market in Channel Choice: Theory and Application." *Marketing Science*, 4(2):110-129.

[178] Coughlan, Anne T., B. Wernerfelt. 1989. "On Credible Delegation by Oligopolists: A Discussion of Distribution Channel Management."

Management Science, 35(2):226-239.

[179] Dagnoli, Judann, and Lori Freeman. 1988. "Marketers Seek Slotting Fee Truce: New Promotions Would Help Retailers." *Advertising Age*, 59(February 22):12, 68.

[180] Dahlgran, Roger A., et al. 2005. "Robustness of an Intermittent Program of Comparative Retail Food Price Information." *Journal of Consumer Affairs*, 25(1):84-97.

[181] Dana, J. 2009. "Buyer Groups as Strategic Commitments." *Games & Economic Behavior*, 74(2):470-485.

[182] Danish Competition Authority. 2005. "Nordic Food Markets—A Taste of Competition." available at http://www.ks.dk/publikationer/konkurrence/publikationer-2005/2005-12-14-nordic-food-markets-a-taste-for-competition/.

[183] Deloitte & Touche. 1990. *Managing the Process of Introducing and Deleting Products in the Grocery and Drug Industry*. Washington, DC: Grocery Manufacturers of America.

[184] Desai, P.S. 1997. "Advertising Fee in Business-format Franchising." *Management Science*, 43(10):1401-1419.

[185] Desai, P.S. 2000. "Multiple Messages to Retain Retailers: Signaling New Product Demand." *Marketing Science*, 19(4):381-389.

[186] Desai, P.S., and K. Srinivasan. 1990. "A Channel Management Issue: New Franchising in the Presence of Two-Sided Information Asymmetry." mimeo, Carnegie-Mellon University, Pittsburgh, PA.

[187] Desai, P.S., and K. Srinivasan. 1995. "Demand Signalling under Unobservable Effort in Franchising: Linear and Nonlinear Price Contracts." Management Science, 41(10):1608-1623.

[188] Desiraju, R. 2001. "New Product Introductions, Slotting Allowances and Retailer Discretion." Journal of Retailing, 77(3):335-358.

[189] Desiraju, R., and S. Moorthy. 1997. "Managing a Distribution Channel under Asymmetric Information with Performance Requirements." *Management Science*, 43(12):1628-1644.

[190] DeVuyst, C.S. 2002. "Non-Credible Information Flows Between Food Manufacturers and Retailers." *Journal of Food Distribution Research*, 33(3):1-7.

[191] DeVuyst, C.S. 2005. "Demand Screening with Slotting Allowances and Failure Fees." *Journal of Agricultural and Food Industrial Organi-*

zation, 3(2):1-19.

[192] Dixit, A. K. 1989. "Entry and Exit Decisions under Uncertainty." *Journal of Political Economy*, 97(3):620-638.

[193] Dixit, A.K. 1992. "Investment and Hysteresis." *Journal of Economic Perspectives*, 6(1):107-132.

[194] Dixit, A.K., and J. Stiglitz. 1977. "Monopolistic Competition and Optimum Product Diversity." *American Economic Review*, 67(3):297-308.

[195] Dixit, A.K., and R. Rob. 1994. "Switching Costs and Sectoral Adjustments in General Equilibrium with Uninsured Risk." *Journal of Economic Theory*, 62(1):48-69.

[196] Dixit, A.K., and R.S. Pindyck. 1994. *Investment under Uncertainty*. Princeton, NJ: Princeton University Press.

[197] Dobson, G., and S. Kalish. 1988. "Positioning and Pricing a Product Line." *Marketing Science* 7(2):107-125.

[198] Dobson, P. W. 2005. "Exploiting Buyer Power: Lessons from the British Grocery Trade." *Antitrust Late Journal*, 72(2):529-562.

[199] Dobson, P.W., and M. Waterson. 1997. "Countervailing Power and Consumer Prices." *Economic Journal*, 107(441):418-430.

[200] Dobson, P.W., and M. Waterson. 1999. "Retailer Power: Recent Developments and Policy Implications." *Economic Policy*, 14(28):133-164.

[201] Dreze, Xavier, Stephen P. Hoch, and Mary E. Purk. 1994. "Shelf Management and Space Elasticity." *Journal of Retailing*, 70(4):301-326.

[202] Dube, J.-P., 2004, "Multiple Discreteness and Product Differentiation: Demand for Carbonated Soft Drinks." *Marketing Science*, 23(1):66-81.

[203] Ehrlich, Isaac, and Lawrence Fisher. 1982. "The Derived Demand for Advertising: A Theoretical and Empirical Tnvestigation." *American Economic Review*, 72(3):366-388.

[204] Elitzak, Howard. 1999. *Food Cost Review 1950-1997*. Agricultural Economic Report No.780. Washington, D.C.: U.S. Department of Agriculture.

[205] Epstein, Eddie. 1994. "Power Retailers Are Not Going to Control It All." *Beverage World*, 113:13-15.

[206] Epstein, Leonardo D., Arturo A. Flores, Ronald C. Goodstein, and

Sandra J. Milberg. 2016. "A New Approach to Measuring Retail Promotion Effectiveness: A Case of Store Traffic." *Journal of Business Research*, 69(10):4394-4402.

[207] Erjiang, E., P. Geng, T. Xin, and Chen Q. 2016. "Online Cooperative Promotion and Cost Sharing Policy under Supply Chain Competition." *Mathematical Problems in Engineering*, 1-11.

[208] Etgar, Michael. 1976. "Channel Domination and Countervailing Power in Distributive Channels." *Journal of Marketing Research*, 13(3): 254-262.

[209] Falk, Armin, Ernst Fehr, and Urs Fischbacher. 2008. "Testing Theories of Fairness—Intentions Matter." *Games and Economic Behavior*, 62(1):287-303.

[210] Farris, P.W., and K.L. Ailawadi. 1992. "Retail Power: Monster or Mouse?" *Journal of Retailing*, 68(4):351-369.

[211] Federal Trade Commission (FTC). 2000. *Open Workshop on Slotting*. Washington, DC, May 31-June 1.

[212] Federal Trade Commission(FTC). 2001. *Report on the Federal Trade Commission Workshop on Slotting Allowances and Other Marketing Practices in the Grocery Industry*. Washington, DC: U.S. Government Printing Office.

[213] Federal Trade Commission(FTC). 2003. *Slotting Allowances in the Retail Grocery Industry: Selected Case Studies in the Product Categories*. November. Washington, DC: U.S. Government Printing Office.

[214] Fehr, E., and K.M. Schmidt. 1999. "A Theory of Fairness, Competition, and Cooperation." *Quarterly Journal of Economics*, 114(3): 817-868.

[215] Fershtman, C., and K.L. Judd. 1987. "Equilibrium Incentives in Oligopoly." *American Economic Review*, 77(5):927-940.

[216] Fieser, J. 1996. "Do Businesses Have Moral Obligations Beyond What the Law Requires?" *Journal of Business Ethics*, 15(4):457-468.

[217] Fisher, Franklin M. 1989. "Games Economists Play: A Noncooperative View." *RAND Journal of Economics*, 20(1):113-124.

[218] Food Marketing Institute. 1980-2003. *Annual Financial Review*. Washington, D.C.: Food Marketing Institute.

[219] Food Marketing Institute. 1992-2000. *Food Marketing Industry Speaks*. Washington, D.C.: Food Marketing Institute.

[220] Food Marketing Institute. 2002. "Slotting Allowances in the Supermarket Industry." FMI Backgrounder Report(accessed January 17, 2006) [available at http://www.fmi.org/media/bg/slottingfees2002.pdf].

[221] Food Marketing Institute. 2002. Backgrounder on Slotting Allowances. http://www.fmi.org/media/bg/slottingfees2002.pdf.

[222] Food Marketing Institute. 2003a. *Food Marketing Industry Speaks: The State of the Food Retail Industry*. Washington, DC: Food Marketing Institute.

[223] Food Marketing Institute. 2003b. "New Products and Services."(accessed March 10, 2003) [available at http://www.fmi.org/facts_figs/newproductsandservices.pdf]

[224] Foros, Øystein, and Hans J. Kind. 2008. "Do Slotting Allowances Harm Retail Competition?" *Scandinavian Journal of Economics*, 110 (2):367-384.

[225] Foros, Øystein, Hans J. Kind, and G. Shaffer. 2010. "Resale Price Maintenance and Restrictions on Dominant Firm and Industry-wide Adoption." Working Paper Series, University of East Anglia, Centre for Competition Policy(CCP) 2010-2011, Centre for Competition Policy, University of East Anglia, Norwich, UK.

[226] Foros, Øystein, Hans J. Kind, and J.Y. Sand. 2009. "Slotting Allowances and Manufacturers' Retail Sales Effort." *Southern Economic Journal*, 76(1):266-282.

[227] Frazer, Lorelle. 1998. "Motivations for Franchisors to Use Flat Continuing Franchise Fees." *Journal of Consumer Marketing*, 15(6):587-597.

[228] Freund, R. 1956. "Introduction of Risk into a Programming Model." *Econometrica*, 24(3):253-263.

[229] Friedman, James. 1971. "A Non-cooperative Equilibrium for Supergames." *Review of Economic Studies*, 38(1):1-12.

[230] Friedman, James. 1983. *Oligopoly Theory*. New York: Cambridge University Press.

[231] Fudenberg, D., and J. Tirole. 1984. "The Fat-Cat Effect. The Puppy-Dog Ploy, and the Lean and Hungry Look." *American Economic Review*, 74(2):361-366.

[232] Fudenberg, D., and J. Tirole. 1991. *Game Theory*. Cambridge, MA: MIT Press.

[233] Gabrielsen, Staahl Tommy, and Bjørn Olav Johansen. 2013. "The Opportunism Problem Revisited: The Case of Retailer Sales Effort." *Working Papers in Economics 07/13*, University of Bergen, Department of Economics.

[234] Galbraith, John Kenneth. 1952. *American Capitalism: The Concept of Countervailing Power*. Boston: Houghton Mifflin.

[235] Gallini, N., and N. Lutz. 1992. "Dual Distribution and Royalty Fees in Franchising." *Journal of Law, Econommics, and Organization*, 8(2):471-501.

[236] Gal-Or, E. 1991. "Duopolistic Vertical Restraints." *European Economic Review*, 35(6):1237-1253.

[237] Gaski, John F. 1984. "The Theory of Power and Conflict in Channels of Distribution." *Journal of Marketing*, 48(3):9-29.

[238] Gaur, V., D. HonHon. 2006. "Assortment Planning and Inventory Decisions under a Locational Choice Model." *Management Science*, 52 (10):1528-1543.

[239] Gerstner, Eitan, and James D. Hess. 1995. "Pull Promotions and Channel Coordination." *Marketing Science*, 14(1):43-60.

[240] Gibson, Richard. 1988. "Supermarkets Demand Food Firms' Payments Just to Get on the Shelf." *Wall Street Journal*, November 1, pp.1, 14.

[241] Griffith, D.A., and R.F. Krampf. 1997. "Emerging Trends in US Retailing." *Long Range Planning*, 30(6):847-852.

[242] Gundlach, G.T., and P.N. Bloom. 1998. "Slotting Allowances and the Retail Sale of Alcohol Beverages." *Journal of Public Policy & Marketing*, 17(2):173-184.

[243] Hamilton, S.F. 2003. "Slotting Allowances as a Facilitating Practice by Food Processors in Wholesale Grocery." *American Journal of Agricultural Economics*, 85(4):797-813.

[244] Hamilton, S.F. 2009. "Excise Taxes with Multi-Product Transactions." *American Economic Review*, 99(1):458-471.

[245] Hamilton, S.F., and D.L. Sunding. 1997. "The Effect of Farm Supply Shifts on Concentration and Market Power in the Food Processing Sector." *American Journal of Agricultural Economics*, 79(2):524-531.

[246] Hamilton, S.F., and K. Stiegert. 2000. "Vertical Coordination, Antitrust Law, and International Trade." *Journal of Law & Economics*, 43(1):143-156.

[247] Hamilton, S. F., and T. Richards. 2009. "Product Differentiation, Store Differentiation, and Assortment Depth." *Management Science*, 55(8):1368-1376.

[248] Hammoncis, T., and H. Radtke. 1990. "Two Views on Slotting Allowances." *Progressive Grocer*, 69, pp.46-48.

[249] Hamstra, Mark. 2005. "Study Sees Purpose in Slotting Fees." *Supermarket News*, April 18, 8.

[250] Hansen, R.G., and J.R. Lott, Jr. 1996. "Externalities and Corporate Objectives in a World with Diversified Shareholder/Consumers." *Journal of Financial and Quantitative Analysis*, 31(1):43-68.

[251] Harps, Leslie Hansen, and Warren Thayer. 1997. "FTC Is Investigating 'Exclusive Dealing'." *Frozen FoodAge*, 45(10):8, 78.

[252] Harrington, Joseph F. 1987. "Oligopolistic Entry Deterrence under Incomplete Information." *RAND Journal of Economics*, 18(2):211-231.

[253] Hart, Oliver, and John Moore. 1988. "Incomplete Contracts and Renegotiation." *Econometrica*, 56(4):755-785.

[254] Heeler, Roger M., Michael J. Keamey, and Bruce J. Mehaffey. 1973. "Modeling Supermarket Product Selection." *Journal of Marketing Research*, 10(1):34-37.

[255] Hirshleifer, Jack. 1956. "On Economics of Transfer Pricing." *Journal of Business*, 29(3):172-184.

[256] Holmstrom, Bengt. 1982. "Moral Hazard in Teams." *Bell Journal of Economics*, 13(2):324-340.

[257] Hopp, W.J., and X. Xu. 2005. "Product Line Selection and Pricing with Modularity in Design." *Manufacturing & Service Operations Management*, 7(3):172-187.

[258] Inderst, R., and G. Shaffer. 2007. "Retail Mergers, Buyer Power, and Product Variety." *Economic Journal*, 117(516):45-67.

[259] Ingene, Charles A., and Mark E. Parry. 1995a. "Channel Coordination When Retailers Compete." *Marketing Science*, 14(4):360-377.

[260] Ingene, Charles A., and Mark E. Parry. 1995b. "Coordination and Manufacturer Profit Maximization: The Multiple Retailer Channel." *Journal of Retailing*, 71(2):129-151.

[261] Ingene, Charles A., and Mark E. Parry. 2000. "Is Channel Coordination All It Is Cracked up to Be?" *Journal of Retailing*, 76(4):511-547.

[262] Innes, R. 2006. "Entry Deterrence by Non-Horizontal Merger." *Jour-

nal of Industrial Economics, 54(3):369-395.

[263] Innes, R., and S. Hamilton. 2006. "Naked Slotting Fees for Vertical Control of Multi-product Retail Markets." *International Journal of Industrial Organization*, 24(2):303-318.

[264] Innes, R., and S. Hamilton. 2009. "Vertical Restraints and Horizontal Control." *Rand Journal of Economics*, 40(1):120-143.

[265] Innes, R., and S. Hamilton. 2012. "Slotting Allowances and Product Variety in Oligopoly Markets." *Working Paper*, U.C. Merced and Cal Poly SLO.

[266] Innes, R., and S. Hamilton. 2013. "Slotting Allowance under Supermarket Oligopoly." *American Journal of Agricultural Economics*, 95(5):1216-1222.

[267] Irmen, A. 1998. "Precommitment in Competing Vertical Chains." *Journal of Economic Surveys*, 12(4):333-359.

[268] Israilevich, G. 2004. "Assessing Supermarket Product-line Decisions: The Impact of Slotting Fees." *Quantitative Marketing and Economics*, 2(2):141-167.

[269] Iyer, G. 1998. "Coordinating Channels under Price and Nonprice Competition." *Marketing Science*, 17(4):338-355.

[270] Iyer, G., and J.M. Villas-Boas. 2003. "A Bargaining Theory of Distribution Channels." *Journal of Marketing Research*, 40(1):80-100.

[271] Jacobson, Jonathan M. 2002. "Exclusive Dealing, 'Foreclosure', and Consumer Harm." *Antitrust Law Journal*, 70(2):311.

[272] Jeuland, Abel P., and Steven M. Shugan. 1983. "Managing Channel Profits." *Marketing Science*, 2(3):239-272.

[273] Jeuland, Abel P., and Steven M. Shugan. 1988. "Managing Channel Profits-reply." *Marketing Science*, 7(1):103-106.

[274] Just, R.E., and W. Chern. 1980. "Tomatoes, Technology, and Oligopsony." *Bell Journal of Economics*, 11(2):584-602.

[275] Kadiyali, Vrinda, Pradeep Chintagunta, and Naufel Vilcassim. 2000. "Manufacturer-retailer Channel Interactions and Implications for Channel Power: An Empirical Investigation of Pricing in a Local Market." *Marketing Science*, 19(2):127-148.

[276] Kahn, Barbara E., and Leigh McAlister. 1997. *Grocery Revolution*. Addison-Wesley, Reading, MA.

[277] Kalai, E., and D. Smordinsky. 1975. "Other Solutions to Nash's Bar-

gaining Problem." *Econometrica*, 43(3):513-518.

[278] Katz, M. 1991. "Game Playing Agents: Unobservable Contracts as Precommitments." *RAND Journal of Economics*, 22(3):307-328.

[279] Kelly, K. 1991. "The Antitrust Analysis of Grocery Slotting Allowances: the Precompetitive Case." *Journal of Public Policy and Marketing*, 17(2):187-198.

[280] Kiley, David. 1990. "California Probes Slotting Fee." *Adweek's Marketing Week* (October 8):6.

[281] Kim, Sang Yong, and Richard Staelin. 1996. "Retail Power Is It an Illusion? An Analytic Modeling Approach." *Working Paper*, Fuqua School of Business, Duke University.

[282] Klein, B. 1993. "Market Power in Antitrust: Economic Analysis after *Kodak*." *Supreme Court Economic Review*, 3:43-92.

[283] Klein, B. 2003. "Exclusive Dealing as Competition for Distribution on the Merits." *George Mason Law Review*, 12(1):119-162.

[284] Klein, B., and J.D. Wright. 2007. "The Economics of Slotting Contracts." *Journal of Law and Economics*, 50(3):421-454.

[285] Klein, B., and Keith Leffler. 1981. "The Role of Market Forces in Assuring Contractual Performance." *Journal of Political Economy*, 89(4):615-641.

[286] Klein, B., and Kevin M. Murphy. 1988. "Vertical Restraints as Contract Enforcement Mechanisms." *Journal of Law and Economics*, 31(2):265-297.

[287] Klein, B., and Kevin M. Murphy. 2008. "Exclusive Dealing Intensifies Competition for Distribution." *Antitrust Law Journal*, 75(2):433-466.

[288] Klie, L. 2004. "FTC: Slotting Fees Vary among Product Categories." *Frozen Food Age*, 52(65):6.

[289] Krattenmaker, T., and S. Salop. 1986. "Anticompetitive Exclusion: Raising Rivals' Costs to Achieve Power Over Price." *Yale Law Journal*, 96(2):215-291.

[290] Kreps, David. 1987. "Out of Equilibrium Beliefs and Out of Equilibrium Behavior." Mimeo, Stanford University, Stanford, CA.

[291] Krishnan, T., and H. Soni. 1997. "Guaranteed Profit Margins: A Demonstration of Retailer Power." *International Journal of Research in Marketing*, 14(1):35-56.

[292] Kuhn, K., and X. Vives. 1999. Excess Entry, Vertical Integration, and Welfare. *RAND Journal of Economics* 30:575-603.

[293] Kuksov, Dmitri, and Amit Pazgal. 2007. "The Effects of Costs and Competition on Slotting Allowances." *Marketing Science*, 26(2):259-267.

[294] Kumar, Nanda, Surendra Rajiv, and Abel Jeuland. 2001. "Effectiveness of Trade Promotions: Analyzing the Determinants of Retail Pass through." *Marketing Science*, 20(4):382-404.

[295] Lafontaine, Francine. 1990. "An Empirical Look at Franchise Contracts as Signaling Devices." *GSIA Working Paper No.1990-19*, Carnegie-Mellon University, Pittsburgh, PA.

[296] Lal, Rajiv, and J.M. Villas-Boas. 1998. "Price Promotions and Trade Deals with Multi-product Retailers." *Management Science*, 44(7):935-949.

[297] Lal, Rajiv. 1990. "Improving Channel Coordination through Franchising." *Marketing Science*, 9(4):299-318.

[298] Lam, Shun Yin, Mark Vandenbosch, John Hulland, and Michael Pearce. 2001. "Evaluating Promotions in Shopping Environments: Decomposing Sales Response into Attraction, Conversion, and Spending Effects." *Marketing Science*, 20(2):194-215.

[299] Lamm, R.M. 1981. "Prices and Concentration in the Food Retailing Industry." *Journal of Industrial Economics*, 30(1):67-78.

[300] Landes, William M., and Richard A. Posner. 1987. "Trademark Law: An Economic Perspective." *Journal of Law and Economics*, 30(2):265-309.

[301] Lariviere, Martin, and V. Padmanabhan. 1997. "Slotting Allowances and New Product Introductions." *Marketing Science*, 16(2):112-128.

[302] Lariviere, Martin. "Channel Coordination and New Product Introductions: The Role of Slotting Allowances." Unpublished Manuscript. Stanford, Cal: Stanford University, Graduate School of Business, 1993.

[303] Leahy, J. 1990. "Optimality, Competitive Equilibrium, and the Entry and Exit Decisions of Firms." Working Paper, Department of Economics, Princeton University.

[304] Li, Krista J., and Sanjay Jain. 2016. "Behavior-Based Pricing: An Analysis of the Impact of Peer-Induced Fairness." *Management Science*,

62(2):2705-2721.

[305] Lin, J.Y. 1988. "Oligopoly and Vertical Integration: Note." *American Economic Review*, 78(1):251-254.

[306] Lin, J.Y. 1990. "The Dampening of Competition Effect of Exclusive Dealing." *Journal of Industrial Economics*, 39(2):209-223.

[307] Lina, Pilelienė, and Bakanauskas Arvydas Petras. 2015. "Determination of Customer Preferences for Benefits Provided by Sales Promotion at Shopping Centres in Lithuania." *Scientific Annals of Economics and Business*, 62(1):85-92.

[308] Little, Guadagni J.D.C. 1983. "A Logit Model of Brand Choice Calibrated on Scanner Data." *Marketing Science*, 2(3):203-238.

[309] Lucas, Allison. 1996. "Shelf Wars." *Sales & Marketing Management*, 148(3):121.

[310] MacAvoy, C.J. 1997. "Antitrust Treatment of Slotting Allowances." Paper presented at ABA Section of Antitrust Law, 45th Annual Spring Meeting, Washington, DC(April 9-11).

[311] Maddah, B., and E.K. Bish. 2007. "Joint Pricing, Assortment, and Inventory Decisions for a Retailer's Product Line." *Naval Research Logistics*, 54(3):315-330.

[312] Maddala, G.S., and L.F. Lee. 1976. "Recursive Models with Qualitative Endogenous Variables." *Annals of Economic and Social Measurement*, 5(4):525-545.

[313] Marshall, R.C., and A. Merlo. 2004. "Pattern Bargaining." *International Economic Review*, 45(1):239-255.

[314] Marx, L.M., and G. Shaffer. 1999. "Predatory Accommodation: Below-Cost Pricing without Exclusion in Intermediate Goods Markets." *RAND Journal of Economics*, 30(1):22-43.

[315] Marx, L.M., and G. Shaffer. 2007a. "Rent Shifting and the Order of Negotiations." *International Journal of Industrial Organization*, 25(5):1109-1125.

[316] Marx, L.M., and G. Shaffer. 2007b. "Upfront Payments and Exclusion in Downstream Markets." *Rand Journal of Economics*, 38(3):823-843.

[317] Marx, L.M., and G. Shaffer. 2008. "Rent Shifting, Exclusion and Market-Share Contracts." Working paper.

[318] Marx, L.M., and G. Shaffer. 2010. "Slotting Allowances and Scarce Shelf Space." *Journal of Economics & Management Strategy*, 19(3):575-603.

[319] Mathewson, G. F., and R. A. Winter. 1984. "An Economic Theory of Vertical Restraints." *RAND Journal of Economics*, 15(1):27-38.

[320] Mathewson, G. F., and R. A. Winter. 1998. "The Law and Economics of Resale Price Maintenance." *Review of Industrial Organization*, 13(1):57-84.

[321] McGuire, T. W., and R. Staelin. 1983. "An Industry Equilibrium Analysis of Downstream Vertical Integration." *Marketing Science*, 2(2):161-191.

[322] McLaughlin, E. W., and V. R. Rao. 1990. "The Strategic Role of Supermarket Buyer Intermediaries in New Product Selection: Implications for Systemwide Efficiency." *American Journal of Agricultural Economics*, 72(2):358-370.

[323] Melnykovych, O., and O. Yusupova. 2015. "The Role of Sales Promotion in Gaining Strategic Objectives of Retail Trade." *Economics of Development*, 73(1):70-76.

[324] Messinger, Paul R., and C. Narasimhan. 1995. "Has Power Shifted in the Grocery Channel?" *Marketing Science*, 14(2):189-223.

[325] Messinger, Paul R., and Wujin Chu. 1995. "Product Proliferation and the Determination of Slotting and Renewal Allowances." *Seoul Journal of Business*, 1(1):93-115.

[326] Miklos-Thal, J., P. Rey, and T. Verge. 2011. "Buyer Power and Intrabrand Coordination." *Journal of the European Economic Association*, 19(4):721-741.

[327] Milgrom, Paul, and John Roberts. 1986. "Price and Advertising Signals of Product Quality." *Journal of Political Economy*, 94(4):796-821.

[328] Miller, L. H., P. N. Ellinger, P. J. Barry, and K. Lajili. 1994. "Price and Nonprice Management of Agricultural Credit Risk." *Agricultural Finance Review*, 53:28-41.

[329] Moller, M. 2007. "The Timing of Contracting with Externalities." *Journal of Economic Theory*, 133(1):484-503.

[330] Montgomery, David. 1975. "New Product Distribution: An Analysis of Supermarket Buyer Decisions." *Journal of Marketing Research*, 12(3):255-264.

[331] Moorthy, K. S. 1984. "Market Segmentation, Self-selection, and Product Line Design." *Marketing Science*, 3(4):288-307.

[332] Moorthy, K. S. 1987. "Managing Channel Profits: Comment." *Market-

ing Science, 6(4):375-379.

[333] Moorthy, K.S. 1988. "Strategic Decentralization in Channels." *Marketing Science*, 7(4):335-355.

[334] Motta, M. 2004. *Competition Policy: Theory and Practice*. Cambridge: Cambridge University Press.

[335] Moulin, H. 1979. "Dominance Solvable Voting Schemes." *Econometrica*, 47(6):1137-1151.

[336] Mussa, M., and S. Rosen. 1978. "Monopoly and Product Quality." *Journal of Economic Theory*, 18(2):301-317.

[337] Myerson, R. 1979. "Incentive Compatibility and the Bargaining Problem." *Econometrica*, 47(1):61-73.

[338] Nash, J. 1950. "The Bargaining Problem." *Econometrica*, 18(2):155-162.

[339] Nijs, Vincent, Kanishka Misra, Eric T. Anderson, Karsten Hansen, and Lakshman Krishnamurthi. 2010. "Channel Pass-Through of Trade Promotions." *Marketing Science*, 29(2):250-267.

[340] O'Brien, D.P., and G. Shaffer. 1992. "Vertical Control with Bilateral Contracts." *RAND Journal of Economics*, 23(3):299-308.

[341] O'Brien, D.P., and G. Shaffer. 1994. "The Welfare Effects of Forbidding Discriminatory Discounts: A Secondary-Line Analysis of the Robinson-Patman Act." *Journal of Law, Economics, and Organization*, 10(2):296-318.

[342] O'Brien, D.P., and G. Shaffer. 1997. "Nonlinear Supply Contracts, Exclusive Dealing, and Equilibrium Market Foreclosure." *Journal of Economics and Management Strategy*, 6(4):755-785.

[343] Oren, S., S. Smith, and R. Wilson. 1982. "Nonlinear Pricing in Markets with Independent Demand." *Marketing Science*, 1(3):287-313.

[344] Padmanabhan, V., and I. P. L. Png. 1997. "Manufacturer's Returns Policies and Retail Competition." *Marketing Science*, 16(1):81-94.

[345] Partch, Ken, and Richard De Santa. 1997. "Slotting: The Issue that Won't Go Away." *Supermarket News*, 52(5):12-20.

[346] Partch, Ken. 1991. "The Components and Consequences of Pricing: Interview with Jack Cohen." *Supermarket Business*, 46(5):37-42.

[347] Patterson, P., and T. Richards. 2000. "Produce Marketing and Retail Buying Practices." *Review of Agricultural Economics*, 22(1):160-171.

[348] Pauwels, K., S. Srinivasan. 2004. "Who Benefits from Store Brand En-

try?" *Marketing Science*, 23(3):364-390.

[349] Porter, M.E. 1976. *Interbrand Choice. Strategy and Bilateral Market Power*. Cambridge: Harvard University Press.

[350] Priest, G.L. 1977. "Cartels and Patent License Arrangements." *Journal of Law and Economics*, 20(2):309-377.

[351] Raju, J., and Z.J. Zhang. 2005. "Channel Coordination in the Presence of a Dominant Retailer." *Marketing Science*, 24(2):254-262.

[352] Rao, Akshay R., and Humaira Mahi. 2003. "The Price of Launching a New Product: Empirical Evidence on Factors Affecting the Relative Magnitude of Slotting Allowances." *Marketing Science*, 22(2):246-268.

[353] Rao, Ram C., and Shubashri Srinavasan. 1995. "Why Are Royalty Rates Higher in Service-type Franchises?" *Journal of Economics and Management Strategy*, 4(1):7-31.

[354] Rao, U.S., J.M. Swaminathan, and J. Zhang. 2004. "Multi-product Inventory Planning with Downward Substitution, Stochastic Demand and Setup Costs." *IIE Transactions*, 36(1):59-71.

[355] Rao, Vithala R., and Edward W. McLaughlin. 1989. "Modeling the Decision to Add New Products by Channel Intermediaries." *Journal of Marketing*, 53(1):80-88.

[356] Rennhoff, A. 2004a. "Paying for Shelf Space: An Investigation of Merchandising Allowances in the Grocery Industry." *Working Paper*, LeBow College of Business, Drexel University, Philadelphia, PA.

[357] Rennhoff, A. 2004b. "Promotional Payments and Firm Characteristics: A Cross-Industry Study." Unpublished manuscript. Drexel University, LeBow College of Business. http://www.pages.drexel.edu/~adr24/accounting3-18.pdf.

[358] Rey, Patrick, and J. Stiglitz. 1988. "Vertical Restraints and Producers' Competition." *European Economic Review*, 32(2-3):561-568.

[359] Rey, Patrick, and J. Stiglitz. 1995. "The Role of Exclusive Territories in Producers' Competition." *Rand Journal of Economics*, 26(3):431-451.

[360] Rey, Patrick, and Jean Tirole. 1986. "The Logic of Vertical Restraints." *American Economic Review*, 76(5):921-939.

[361] Rey, Patrick, and Thibaud Verge. 2008. "Economics of Vertical Restraints." in: Paolo Buccirossi(ed.), *Handbook of Antitrust Economics*, Cambridge: MIT Press, 353-390.

[362] Rey, Patrick, Jeanine Thal, and Thibaud Verge. 2006. "Slotting Allowances and Conditional Payments." Unpublished Manuscript, University of Toulouse, School of Economics.

[363] Rhee, Z. 1995. "Two Essays on Slotting Allowances under Demand Uncertainty." Ph.D. diss, Ohio State University.

[364] Richards, Timothy J. 2006. "Sales by Multi-product Retailers." *Managerial and Decision Economics*, 27(4):261-277.

[365] Richards, Timothy J., and G. Pofahl. 2010. "Pricing Power by Supermarket Retailers: A Ghost in the Machine?." *Choices: The Magazine of Food, Farm, and Resource Issues*, 25(2):1-11.

[366] Richards, Timothy J., and Paul M. Patterson. 2004. "Slotting Allowances as Real Options: An Alternative Explanation." *Journal of Business*, 77(2):675-696.

[367] Riordan, Michael H. 1998. "Anticompetitive Vertical Integration by a Dominant Firm." *American Economic Review*, 88(5):1232-1248.

[368] Rochet, C., and J. Tirole. 2003. "Platform Competition in Two-sided Markets." *Journal of the European Economic Association*, 4(1):990-1029.

[369] Rochet, J., and J. Tirole. 2003. "Platform Competition in Two-sided Markets." *Journal of the European Economic Association*, 1(4):990-1029.

[370] Rochet, J., and J. Tirole. 2006. "Two-sided Markets: A Progress Report." *RAND Journal of Economics*, 37(3):645-667.

[371] Rosenthal, Iris. 1991. "Slotting Fees Continue to Spark Controversy in Retailing." *Drug Topics*, 135(2):81-82.

[372] Rubinstein, Ariel. 1979. "Equilibrium in Supergames with the Overtaking Criterion." *Journal of Economic Theory*, 21(1):1-9.

[373] Salanie, B. 1997. *The Economics of Contracts: A Primer*. Cambridge, MA: The MIT Press.

[374] Salop, S. 1979. "Monopolistic Competition with Outside Goods." *Bell Journal of Economics*, 10(1):141-156.

[375] Salop, S. 1986. "Practices that(Credibly) Facilitate Oligopoly Coordination." In J. Stiglitz and F. Mathewson, eds., *New Developments in the Analysis of Market Structure*. Cambridge: MIT Press.

[376] Salop, S., and D. Scheffman. 1983. "Raising Rivals' Costs." *American Economic Review*, 73(2):267-271.

[377] Schmalensee, R. 1978. "Entry Deterrence in the Ready-to-eat Breakfast Cereal Industry." *Bell Journal of Economics*, 9(2):305-327.

[378] Secrieru, Oana. 2006. "Economic Theory of Vertical Restraints." *Journal of Economic Surveys*, 20(5):797-822.

[379] Sexton, R. 1990. "Imperfect Competition in Agricultural Markets and the Role of Cooperatives: A Spatial Analysis." *American Journal of Agricultural Economics*, 72(3):709-720.

[380] Sexton, R. 2000. "Industrialization and Consolidation in the U.S. Food Sector: Implications for Competition and Welfare." *American Journal of Agricultural Economics*, 82(5):1087-1104.

[381] Sexton, R., and M. Zhang. 2001. "An Assessment of the Impact of Food-Industry Market Power on U. S. Consumers." *Agribusiness*, 17(1):59-79.

[382] Sexton, R., and Mingxia Zhang. 1996. "A Model of Price Determination for Fresh Produce with Application to California Iceberg Lettuce." *American Journal of Agricultural Economics*, 78(4):924-934.

[383] Shaffer, Greg, and Florian Zettelmeyer. 2004. "Advertising in a Distribution Charmel." *Marketing Science*, 23(4):619-628.

[384] Shaffer, Greg. 1991a. "Capturing Strategic Rent: Full-line Forcing, Brand Discounts, Aggregate Rebates, and Maximum Resale Price Maintenance." *Journal of Industrial Economics*, 39(5):557-575.

[385] Shaffer, Greg. 1991b. "Slotting Allowances and Retail Price Maintenance: A Comparison of Facilitating Practices." *RAND Journal of Economics*, 22(1):120-135.

[386] Shaffer, Greg. 1993. "Do Slotting Allowances Ensure Socially Optimal Product Variety." Department of Economics CREST Working Paper, University of Michigan.

[387] Shaffer, Greg. 2005. "Slotting Allowances and Optimal Product Variety." *B.E. Journals in Economic Analysis & Policy*, 5(3):1-26.

[388] Shapiro, C. 1985. "Patent Licensing and R & D Rivalry." *American Economic Review*, 75(2):25-30.

[389] Shepherd, William. 1997. *The Economics of Industrial Organization*. Prentice Hall, Upper Saddle River, NJ, 62-64.

[390] Shugan, S. M., and R. Desiraju. 2001. "Retail Product Line Pricing Strategy When Costs and Products Change." *Journal of Retailing*, 77(1):17-38.

[391] Shugan, Steven M. 1985. "Implicit Understanding in Channels of Distribution." *Management Science*, 31(4):435-460.

[392] Sirgy, M. Joseph, Grace B. Yu, Dong-Jin Lee, Shuqin Wei, and Ming-Wei Huang. 2012. "Does Marketing Activity Contribute to a Society's Well-Being? The Role of Economic Efficiency." *Journal of Business Ethics*, 107(2):91-102.

[393] Spence, A. M. 1973. "Job Market Signaling." *Quarterly Journal of Economics*, 87(3):355-374.

[394] Spengler, J. 1950. "Vertical Integration and Antitrust Policy." *Journal of Political Economy*, 58(4):347-352.

[395] Srinivasan, Shuba, Koen Pauwels, Dominique M. Hanssens, and Marnik G. Dekimpe. 2004. "Do Promotions Benefit Manufacturers, Retailers, or Both?" *Management Science*, 50(5):617-629.

[396] Srivastava, Joydeep, Dipankar Chakravarti, Amnon Rapoport. 2000. "Price and Margin Negotiations in Marketing Channels: An Experimental Study of Sequential Bargaining under One-sided Uncertainty and Opportunity Cost of Delay." *Marketing Science*, 19(2):163-184.

[397] Stahl, K. 1982. "Location and Spatial Pricing Theory with Nonconvex Transportation Cost Schedules." *Bell Journal of Economics*, 13(2): 575-582.

[398] Stone, Kenneth F. 1995. *Competing with the Retail Giants*. John Wiley and Sons, New York.

[399] Sudhir, K., and V. R. Rao. 2006. "Do Slotting Allowances Enhance Efficiency or Hinder Competition?" *Journal of Marketing Research*, 43(2):137-155.

[400] Sullivan, Mary W. 1989. "Slotting Allowances: An Inquiry." Mimeo, University of Chicago, Chicago, IL.

[401] Sullivan, Mary W. 1992. "What Caused Slotting Allowances?" Working Paper, University of Chicago.

[402] Sullivan, Mary W. 1997. "Slotting Allowances and the Market for New Products." *Journal of Law & Economics*, 40(2):461-493.

[403] Taylor, Terry A. 2002. "Supply Chain Coordination under Channel Rebates with Sales Effort Effects." *Management Science*, 48(8):992-1007.

[404] Telser, Lester. 1960. "Why Should Manufacturers Want Fair Trade?" *Journal of Law and Economics*, 3(1):86-105.

[405] Telser, Lester. 1990. "Why Should Manufacturers Want Fair Trade II?" *Journal of Law and Economics*, 33(2):409-417.

[406] Toto, Dominic. 1990. "Slotting Allowances and Competition in the Food Industry: Paying the Price for Non-price Competition." Unpublished M.A. Thesis, Penn State University, Department of Economics.

[407] U.S. Senate. 1999. *Slotting: Fair for Small Business and Consumers?* Hearings before the Senate Committee on Small Business. 106th Cong., 1st Sess., September 14.

[408] U.S. Senate. 2000. *Slotting Fees: Are Family Farmers Battling to Stay on the Farm and in the Grocery Store?* Hearings before the Senate Committee on Small Business. 106th Cong., 2d Sess., September 14.

[409] van Ryzin, G., and S. Mahajan. 1999. "On the Relationship between Inventory Costs and Variety Benefits in Retail Assortments." *Management Science*, 45(11):1496-1515.

[410] Van Wagner, L. 1990. "Slotting Allowances the Secret to Shelf Space Also Shuts Products Out." *Pasta Journal*, May/June, 30-31.

[411] Villas-Boas, J.M. 1998. "Product Line Design for a Distribution Channel." *Marketing Science*, 17(2):156-169.

[412] Villas-Boas, S.B. 2007. "Vertical Relationships between Manufacturers and Retailers: Inference with Limited Data." *Review of Economic Studies*, 74(2):625-652.

[413] Walton, S. Robson. 2005. "Wal-Mart, Supplier-Partners, and the Buyer Power Issue." *Antitrust Law Journal*, 72:509-527.

[414] Wang, Hao. 2006. "Slotting Allowances and Retailer Market Power." *Journal of Economic Studies*, 33(1):68-77.

[415] Wang, Y.Y., H.S. Lau, and J.C. Wang. 2012. "Defending and Improving the 'Slotting Fee': How It Can Benefit All the Stakeholders Dealing with a Newsvendor Product with Price and Effort-dependent Demand." *Journal of the Operational Research Society*, 63(12):1731-1751.

[416] Wann, J., and R. Sexton. 1992. "Imperfect Competition in Multiproduct Food Industries with Application to Pear Processing." *American Journal of Agricultural Economics*. 74(4):980-990.

[417] Weistein, Steve, Tim Hammonds, and Helmut Radtke. 1990. "New deal: Out of the Case and into the Street." *Progressive Grocer*, 69(2):39-44.

[418] Weng, Z. K. 1995. "Channel Coordination and Quantity Discounts." *Management Science*, 41(9):1509-1522.

[419] White, J. Chris, Lisa C. Troy, and R. Nicholas Gerlich. 2000. "The Role of Slotting Fees and Introductory Allowances in Retail Buyers' New-Product Acceptance Decisions." *Journal of the Academy of Marketing Science*, 28(2):291-299.

[420] Wilkie, William L., Debra M. Desrochers, and Gregory T. Gundlach. 2002. "Marketing Research and Public Policy: The Case of Slotting Fees." *Journal of Public Policy & Marketing*, 21(2): 275-288.

[421] Williamson, O. 1975. *Markets and Hierarchies: Analysis and Antitrust Implications: A Study of Internal Organization*. New York: The Free Press.

[422] Winter, Ralph A. 1993. "Vertical Control and Price Versus Nonprice Competition." *Quarterly Journal of Economics*, 108(1):61-76.

[423] Wright, Joshua, 2001. "Vons Grocery and the Concentration-Price Relationship in Grocery Retail." *UCLA Law Review*, 48(3):743-779.

[424] Wu, Desheng, O. Baron, and O. Berman. 2009. "Bargaining in Competing Supply Chains with Uncertainty." *European Journal of Operational Research*, 197(2):548-556.

[425] Wu, Diana Yan. 2013, "The Impact of Repeated Interactions on Supply Chain Contracts: A Laboratory Study." *International Journal of Production Economics*, 142(1):3-15.

[426] Xing, Dahai, and Tieming Liu. 2012. "Sales Effort Free Riding and Coordination with Price Match and Channel Rebate." *European Journal of Operational Research*, 219(2):264-271.

[427] Zerrillo, Philip, and Dawn Iacobucci. 1995. "Trade Promotions: A Call for a More Rational Approach." *Business Horizons*, 38(4):69-76.

[428] Zhaolin, L. 2007. "A Single-period Assortment Optimization Model." *Production and Operations Management*, 16(3):369-380.

图书在版编目(CIP)数据

现代流通体系中的通道费研究/李陈华,庄尚文,梁
佳著.—北京:商务印书馆,2023
ISBN 978-7-100-21942-6

Ⅰ.①现… Ⅱ.①李… ②庄… ③梁… Ⅲ.①购销渠
道-研究 Ⅳ.①F713.1

中国版本图书馆 CIP 数据核字(2022)第 257117 号

现代流通体系中的通道费研究
李陈华　庄尚文　梁佳 著

商 务 印 书 馆 出 版
(北京王府井大街36号　邮政编码100710)
商 务 印 书 馆 发 行
山东韵杰文化科技有限公司印刷
ISBN 978-7-100-21942-6

2023年6月第1版　　开本 640×960　1/16
2023年6月第1次印刷　印张 17
定价:88.00元